U0677054

偿二代约束下中国保险机构最优大类资产配置

王婧　著

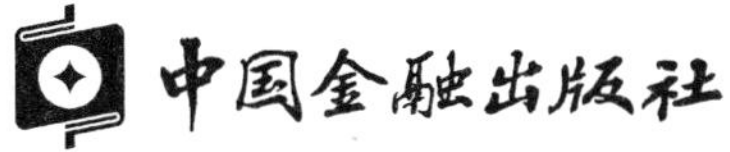

责任编辑：石　坚
责任校对：李俊英
责任印制：张也男

图书在版编目（CIP）数据

偿二代约束下中国保险机构最优大类资产配置／王婧著．—北京：中国金融出版社，2019.10
ISBN 978－7－5220－0391－7

Ⅰ.①偿…　Ⅱ.①王…　Ⅲ.①保险公司—资产管理—研究—中国
Ⅳ.①F842.3

中国版本图书馆 CIP 数据核字（2019）第 286185 号

偿二代约束下中国保险机构最优大类资产配置
Changerdai Yueshuxia Zhongguo Baoxian Jigou Zuiyou Dalei Zichan Peizhi
出版
发行　中国金融出版社
社址　北京市丰台区益泽路 2 号
市场开发部　(010)63266347，63805472，63439533（传真）
网 上 书 店　http：//www.chinafph.com
(010)63286832，63365686（传真）
读者服务部　(010)66070833，62568380
邮编　100071
经销　新华书店
印刷　保利达印务有限公司
尺寸　169 毫米×239 毫米
印张　16.75
字数　250 千
版次　2019 年 10 月第 1 版
印次　2019 年 10 月第 1 次印刷
定价　58.00 元
ISBN 978－7－5220－0391－7
如出现印装错误本社负责调换　联系电话(010)63263947

前 言

第二代偿付能力监管体系 C－Ross（以下简称偿二代）将投资风险纳入资本计量体系，自 2016 年实施以来对保险行业资产配置带来深远影响，保险公司普遍面临资本补充压力。未来框架中如何提高资本约束下的资产配置能力，在控制偿付能力风险的前提下提升股东价值回报成为一个值得研究的重要课题。

在此背景下，本书围绕偿二代资本约束下如何通过最优资产配置实现最大化股东价值的问题进行了研究。具体而言，本书通过理论建模和实证分析，从保险公司单期静态下的最优资产配置、基于随机资产模型下的最优资产配置以及投资政策的动态影响、监管政策的宏观影响机制三个方面进行了深入研究，并得到以下重要结论。

第一，本书对保险公司前置化资本约束下的单期静态最优投资决策进行了研究，首次针对偿二代监管框架从数学上证明了最优资产配置应划分为对冲负债的匹配资产和追求最大化收益的盈余资产两部分；面对更为复杂的现实约束，保险公司可根据本书提出的三阶段数值求解算法得到最优化资产配置的数值解；对比无资本约束下的有效前沿，发现资本约束的确会导致投资效率损失。

第二，本书构建了与偿二代风险测度因子一致的随机大类资产模型系统，发现加入对资产收益率的随机预测模型后，相对于静态模型确实能够改善资本约束下资产配置效用，增加股东价值，改善偿付能力稳定性；同时，利用随机模型生成未来各种经济情景，对比无资本约束下的最优配置发现随机模型生成的最优配置可有效降低保险公司未来的破产概率及尾部风险损失，并改善投资效率损失问题。

第三，本书首次针对偿二代对保险公司风险和收益的宏观影响机制进行了定量分析，发现偿二代确实能够约束保险公司的风险资产投资，降低保险公司的破产风险，但对财险和寿险公司影响有差异；部分监管参数并不是越严格越好，超过一定临界值后，保险公司的破产概率反而会提高。

基于上述研究结论，针对监管机构目前正在推进的偿二代二期工程建设，本书提出如下政策建议：一是可针对财险和寿险采取差异化的监管参数设定政策；二是可考虑统一保险公司资产和负债利率风险最低资本的评估规则。

序　一

“空山新雨后，天气晚来秋。”初秋的北京已有了丝丝寒意。作为王婧的导师，我欣喜地看到王婧的博士论文顺利成书出版。五年前的秋天，王婧作为一名金融从业人员以在职学术博士的身份考入了清华大学五道口金融学院。五年来，她既要做好日常繁重的专业投资工作，又要照顾家庭，更要坚持完成博士学业课程。其间，在与我探讨学术问题过程中，我能清晰地感受到她孜孜不倦的学术研究劲头和有增无减的学术进步。在阅读大量文献资料的基础上，她结合自己从事的保险投资工作，将偿付能力监管约束和大类资产配置有机结合，完成了自己的博士学位论文，最后成书。

中国的保险资管相对于基金、信托等其他资管行业体量较小，受历史和客观因素的限制，监管的法治化进程起步较晚。加之前几年一些民营保险公司激进的投资行为引发资本市场不和谐的乱象，保险资管已逐渐成为一个被广泛关注的领域。第二代偿付能力监管体系将投资风险纳入资本计量，自2016年实施以来，对保险公司资产端和负债端都产生了深远的影响。如何将偿付能力监管要求和险资资产配置有效结合并前置化于资产配置策略，在满足资本约束的前提下通过优化资产配置最大化公司价值，国内在这方面的理论研究和实证分析还为数不多。

本书不同于业内大多将偿付能力作为资产配置策略的后置化评价指标，而是站在最大化公司价值的角度，通过理论建模和实证分析，以前置化偿付能力约束为切入点，研究了基于静态模型和随机模型两种情形下保险公司的最优资产配置。这其中，又创新性地提出风险因子本质上是连接投资资产和偿付能力要求的枢纽，将对投资资产收益的预测转化为对风险因子回报率的预测，结合国内保险资金可投资范围，创造性地构建了与偿付能力风险测度相匹配的大类资产随机模型框架，算得上是国内首创。另外，本书还就偿付能力约束对财险公司和寿险公司的不同影响进行了研究，不仅对保险公司具有一定的实践指导意义，同时对监管部门也有一定的启发。

本书逻辑清晰，数据翔实，写作层次感强，是理论研究和实证分析相结合的优秀读本，建议一读。

是为序。

2019 年 10 月

序　二

王婧博士邀请我为她的博士论文出版写序，让我不禁回想起论文开题时她找到我探讨论文的选题与结构时的情形，当时我就被她对资产配置的理解和明确的论文设想所吸引。博士论文是她五年清华园研究生涯的总结，今日获悉王婧博士的论文即将出版问世，衷心为她感到高兴。

王婧博士的论文在对保险业资产管理相关学术理论充分的归纳、严谨的分析、创造性的拓展后，能够用理论指导解决实践中的问题。这是其博士论文的真正价值所在，也是我喜欢这本书的主要原因。

诚如这本书的主题，资产配置一直是金融市场研究关注的核心问题，而针对保险公司资产配置的问题研究是保险公司投资的切实需求。中国第二代偿付能力监管体系借鉴欧盟的监管框架，自 2016 年正式实施以来，对整个保险行业经营和行业监管均产生了复杂而深远的影响，因此成为业界和学界近年来十分关注的问题。正如这本书中提到的，对于保险公司来说，以往资产驱动负债的经营模式逐步退出了历史舞台，自身资本结构的深刻变化促使保险公司在进行资产配置时考虑偿二代风险资本约束的必要性和紧迫性日益凸显。王婧博士的论文从监管与实务、单期与多期、风险与收益等多个角度探讨偿二代的影响，研究方法科学有效，研究逻辑清晰明确，论证过程规范严谨，具有很强的学术创新价值。

近年来，关于大类资产配置的研究和著作不一而足，这当然是值得欣喜的事。但需要注意的是，在已出版的书籍中主要以介绍理论和方法居多，真正贴近我国保险公司资产配置实践的书却极为少见，本书就是少有的兼具理论与实践的一本。这得益于其多年来业界丰富的实践经验，也得益于其对理论的深度思考。我认为，不论是对相关专业的研究人员还是实际市场的参与者，王婧博士的书都是非常有益的借鉴。我强烈推荐这本书，再次祝贺王婧博士的论文出版。

杨之曙

清华大学经济管理学院金融系主任

教育部长江学者特聘教授

目　　录

第3章 保险机构偿付能力监管理论框架及实践机制

第4章 偿二代约束下基于静态模型的最优资产配置

第6章 偿二代对保险公司资产配置策略的宏观影响机制

第7章 结论及未来研究展望

参考文献

第1章
引　言

1.1 研究背景

2014 年 8 月，国务院下发《关于加快发展现代保险服务业的若干意见》，把保险业发展融入国家战略规划层面，计划到 2020 年，我国保险深度达到 5%，保险密度达到 3500 元/人。

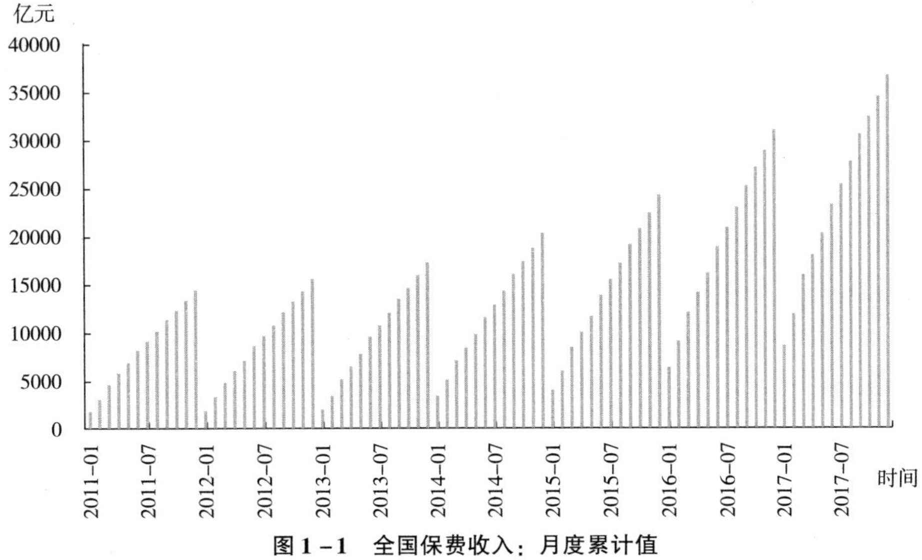

图 1-1 全国保费收入：月度累计值

保险行业是最早实现对外开放的金融行业，对金融自由化、金融深度及金融创新的推进使国内保险行业面临着更为严峻的竞争形势，承保业务亏损成为行业内普遍存在的现实。因此，为提高保险行业整体的盈利能力和可持续发展水平，配合国家战略的推进，监管政策从 2012 年开始，从负债端和资产端逐步释放政策红利，为保险公司尤其是大量的中小保险公司应对激烈的市场竞争、提高规模和利润增长提供了市场机会。负债端随着保险产品费率市场化改革、传统险和分红险的预定利率，以及万能险的最低保证利率相继放开，保险公司可通过提高负债端定价，销售高收益类理财功能的保险产品快速获取市场规模；资产端随着可投资范围的不断放开，理论上资产组合的有效前沿不断上移，保险公司不但可投资存款、债券、股票，还可以投资银行理财、信托计划、保险债权计划、非上市股权等另类资产，以及商业不动产投资和境外投资。

在此背景下，为追逐股东利益最大化，原本以承保为主的保险行业逐步演化为承保与投资双轮驱动，甚至以投资为主、承保为辅的本末倒置的态势。保险资金投资收益成为决定保险公司是否盈利的关键因素。

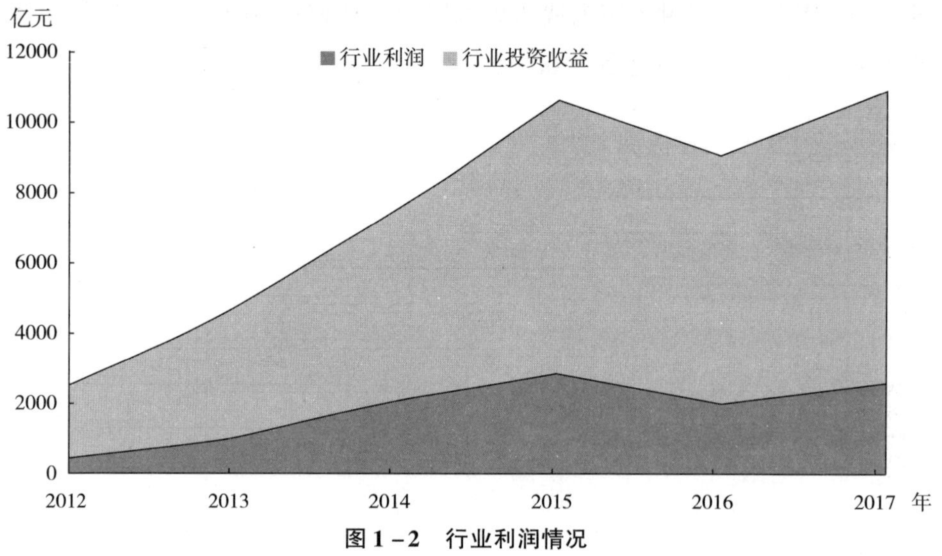

图 1－2　行业利润情况

保险资金运用的战略定位的转变对保险行业的经营带来了重大影响，研究近年来保险资金运用情况可以看出，行业平均投资收益率表现出与资本市场高度的相关性，主要靠提高风险偏好博取投资收益的问题日益突出：一方面加大了保险公司经营盈余的波动性、尾部风险的脆弱性；另一方面也影响了整体金融市场的稳定性。

一是在激进的投资偏好下，保险公司资产负债管理模式扭曲，经营盈余波动性较大，风险脆弱性明显提高。传统的负债驱动资产的经营模式关注的是资产负债的平衡管理，包括成本收益、期限结构、现金流等的平衡管理，其资产配置结构主要以固定收益类投资为主，追求稳健的投资收益。但是在资产驱动负债的经营模式下，保险公司主要通过销售高收益类理财产品，例如万能险，获得大量现金流，做大负债规模以期获取超额利润。高成本负债倒逼投资端提升风险偏好，或是通过拉大资产负债错配程度将短期负债投资于收益高、流动性差、期限长的基础设施债券计划、不动产计划、信托计划等另类资产，使投资账户面临较高的流动性风险；或是通过提高对于高波动的权益资产的投资比例，使投资账户面临较高的市场风险；或是通过不断做大杠杆融入资金，扩大可运用资金规模，进一步加大了整体投资组合的风险脆弱性，当尾部风险发生时，遭受巨大盈余压力。例如，2015 年股票市场的股灾、2016 年第四季度债券市场宣告牛市结束后长达两个月的暴跌，以及 2018 年股票市场的超预期单边下跌使保险公司蒙受了巨大损失，短期财务经营压力巨大。

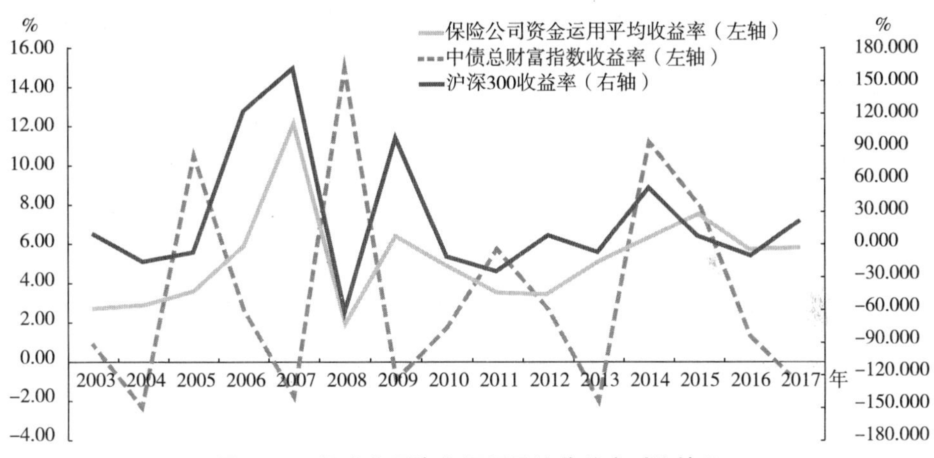

图 1-3　保险公司资金运用平均收益率对比情况

二是在激进的投资偏好下，保险公司资本消耗加快，偿付能力充足率面临巨大考验。自第二代偿付能力监管体系 C-Ross 2016 年正式实施以来，投资风险与保险风险一样共同消耗保险公司资本，在激进的投资偏好下，风险资产的占比较高，保险行业整体综合偿付能力充足率连续 8 个季度持续下降，从 2016 年第一季度的 277% 下降到 2017 年第四季度的 251%，个别保险公司偿付能力长期不达标；2017 年第四季度有 16 家公司综合偿付能力充足率处于 100% 到 150% 的区间，有的公司濒临不足。

三是在激进的投资偏好下，保险公司作为重要的机构投资者在一定程度上影响了资本市场的稳定性。2016 年开始出现大量保险资金在资本市场举牌，以及通过信托计划、不动产债权计划等另类投资方式参与房地产市场并购及境内外收购，因频繁举牌、恶意收购等行为，保险公司成为市场眼中众皆侧目的“野蛮人”，从而进一步引发市场及监管当局的强烈反响，大家再次认真反思保险资产管理的定位及投资风险管理的重要性。

1.2 研究意义

保险机构是重要的机构投资者，近年来管理资产规模增长较快，资本市场影响力不断增加。在世界范围内，保险公司因管理资金规模大且期限长，一直以来都是主要的机构投资者之一，在资本市场中发挥着重要的作用，对宏观金融稳定及资产安全影响不容小觑。根据波士顿咨询集团提供的统计数据，截至 2013 年底，全球保险公司的资产管理规模约为 14.8 万亿美元，占全球资产管理总规模的 20% 左右，美国的资产管理业务最早由保险公司开设，后来才逐步渗透到银行、证券等其他金融机构，在全球前 20 大资产管理机构中，美国太平洋投资管理公司和保德信投资管理公司两家保险系资管机构分别位居第 7 位和第 8 位。

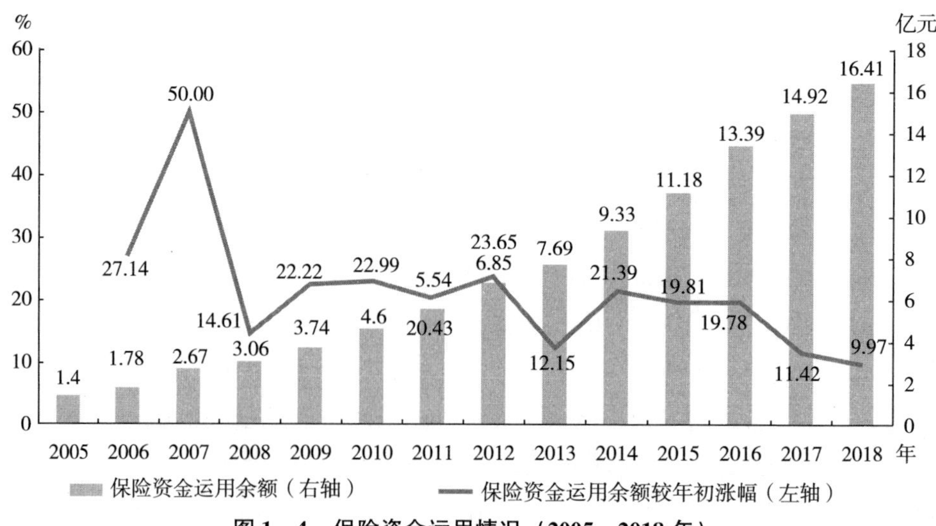

图 1－4　保险资金运用情况（2005—2018 年）

截至2018年末，我国保险行业总资产为18.3万亿元，较2017年增长9.45%，净资产2万亿元，较2017年增长6.95%，资金运用余额为16.4万亿元，较2017年增长9.97%，图1－4显示了2005—2018年每年末保险资金运用余额的数据及增长情况，最近八年的年均增长率在15%左右。

从大类资产配置结构看，保险公司可配置资产范围不断拓展，在监管机构“放开前端、管住后端”的思路下，从表1－1可以看出，自2013年开始，保险公司逐步加大了对于非标、非上市股权等其他资产的配置。截至2018年末，保险公司配置除存款、债券、权益等传统类资产以外，其他资产配置比例达到将近40%，其中长期股权投资占比达到10.4%，信托计划、保险基础设施债权计划、不动产债权计划等另类资产占比达到23%。因此，不同于银行理财，保险资金可直接配置股票、股权、不动产、境外资产，不同于基金、券商，保险资金可大量配置非标资产，从机构投资者的定位来讲，保险公司对于稳定资本市场具有重要作用，同时，通过非标投资对服务实体经济建设也具有重要意义。

表1－1　　2010—2018年保险资金运用配置结构

单位:%

年份	银行存款占比	债券占比	股票和基金占比	其他投资占比	投资收益率
2010	30.0	49.5	17.0	3.5	4.84
2011	32.1	47.0	12.0	9.0	3.49
2012	34.2	44.7	11.8	9.3	3.39
2013	29.5	43.4	10.2	16.9	5.04
2014	27.1	38.2	11.1	23.7	6.30
2015	21.8	34.4	15.2	28.6	7.56
2016	18.6	32.1	13.3	36.0	5.66
2017	12.9	34.6	12.3	40.2	5.77
2018	14.8	34.4	11.7	39.1	4.33

战略资产配置能力是提高保险类机构中长期投资能力的核心。保险公司是典型的负债型经营机构，类似银行类经营机构资产端的管理必然与负

债端发展密不可分，同时还必然受制于资本金的充足性，但从目前我国保险资产配置的实践情况及现有的学术研究来看，对于保险机构特质化的大类资产配置研究不足。

在负债约束方面，保险公司可投资产的主要来源是保费收入，而保险产品赔付需求的不确定性、成本和期限的刚性，都决定了保险投资必须以负债特性作为根本出发点，构建追求绝对收益的投资组合，满足负债在久期、最低收益和流动性方面的需求。为此，2018 年 3 月中国银保监会印发了《保险资产负债管理监管规则 1－5 号》，并在全行业展开试运行，对资产负债管理提出了更全更严的监管要求。它要求保险投资不能一味追求高收益而进行过度的风险暴露，一旦市场波动就无法达成收益成本匹配的目标；保险投资也必须考虑负债给付需求、审慎管理投资组合久期，久期缺口过大或过小都不是理想状态，若资产久期较负债久期过长，则短钱长配，一旦负债出现大规模赎回，可能导致公司流动性危机，相反，若资产久期较负债过短，可能导致经济资本口径的利率风险，从而影响保险公司整体资本充足率。因此，研究保险公司的负债结构和特征对最优化资产配置的影响，或者说研究在面临特定负债约束下保险公司的最优化资产配置问题具有非常重要的理论和实践意义。

在资本充足率约束方面，保险给付义务在时间上和金额上都具有不确定性，保险投资也面临市场风险和信用风险，因此，保险公司必须基于审慎原则进行资产配置，持有充足的安全资本以应对公司可能面临的各种不确定性，这样才能维持公司乃至整个行业健康稳定的运营。为此，《中国第二代偿付能力监管制度体系整体框架》于 2013 年 5 月正式发布，2015 年 2 月全行业启动试运行，2016 年 1 月全行业进入正式运行阶段。相较于偿一代规定的按照准备金和保费的固定比例计提最低资本金，偿二代对保险公司面临的各类风险进行多层细分，最低资本计提除了考虑承保风险以外，还考虑了市场风险和信用风险，且不同类别的风险最低资本占用差异很大。从运行的效果来看，在研究背景中提到整体保险行业的偿付能力充足率连续下降，在发生重大市场风险时，多家保险公司偿付能力充足率不达标，而偿付能力不达标将面临暂停业务、被动降低风险资产投资比例等棘手问题，从而严重影响保险公司的股东收益和可持续发展能力。因此，在新的监管体系下，研究如何优化调整资产配置结构，在资本占用最小化的同时实现投资收益最大化的重要意义显著提升。

综上所述，在考虑保险公司投资面临的特定资本充足率（对保险公司而言，一般称为偿付能力充足率）约束和负债约束的前提下，研究保险公司的最优化资产配置更有现实意义。

站在行业整体的角度，监管机构通过建立全面风险管理为导向的偿付能力监管体系，根本目标是保障保险公司履行保单给付义务的能力，保护投保人的利益，维护市场稳定。偿二代建立了资产、负债风险的资本计量规则，力图通过资本的硬性约束控制保险公司过度承担风险，从而提高自身股东收益。然而，偿二代监管体系有效的前提是资本约束对于保险公司风险资产投资的影响路径是有效并且合理的，否则虽然控制了保险公司的破产风险，但如果过度约束保险公司风险选择，导致资本回报率过低，也会影响股东的经营热情，不利于保险行业的长远稳定发展，不利于国家战略目标的达成。因此，研究偿二代实施对保险行业最优化资产配置的影响，研究偿二代监管规则对保险公司股东收益最大化、投资风险偏好的影响路径和程度具有较强的理论和现实意义。

站在保险公司的角度，保险公司希望尽可能地扩大负债端的规模来提高可投资资产规模，同时通过有效的资产配置尽可能地提高投资收益，不但能够为未来保险给付提供保障，还能够创造超额收益为保险公司股东带来价值增长。无论是负债增长还是资产投资都受制于公司整体的资本充足率，而资本充足率在偿二代计量规则下是根据负债、资产价值的变化及二者的相关性而变化的。因此，保险公司的资产配置不能只站在大类资产配置本身最优化的角度，必须统筹考虑负债、资产和资本的状况，研究三者之间的动态相关性，一味追求高风险、高收益的投资要以公司长期经营的稳定性和对保单持有人的负债履行能力为代价，事实上可能并不有利于保险公司长期股东价值的成长。

总体而言，新的监管体系对保险公司提出了较大挑战，在上述现实背景和问题下，保险公司在面临特定的资本约束、负债约束的前提下，如何通过最优化资产配置实现股东收益最大化是学界和业界都十分关心的问题。同时，研究新的监管体系是否有效控制保险公司的破产概率，约束保险公司过度风险的投资行为，这对于促进保险行业在落实当前中央防范重大金融风险的攻坚战役中，打赢保险业防范化解重大风险攻坚战、有效治理保险资金运用乱象、投资过度激进等突出问题，促进保险行业健康稳定发展均具有十分重要和深远的意义。

1.3 研究问题

本书试图回答这样的疑问：一般意义上最优化资产配置的目标是在组合风险一定的情况下实现投资收益最大化，而保险公司的最优化资产配置本质上是为了提高投资收益进而实现股东利益最大化，在这个目标实现过程中，资产配置最优化问题不能脱离保险负债约束和保险公司资本充足率约束。本书试图通过研究、探讨在多约束条件下如何进行大类资产配置，从而实现保险公司股东收益最大化问题，以及在这个实现过程中，资本、资产、负债三者间的动态影响机制。本书试图回答的问题包括以下两个方面。

第一，在微观层面，研究保险公司在偿二代资本约束下的投资决策机制。其一，在单期静态下，考虑保险公司的资本约束、负债约束，保险公司在股东收益最大化目标下的投资决策过程是怎样的？在实际投资决策过程中，由于面临大类资产配置比例、会计分类等限制条件，考虑偿二代风险度量的复杂性约束后，保险公司应如何确定最优资产配置？有没有可行的数值解？资本约束下最优资产配置的有效前沿与无资本约束下最优资产配置的有效前沿有何不同？保险机构考虑资本约束后的投资效益损失有多少？其二，假设资产、负债均为动态变化，如何对资产收益率和负债成本率进行有效预测？特别是如何将收益率的预测方法与偿二代的风险测度合理结合起来研究资本约束下的资产配置问题？建立的大类资产随机模型，相对于静态模型是否能够有效提升股东价值？如果能提升股东价值，是否是以牺牲偿付能力充足率为代价？如果使用大类资产随机模型生成各种经济情景，那么相对于单期静态效率损失的问题是否能够得到改善？

第二，在宏观层面，研究偿二代资本监管体系对保险公司的政策影响机制。偿二代约束对保险公司资产配置决策的影响是什么？资产配置决策与保险公司股东收益、资本充足率之间的影响机制又是什么？在资产负债均为动态条件下，保险公司理论上是存在破产风险的，偿二代资本约束体系对保险公司控制破产风险的影响机制是什么？更加严格的风险资本监管参数设置是否一定会降低保险公司的破产风险？激进的风险偏好是否一定会加大保险公司的破产风险？财险公司和寿险公司对于上述问题的结论是否无差异？

1.4 研究框架与结构

本书对所选的问题从微观和宏观两个层面分别进行了研究，每个层面按照“提出问题—分析问题—解决问题”的逻辑展开论述，分析问题采用理论研究和实证研究相结合，定性研究与定量分析相结合的手段进行，形成7个章节的写作。首先根据研究背景和文献综述提出有理论和现实意义的问题，并以此为切入点提出偿二代资本约束对保险机构资产配置影响的一系列问题，然后在简要介绍国外和我国的监管体系的基础上，形成第4章到第6章三个核心章节的写作。第4章和第5章从微观层面，以保险公司股东收益最大化为目标，重点研究了考虑资本约束、负债约束后保险公司最优资产配置理论和实践问题，并形成从单期静态到随机动态的递进关系。第6章，从宏观层面展开研究，建立理论模型，研究资产、负债、保险公司破产概率（偿付能力充足率小于100%）、股东价值、偿二代监管风险因子设置等重要变量之间的动态影响机制，在此基础上，第7章最后给出全书结论和政策建议。本书的研究框架图如图1-5所示。

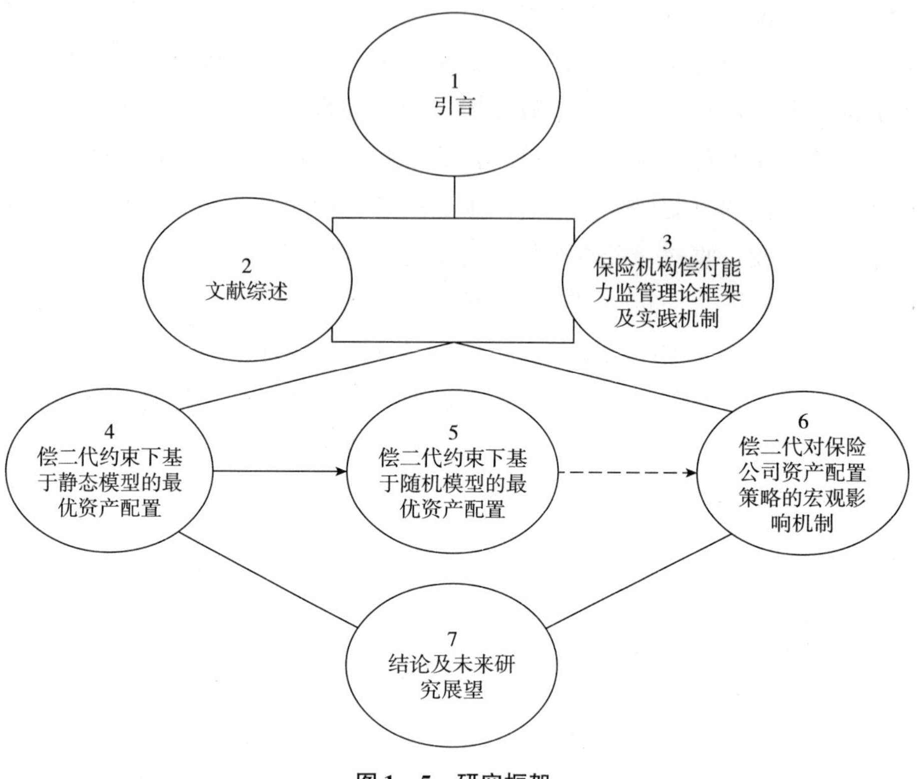

图 1－5　研究框架

本书接下来的结构安排如下：

第 2 章主要介绍与本书研究相关领域的文献综述，分别从大类资产配置、保险机构大类资产配置、资本约束下保险机构大类资产配置等几个方面展开。

第 3 章主要介绍与本书研究方向密切相关的偿二代资本监管框架及实践机制，分别从偿付能力概述、欧盟偿付能力 II 理论框架，以及中国偿二代监管框架及其对保险资产配置的影响等几个方面展开。

第 4 章主要研究保险公司在偿二代资本约束下基于静态模型的资产配置问题。通过建立理论模型，考虑在资本约束下一级风险间的分散效应，研究实现股东收益最大化目标下的最优资产配置决策。通过建立资本风险预算体系，考虑典型的寿险公司的资产负债特征，结合现实资产配置决策中面临的约束条件，对如何实现偿二代约束下的最优资产配置，创新性地提出数值求解方法，同时对偿二代资本约束下的最优资产配置与传统均值—方差框架进行了深入对比分析，并对效率损失和镜像组合等问题进行了研究。

第 5 章主要研究保险公司在偿二代资本约束下基于随机模型的资产配置问题。创新地提出了一套在因子层面与偿二代的风险测度相匹配，同时适用于中国保险机构投资范围涵盖的大类资产随机模型，通过对底层风险因子风险收益的随机预测实现对各类资产风险收益的预测。为了检验随机模型相较于静态模型在配置效果上的提升，考虑到保险公司进行战略资产配置的时效性为 3 年，本书选取 2015 年底以前的数据定义为样本内数据，进行参数估计，选取 2016～2018 年 3 年的数据作为样本外数据，利用建立的大类资产随机模型进行资产收益率预测，并通过对比分析样本内、样本外的数据，验证资产随机模型对于提升大类资产配置效率、改善股东收益以及稳定偿付能力等方面的实际效果。此外，针对单期静态模型不能完全解答的效率损失问题进行了进一步的研究讨论。

第 6 章主要研究偿二代资本监管体系对保险公司的政策影响机制问题。本章建立了一个综合考虑资本、资产、负债的最优化模型分析框架，并利用期权定价理论评估保险公司破产下的违约风险价值，最后在此基础上进行数值模拟，分析偿二代监管体系下相关参数的设置值改变对财险公司和寿险公司的风险资产选择、股东收益和破产概率等分别产生的具体影响及相关关系。

第 7 章给出全书结论、研究启示和政策建议、主要创新和研究局限性。

第 2 章
文献综述

2.1 大类资产配置研究综述

大类资产配置策略一直是组合投资需要解决的关键问题，国际上相关方向的研究可追溯至 20 世纪 30 年代，主要围绕收益和风险两个维度展开，各类理论及模型十分丰富，国内关于大类资产配置方面的相关研究相对滞后，且缺乏理论创新。

2.1.1 国外文献综述

大类资产配置理论始于 20 世纪 30 年代，当时最具有代表意义的理论为恒定混合策略，主要包括等权重投资组合和“60/40”投资策略等，可以说是资产配置的 1.0 时代。恒定混合策略是指保持投资组合中各类资产的投资比例相对固定，即当市场发生波动时，需及时动态调整资产配置结构以保证各类资产账面价值比例的稳定。大量学术研究表明，该类投资策略看似简单却较为有效，尤其是在资本市场波动较大的震荡行情市场中表现较优，因此，比较适合追求长期稳定价值增长的、风险偏好较为稳健的机构投资者。该策略为后期的捐赠模型及组合保险策略模型奠定了一定的基础。

20 世纪 50 年代，Harry M. Markowitz 提出现代组合投资理论（MPT）与 Markowitz 均值—方差模型，其最大贡献在于提出了风险和收益两方面的量化指标，提出了预期收益和预期风险两大资产要素，认为理性投资者构建的投资组合应该在有效前沿上。该模型可经简单优化完成风险最小化、收益最大化、效用函数最大化、夏普率最大化等功能。该理论假设条件较强，认为收益率的概率分布、各类资产协方差矩阵已知等。此外，该模型在收益率出现肥尾分布时表现较差，当收益率呈明显肥尾分布时，应选用同样基于 MPT 理论的 Mean – CVaR 模型予以替代。

20 世纪 60 年代后，伴随因子模型的问世，学界开始逐渐认识到风险因子在资产联动之间发挥的作用，因子效应逐渐显现。在这一阶段，工业界及学界发展出以下几大典型模型。

一是 BL 模型。20 世纪 90 年代，Black 和 Litterman 提出了 Black-Litterman 模型（以下简称 BL 模型），该模型因其融合了投资人对市场未来观点的主观性并维持了马柯维茨模型的客观性，逐渐被大量主流机构接受并使用。值得注意的是 BL 模型中参数的设定将对结果造成较大影响，因此模型参数经历了多次优化。假设优化方面，BL 模型沿用了马柯维茨模型以方差（Variance）作为风险度量，同样会在肥尾情况下表现较差，引入 CVaR 作为度量同样可以解决这方面的问题。但 BL 模型依旧纯粹从资产端出发，未考虑负债约束、资本、流动性等复杂因素影响，不适合中长期规划或连续规划，对投资约束依赖性较强，并且容易出现较大的拐点。

二是捐赠模型。典型代表为耶鲁大学的校友捐赠基金，因此该模型也被称为耶鲁模型。捐赠模型拓展了大类资产的种类，引入低流动性的长期投资品种，如私募股票和对冲基金等。同时，与固定比例模型所不同的是捐赠模型中大类资产之间相关性非常低，以至于达到风险分散的目的。此外，由于其覆盖完整的经济周期，其对管理者的主动管理能力要求也较高。Peterand Jeffery（2010）用归因的方法证实了这一点。

三是投资组合保险策略模型。保险机构由于负债成本的刚性约束对投资组合更关注其绝对收益目标的实现，因此，为控制投资风险，保障投资者基础收益的组合保险策略出现。该模型的典型方法有基于期权的投资组合保险策略、固定比例投资组合保险策略（Constant Proportion Portfolio Insurance，CPPI）及时间不变性投资组合保险策略（Time Invariant Portfolio Protection，TIPP）等。

20 世纪 90 年代后，风险因子的影响更加深远，同时套利定价理论 APT 及 Barra 多因子模型扩展了风险因子的研究范围，大类资产配置开始更偏于技术层面的量化分析，逐渐从资产配置演变为风险因子的挖掘，再演变为风险配置。其中较为典型的代表策略是风险平价（Risk Parity）策略，该模型的建模思想就是将各类资产分解为最好是相互独立的底层风险，控制各类风险的暴露敞口，使各类资产背后承担的风险对组合总体风险的贡献相等。风险平价模型以风险分解出发，回避了资产收益率预测问题，该模型认为长期来看超额收益不可持续，此外该模型天然超配固定收益类资产，故对风险容忍度较高的机构及中期内的趋势性行情有着较大的不适用性。

随着 20 世纪 90 年代后互联网技术的兴起及近年 GPU 等硬件革命伴随云计算、分布式技术等技术革命带来的计算能力的进步，另一类资产管理技术——动态资产配置技术（Dynamic Assetallocation）在 2000 年后逐渐进入业界视野。该项技术的兴起来源于 1986 年一篇论文的出现。Gary P. Brinson，L. Randolph Hood，and Gilbert L. Beebower 在论文中明确阐述了组合的表现应更多归因于配置动作而非不同资产类别的选择。而后，伴随随机模拟及动态规划技术的完善，这一类配置技术从 20 世纪 90 年代萌芽的动态策略选择模型逐渐转化成更加纯粹的动态资产配置技术。

动态资产配置技术的最大特征是可以反映真实的动态配置需求，满足现实情况中投资人随时间变动头寸的需求。伴随动态规划中不同效用函数的选择，可以计算出更加贴合机构需求的资产配置。从模型而言，该类技术使保险公司资产负债管理（Assetand Liability Management，ALM）模型可以实现。ALM 模型从账户未来配置资产、存量资产类别特点、现金流、经济情景假设及可能的分红等资产负债端假设出发，进行资产负债预测、利润预测、偿付能力预测等。可以说 ALM 模型因其真实、动态的特性，实现了从数据输入到结果输出应用的统一流程。

2.1.2 国内研究综述

国内对于资产配置理论的研究起步较晚，主要集中在资产配置模型的研究及探求资产配置最优结构等方面。李琦（2007）提出采用均值—下偏距下的动态资产配置策略的实际应用绩效。邢天才（2008）以下偏风险作为风险衡量指标的框架，采用 Sortino 比率对三种动态资产配置策略（买入并持有策略、恒定混合策略和恒定比例投资组合保险策略）。针对 Markowitz 模型的缺陷，孟勇（2013）利用 BMA 模型优化 BL 模型观点加入方式，设定了模型观点矩阵，计算了隐含均衡收益和上证指数数据，证实了投资人情绪对传统资产组合模型结果的影响，从数理模型上阐释了两个模型依据的理论基础。谭华清、赵学军、黄一黎（2018）证明了贝叶斯BL模型相比基于均值方差配置模型更能降低组合风险，增强组合回报，是具有潜力的资产配置新方案。徐庆娟、杨彬彬（2018）用GARCH模型预测周收益率和条件方差，并以此分别量化传统BL模型中的观点收益向量和观点误差矩阵，得到的BL预期收益率普遍高于市场均衡收益率。

2.2 保险机构大类资产配置研究综述

2.2.1 国外研究综述

对保险机构大类资产配置问题的研究主要分为三个研究方向。

一是集中在资产配置模型的选择问题。Kahane和Nye（1975）利用均值方差模型分析了美国财产保险公司的承保与投资最佳组合，给出了效率前沿曲线。Kahane（1978）、Lambert Hoffiander（1996）、Kahane（1975）和Klous（1970）对保险投资的最佳比例进行了研究；Frost（1983）试图将保险投资结构引入均值方差投资组合理论中，并证明了该种方法在寿险投资的可行性。Lee（2003）强调了在投资组合中各类资产之间的相关系数越小，风险被分散的程度和收益提升的潜力越高。

马柯维茨的均值—方差模型是单期投资理论的基础，但保险机构作为长期资金的投资者，会随着投资环境的变化适时调整投资组合头寸进行动态资产配置，因此，在单期的基础上，学者进一步研究保险机构的多期投资策略。Rudolf和Ziemba（1997）、Brennanet等（1997）提出战略资产配置的思想理念，并在Merton的连续时间模型的基础上构建出跨期资产配置模型。Xie等（2008）利用均值—方差模型以及一般随机线性与二次控制方法，对连续时间框架下非完备市场中多风险资产、单一负债端的资产组合配置问题进行了研究，并得到最佳动态配置策略和有效前沿的显示封闭解。Flilipovic（2011）等以风险转移和偿付监管为外生变量推导了帕累托最小下的投资策略和保费水平。Chiu 和 Wong（2012）考虑了连续时间以及在资产协整的非完备市场条件下，保险公司基于均值方差模型对资产负债管理进行优化的问题。Yao 等（2013）研究了在带有 Markov 跳并且负债内生的市场情况下，多时期的退出时间不确定的资产组合配置问题。

二是集中在加入负债约束后的资产配置理论问题。保险资金自有的负债属性让学者认识到传统的由资产端驱动而产生的大类资产配置策略存在的限制，从资产及负债两个方面分析了保险机构资产配置的特点：Frank M. Redington（1952）首次将免疫理论应用在保险业，提出应通过资产和负债久期的匹配来尽可能地规避利率风险。Leibowita 等（1988）针对养老金投资提出盈余最大化的概念，即投资组合管理的目标是最大化投资资产价值与负债价值的差额。Michaud（1989）、Farrell 和 Reinhart（1997）、Arnott 和 Bernstein（1992）研究指出，投资资产组合可以划分为弥补负债成本的匹配资产计划和运用最优化投资理论获取超额收益的资产计划两部分，并且对应负债的资产可被定义为反向的资产计划。Consiglio、Saunders 和 Zenios（2006）对保险企业的产品案例进行了分析，同时研究了最低收益保障产品对应的资产负债管理方式。

上述文献大多以静态的角度将负债端引入保险机构资产配置过程中。进入 20 世纪 90 年代后，机构及学者逐渐认识到静态假设并不能体现保险机构在资金运用中所面临的复杂条件，特别是在第一次互联网泡沫破灭之后，许多进行传统配置的保险、年金及养老金机构同时经历了权益配置的巨大损失及由通货膨胀而急剧上升的负债端压力，受此影响，注重动态资产及负债端假设的大类资产配置策略逐渐在机构投资者中开始流行，由负债端驱动的投资策略（Liability-driven Investment Strategy）开始出现。比较典型的是 Carino 等（1998）为日本安田火险和海上保险公司设计了多阶段随机规划资产负债管理模型——Russell-Yasuda-Kasai 模型，后来很多学者基于此模型进行了大量实际运用领域的研究。Korhonen（2011）使用多阶段随机规划的方法解决跨国金融集团的战略资产负债管理问题，Nke-ki（2013）使用多阶段随机规划的方法研究 DC 养老金计划的最优投资策略，并结合指数效用函数下的最优投资组合进行了对比分析。

三是集中在 Solvency II 实施后对保险机构资产配置的影响问题。2009 年次贷危机发生后，保险类机构损失惨重，保险监管机构开始反思监管漏洞与不足，Solvency II 应运而生，其更新了欧盟 1979 年及 1983 年推出的寿险及财险公司偿付能力标准，并制定了全新的偿付能力资本要求（SCR）和最低资本要求（MCR）的量化指标，并且提出了公司治理的定性指标及信息披露要求。新的监管规则自然也使国外保险机构大类资产配置发生了巨大的变化。相关文献在 2. 3. 1 中详细介绍。

2. 2. 2　国内研究综述

国内对保险资金大类资产配置研究起步较晚，且主要的研究方向与国外基本一致。

在模型研究方面，研究较早的是王绪瑾（1999），通过海外保险投资演进的启示，得到完善我国保险业投资的构想：完善投资工具、完善保险投资法规、在放松投资方式的同时应控制投资的比例，寿险和非寿险的保险投资应有所区别。后续一些学者通过模型构建分析了保险资产配置的比重及策略问题。秦振球、俞自由（2003）较早研究了保险资金的最优大类资产分配比重的问题。陈旭晖（2007）利用 Vasicek 模型拟合了我国实际利率期限结构，并在此基础上随机生成资产收益率曲线。颜伟明（2008）通过建模分析，研究基于 RAROC 的保险资金多期动态资产配置优化路径。邓莉（2008）研究资本市场数据和保险公司数据，利用盈余优化模型考虑我国寿险公司的资产配置问题，得到最小盈余波动目标下的最优投资策略。荣喜民等（2010）将承保风险引入模型中，在考虑保险公司总体风险和收益的基础上，研究最佳投资比重问题。李心愉、沈冲（2010）重点考察监管政策的影响，在最优投资决策模型中引入监管政策因子，构建了监管机构与保险公司的博弈决策模型。罗琰、杨招军（2010）利用随机微分博弈模型考察了保险公司与保单持有自然人之间的零和博弈，并得到保险公司最优策略及最优值函数的闭式解。田玲等（2011）结合 Copula 理论研究了投资风险的限额配置，并通过对比分析得到使用投资风险限额的调整模型可以明显提升保险公司的投资业绩。李心愉等（2013）通过结构方程与 Blank-Litterman 模型对不同时间区间的保险资产的最优资产配置方法进行了讨论；Yao 等（2013）考虑了负债内生性，进一步在随机市场环境下研究了具有随机现金流的资产负债管理问题。王海琳（2013）利用 Black-Litterman 模型对养老金投资的金融资产进行优化配置。卞小娇等（2014）基于拟动态规划的方法建立了最大化投资者效用的多期动态模型，计算得出了风险偏好对不同期限的债券和股票配置比例的影响。荣喜民、宋瑞才（2014）假设风险资产价格满足几何布朗运动，利用动态规划方法研究保险公司在连续时段下的最优投资比例分配问题。王正文（2016）从公司风险管理的思想出发，对中国人寿和平安保险的最优投资与承保比例进行了研究，认为保险集团应加强多样化投资战略，多数资产投资于低风险资产，少量资产配置高风险资产。王大鹏（2016）选择以 Copula-CVar 为风险度量模型，以 Copula 函数将各资产收益率的分布函数连接，引入 Monte Carlo 模拟法，并最终通过最小风险的目标给出配置建议。王颢等（2016）针对经济增长的不同阶段保险资金的战略资产配置问题进行了模型优化，并提出了相关政策建议。周奕欣（2018）在 BL 模型中放入监管对保险资金的约束，证明了政府对于保险资金运用范围的监管是市场达到帕累托最优的必要条件。

在资产负债管理研究方面，随着资产负债匹配管理重要性的不断提升，国内对于保险机构资产负债匹配管理的研究也不断深入。李季芳等（2014）研究在决策者多目标情景下多阶段保险公司的随机资产—负债管理方法，进一步提高了关于资产—负债的管理决策的准确性与有效性。景珮（2014）将多目标规划理论与资产负债管理理论相结合，分别建立了寿险公司与财产险公司资产负债管理模型，以及未来不同经济情景随机生成模型，在此基础上通过敏感性分析，重点研究了基于多目标规划模型生成的最优解对保险公司资产负债管理决策的影响。Yao 等（2016）研究了具有机制转换和随机现金流的资产负债管理问题，并获得预先承诺策略。

2.3 偿付能力约束下保险机构大类资产配置研究综述

2.3.1 国外研究综述

Solvency II 是对欧洲经济区（EEA）内所有保险公司的偿付能力进行监管的新框架，自 2016 年 1 月 1 日起全面生效，适用于 31 个欧洲国家。

自 2000 年以来，对 Solvency II 指令的开发工作从未中断过，其间与国家监管部门和欧洲保险业进行了长期磋商。新的框架结合以市场为基础的资产估值和保险负债评估，规定了基于风险的资本要求。设定 SCR 旨在使保险公司持有足够的资金应对 1 年期内在 99.5% 概率下出现的损失。其间共进行了五次定量影响研究（QIS），研究要求保险公司根据 Solvency II 中给出的最新技术规范确定其负债的价值和 SCR，从而使新指令得到检验。在开发 Solvency II 的 15 年中，无论是学者还是咨询师都就新指令对资产配置的潜在影响进行了研究，主要集中在三个方向。

第一个方向是在保险公司偿付能力约束下的资产负债匹配管理。Amenc 等（2006）研究指出，在 Solvency II 框架内，保险公司应当采取核心—卫星资产配置策略，用专门的投资组合完全对冲负债的利率敏感性以及保险负债中的任何嵌入式期权。一旦负债的市场价值波动被完全对冲，剩余的资产就可以采用传统的资产配置技术进行管理。但同时 Amenc 也指出，在实际操作中，完全对冲负债有一个主要障碍，即 IFRS 会计准则，该准则规定，如果保险公司利用衍生工具对冲负债，则每年都须确认衍生工具的损益，但无须立即确认负债市场价值的变化。因此，在实践中，如果保险公司遵循利用衍生工具对冲负债的策略，则必须报告极度波动的会计利润（净收入）。Bragt 和 Kort（2011）的研究也讨论了保险负债的全面对冲策略，这将使保险公司能够以资产导向法分配剩余资产。

第二个方向是有学者从资产期限角度探讨了 Solvency II 的长期影响。

Bragt、Steehouwer 和 Waalwijk（2010）调查了 Solvency II 要求对典型欧洲人寿保险公司风险收益权衡的影响。研究发现，新规则虽然可以激发寿险公司更好地管理资产负债，但是通过限制诸如股票和房地产等风险资产的风险敞口，Solvency II 体系可以约束保险公司需要的偿付能力资本，这是以低预期收益为代价的，而做此牺牲可能会导致保险公司十年间的长期生存能力恶化。所以保险公司应制定合理的资产配置政策，同时考虑 Solvency II 体系中一年期资本要求和资产配置长期的风险—收益曲线。Campbell 和 Viceira（2002）、Bec 和 Gollier（2009）也从投资期限效应的角度出发，探讨了资产配置中短期与长期目标的权衡。他们指出，虽然股票资产在短期内风险较高，但是从长期来看，其价值是均值回归的，而债券资产收益率却是均值偏离的。对于保险公司来说，资产配置具有长期性特征，Solvency II 体系对于短期指标的考察会影响保险公司的长期风险决策。Rudschuck 等（2010）研究认为，如果孤立地考虑 Solvency II 新资本要求规则，则这些规则就有可能导致保险公司风险资产敞口大幅减少，Braunet 等（2015）、Fischer 和 Schlutter（2015）同样也指出 Solvency II 要求大幅抑制保险公司对风险资产的追求，这也影响了公司的长期风险—收益曲线。

第三个方向是有研究开始关注 Solvency II 体系自身存在的问题。欧洲保险委员会（2010）指出，严格化的监管要求会使保险公司经营成本增加，相应地会提高投保人的购买成本。Gatzert 和 Martin（2012）指出资产配置会严重影响保险公司的资本水平，并且提出 Solvency II 下的模型风险是一个不能忽略的重点问题。Schmeiser 和 Schreiber（2015）批判了 Solvency II 中一年期 99.5% VaR 的复杂方法，他们提出了更为严重的问题，即标准模型的资本要求是否真的能让破产概率低于 0.5%。可以看到，Solvency II 对保险公司资产配置的影响是多方面的，而由此带来的对 Solvency II 本身作用的探讨也是需要继续进行的。

2.3.2 国内研究综述

从国内研究来看，考虑偿二代监管要求或者加入投资约束后，研究最优化资产配置的文章较少。段国圣（2012）在 Markowitz 基础上将偿付能力引入资产配置优化模型中，同时引入两类主观风险度量：风险限额占总风险资本比例、偿付能力低于150%的概率，最终论证了在资产配置模型中加入偿付能力要素将改善保险公司偿付能力充足率并且提高资本使用效率。王灵芝（2016）对资本占用作为约束条件下的资产选择与配置问题进行了考察，通过遗传算法计算了不同风险偏好下的帕累托最优解，从收益、风险、流动性、资本占用情况四个角度将偿一代体系、偿二代体系与经典的马柯维茨模型下的资产配置策略进行了比较，发现在添加偿付能力约束后，偿二代下的有效集优于偿一代下的有效集，偿二代提高了资本的使用效率。朱日峰（2017）研究了偿二代下财险公司的资产负债管理工作，文章将资本约束、流动性约束、评级要求、监管约束及风险容忍度等纳入资产配置模型中作为约束条件综合考量，构建资产负债管理模型框架，文章指出管理框架搭建后应根据实际情况的需要定期调整模型参数，实现资产负债的动态管理。李晶尹、成远（2018）在深入研究偿二代监管规则的基础上，构建面板数据回归模型，表明变量资产负债对利率敏感度的一致性对偿付能力呈正相关关系，而变量金融负债比例、债券类投资资产比例、权益类投资资产比例与偿付能力呈负相关关系。李慧娟（2018）分析了中国保险公司偿付能力监管改革的背景，简要叙述了偿二代制度框架，探讨了国际风险导向偿付能力体系对我国的启示以及偿二代监管体系下保险公司偿付能力现状及存在的问题。

2.4 本章小结

本书研究的核心问题是在偿付能力约束下保险公司的大类资产配置，为开展对此问题的深入和拓展研究，本章由远及近，依次回顾梳理了国内外在大类资产配置、保险机构大类资产配置、偿付能力约束下保险公司的大类资产配置三个领域方面的学术研究，已有文献为本书的研究提供了如下参考：

从偿付能力约束对保险机构资产配置的影响来看，国外较多文献认为欧盟第二代偿付能力监管约束对保险机构资产配置具有深刻长远的影响，主要的研究问题集中在资本约束是否会限制保险公司风险资产的投资偏好，是否会影响保险公司的股东收益，如何平衡保险公司股东长期投资回报与短期资本约束监管要求等方面，这对于本书如何开展国内偿二代对于保险公司资产配置风险和收益的影响研究具有一定的启示作用。

国内对于保险公司的大类资产配置问题的研究较多，对于偿二代资本约束下保险公司的大类资产配置领域的研究涉及较少，现有文献仍有以下几个方面需要进行深入讨论：

一是鲜有前置化资本约束进行保险公司最优资产配置问题的研究。现有文献主要集中在对于资本配置最优化本身问题的研究，通过不断优化均值方差模型、VAR 模型、BL 模型、ABL 模型、风险平价模型、多因子模型等提高资产组合收益，由于未考虑保险公司的负债端及资本约束，实践研究意义不足。仅有的几篇考虑资本约束的也大多是后置化约束条件，并没有在最优化大类资产配置生成过程中加入资本约束进行深入的定量研究分析。

二是缺乏对中国偿二代资本监管体系对于保险公司资产配置风险和收益宏观影响机制的研究。资本约束是否能够约束保险公司的风险选择，激励保险公司加强资产负债匹配管理，稳健经营，监管参数的进一步严格化对于保险公司风险和收益的影响机制是什么，是否能够有效降低其破产风险是监管最为关注的内容。因此，此问题的定量研究和分析值得进一步关注，很可能为监管目前正在推进的偿二代二期工程研究带来有效的政策建议。

三是缺乏站在保险公司整体角度统筹考虑负债结构及资本约束，以最大化股东价值为目标进行最优资产配置的研究。保险公司作为微观决策主体，在资本约束下，面临更为复杂的其他现实约束，如何进行投资决策，约束下的资产配置是否会产生显著的投资效率损失，在多期动态下是否会降低保险公司的长期股东价值，都是极具现实意义、值得研究的问题。

基于现有文献的不足与拓展点，本书综合现有的研究成果，结合中国保险资管领域的实际，从微观作用机制与宏观影响机制两个层面出发，对偿二代下保险资管公司的资产管理策略进行了研究，具体如下：本书先从微观层面对保险公司考虑资本、负债约束，在股东收益最大化目标下对单期静态最优投资决策问题进行理论研究和实证分析。然后本书创新性地提出了一套在因子层面与偿二代的风险测度相匹配，同时适用于中国保险机构投资范围涵盖的大类资产随机模型，通过对底层风险因子风险收益的随机预测，实现对各类资产风险收益的预测，研究保险公司在偿二代资本约束下基于随机模型的资产配置问题。最后从宏观层面对偿二代资本约束、破产风险、股东收益三者之间的影响机制进行理论研究分析，然后通过数值模拟对监管效用及作用机制进行研究，并提出了完善优化保险公司资本约束监管体系的相关政策建议。

第3章

保险机构偿付能力监管理论框架及实践机制

3.1 偿付能力概述

3.1.1 偿付能力的含义

偿付能力一词最早可以追溯到17世纪，其通用的含义是有能力支付全部的、法律意义上的债务，对于保险机构而言，国际保险监督官协会（IAIS）2003年颁布的Glossary of Terms给出的定义是在任何时候，保险公司能够满足所有合同义务（负债）的能力。中国保监会2008年下发的《保险公司偿付能力监管规定》给出的定义是偿付能力是指保险公司偿还债务的能力。

一般情况下，只要资产大于负债就认为具有偿付能力。保险公司的特殊性在于其资产和负债的未来价值同时都具有不确定性。一方面，保险公司的资产端绝大部分是金融资产，其价值会随着时间推移而不断波动；另一方面，保险公司的主要负债——保险责任准备金是通过精算方法，利用大数据并遵循监管规定而计算的，与未来实际结果一定会存在偏差。因此，对于保险公司而言，仅仅满足当期资产大于当期负债从而保持偿付能力的风险是较大的，必须持有必要的资本和盈余积累应对未来资产负债结构的不利变化，使其偿付能力始终保持在最低要求之上，从而保证公司能够履行保单义务，持续经营。这就是保险公司偿付能力的基本含义，可以理解为一种资本缓冲器，也是对于保险类机构资本监管的一个基本出发点。

3.1.2 偿付能力的基本要素

保险机构偿付能力体系下的资本监管基本要素包括实际资本、最低资本、偿付能力充足率。

3.1.2.1 实际资本

实际资本是保险公司实际拥有的、可以用来吸收未来风险损失的资源。实际资本的界定通常需要考虑以下因素：一是资产与负债的评估方法。实际资本等于监管会计准则下的资产减去监管会计准则下的负债，监管会计准则与通用会计准则是两套基本平行的体系，两者之间有着密切的联系，也可能存在重大区别，取决于监管规则。二是资本分级。实际资本不但要考虑数量，更要保证质量。只有高质量的资本，才能有效吸收未来可能产生的损失。因此，监管体系中一般会对资本进行分级管理，例如区分核心资本和附属资本等。

3.1.2.2 最低资本

最低资本是监管部门要求保险公司持有资本的底线，如果保险公司持有资本低于最低资本，则表明这家保险公司的风险程度过高，未来出现资产不足以偿付负债的可能性超过了监管底线。从这个意义上说，最低资本的计算规则在很大程度上体现了一国保险监管部门的态度和导向。

最低资本的确定通常要考虑以下因素：一是风险识别。即保险公司的资本需要用于缓冲哪些风险。考虑的风险越多，最低资本的标准就会越高。早期的欧盟偿付能力 I 只考虑了保险风险，而在最新的欧盟偿付能力 II 中，基本将能够量化的风险，涵盖投资资产端的信用风险、市场风险等都纳入计算范围。二是持续期。即保险公司现有资本需要用来支持保证未来多长时间的持续经营。这个持续期越长，对最低资本的要求就会越高。三是风险容忍度。即监管部门可以容忍多大程度的破产概率，也就是置信区间的选择，例如是1%还是0.5%，风险容忍度越低对最低资本的要求就会越高。

3.1.2.3 偿付能力充足率

偿付能力充足率＝实际资本/最低资本，用来评估保险公司偿付能力充足水平。最低资本是监管部门要求的资本下限，因此偿付能力充足率也是以100%为底线要求，一般实务控制要求会比这个更高。

3.1.3 偿付能力监管体系的发展

国际偿付能力监管体系主要以欧盟的偿付能力 I、II 和美国的风险资本（RBC）体系为代表，我国偿付能力监管体系主要借鉴了欧盟监管体系，相继推出了第一代、第二代监管体系。

3.1.3.1 欧盟偿付能力监管体系

欧盟偿付能力 I 于 1994 年正式启动，2002 年推出监管框架，2004 年作为最低标准正式实施。该体系的特点是简单、实用、成本低，但是考虑的风险不够全面（仅考虑了负债风险，未考虑运营风险、信用风险、巨灾风险等）、风险计量不够精确、对风险不够敏感。

欧盟偿付能力 II 于 2003 年启动，确定了基本概念和原则，自 2005 年起，根据欧盟委员会的要求，欧洲保险和职业养老金监管者委员会（后改组为欧洲保险和职业养老金管理局 EIOPA）进行了 5 次大规模的行业量化测试，评估各种不同的备选方案的可操作性和作用，以及对公司和行业可能的影响。2009 年，欧盟议会和欧盟理事会正式审核通过欧盟偿付能力 II 指令，原定于 2013 年实施，但受各方面因素制约，欧盟偿付能力 II 于 2016 年才开始正式实施。欧盟偿付能力 II 参考了银行业新巴塞尔协议监管框架，确立了三大支柱的监管体系，在监管理念上突出了经济资本、市场价值等原则，重点改进了实际资本的评估原则和最低资本的计算方法，对于风险的评估和计量更加公允、审慎、全面，突出了全面风险管理的导向，核心思路是要求保险公司持有的资本足够抵御 200 年一遇的不利情景，即在未来一年内，保险公司出现资不抵债的概率不高于 0.5%，并给出了标准模型，如图 3－1 所示，同时，欧盟也鼓励大型的保险公司开发使用内部模型，以便更好地反映其独特的风险特征。

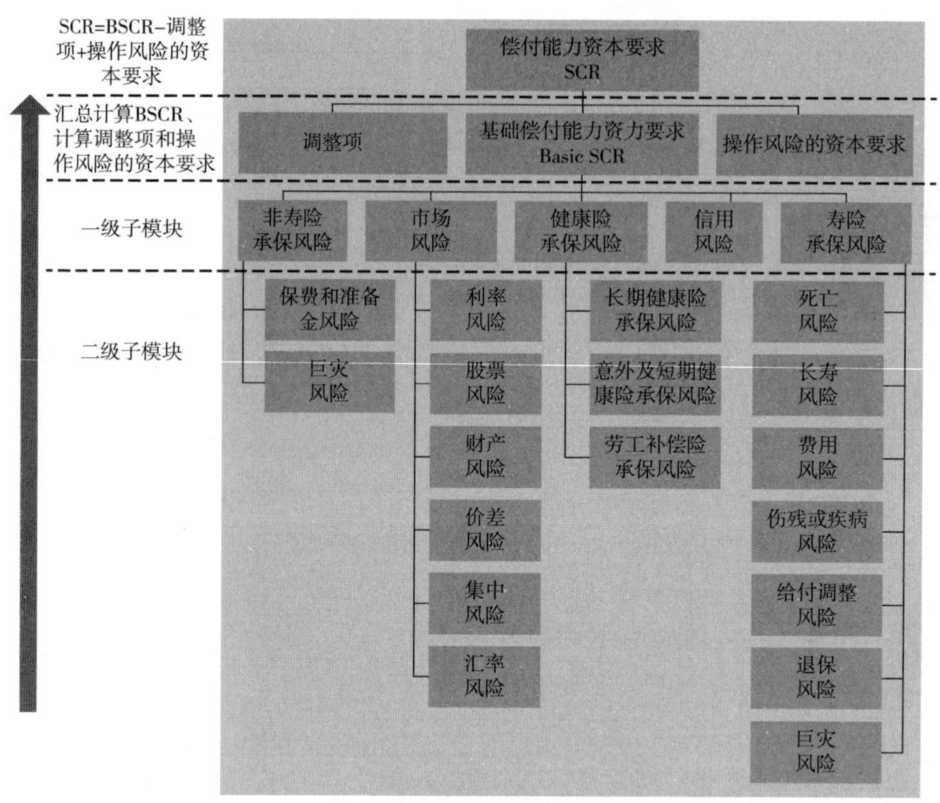

图 3－1　欧盟偿付能力Ⅱ的标准法

3.1.3.2　美国风险资本 RBC 监管体系

该体系由美国保险监督官协会（NIAC）制定，于 20 世纪 90 年代开始实施。该体系借鉴了当时银行业监管中的风险资本要求标准，将风险划分为信用风险、承保风险、资产风险等类别，对各类风险设定不同的风险因子，然后通过设定的风险因子计算出各类风险的风险资本要求，最后在考虑风险相关性的基础上将各类风险的风险资本综合起来得到整个公司的风险资本要求。该体系的特点是考虑的风险较为全面、风险计量较为精确、对风险较为敏感。目前，美国、加拿大等国都在使用这一体系。

3.2 中国第二代偿付能力监管框架

3.2.1 整体框架

在整体思路上，我国偿二代监管框架借鉴了欧洲偿付能力 II 的三支柱框架体系，如图 3－2 所示。

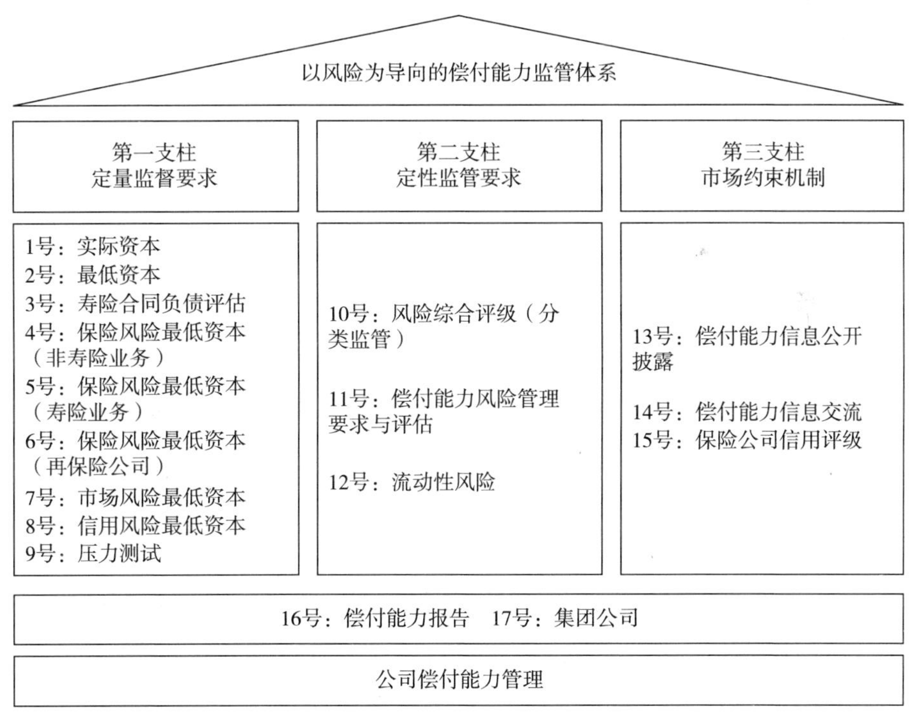

图 3－2 我国偿二代监管框架

3.2.2 量化风险整体计量规则

根据偿二代监管体系的计量规则，结合本书的研究对象，对资产、负债、主要风险类别及计量规则阐述如下。

本书主要分析保险公司的战略资产配置，所以本书特别关注市场风险。在介绍标准公式之前，本书先对相关概念进行符号定义。

在介绍标准公式之前，本书首先定义保险公司的资产负债的表示符号，用 A 表示保险公司资产的认可价值，划分为 M 个不同的资产类别，$A = \sum_{i=0}^{M} A_i$。同时用 L 表示保险公司负债的认可价值，划分为 N 个不同的负债类别，$L = \sum_{j=1}^{N} L_j$。根据偿二代，定义保险公司的实际资本为 AC，该数额等于认可资产和认可负债之间的差额：$AC = A - L$。

对于认可资产，本书使用以下的资产类别：

$A_0 = A_{cash}$ = 现金

$A_1 = A_{bond\_gov}$ = 按公允价值计量的政府债券和准政府债券（不含政策性金融债）

$A_2 = A_{bond\_others}$ = 按公允价值计量的其他债券，包括政策性金融债，企业债和公司债

$A_3 = A_{eq}$ = 权益类资产，包括上市普通股票，证券投资基金等权益类资产

$A_4 = A_{prop}$ = 房地产（包含境外投资性房地产）

$A_5 = A_{oversea}$ = 境外资产，包括境外固定收益类资产和境外权益类资产（不含境外投资性房地产和境外存款）

$A_6 = A_{others}$ = 其他资产，包括所有按成本法计量的资产和其他非资本市场资产（如保单抵押贷款，再保险资产等）

上述分类与偿二代中计算要求资本的分类一致，其中按公允价值计量的固定收益类资产（A_1、A_2）、股权（A_3）、房地产（A_4）和境外资产（A_5）涉及市场风险，而现金（A_0）和其他资产（A_6）涉及信用风险中的交易对手违约风险。需要注意的是，区别于欧盟的 Solvency II，按公允价值计量的固定收益类资产（A_2）还涉及信用风险中的利差风险，属于信用风险范畴，而 Solvency II 将该风险归类于市场风险。所以除了市场风险，进行战略资产配置时还需要关注信用风险中的利差风险。

对于认可负债，包括以下类别：

$L_1 = L_{res}$ = 准备金负债

$L_2 = L_{others}$ = 其他负债

3.2.3 市场风险计量规则

关于市场风险，偿二代需要针对以下六种风险计提最低资本：（1）利率风险；（2）权益价格风险；（3）房地产价格风险；（4）境外固定收益类资产价格风险；（5）境外权益类资产价格风险；（6）汇率风险。

3.2.3.1 利率风险

定义为无风险利率的不利变动导致保险公司遭受非预期损失的风险。对于财产险、寿险和再保险，偿二代规定了不同的利率风险最低资本计提方法，本书以寿险为例进行研究和相关的实证分析。

寿险的利率风险最低资本采用情景法进行计算，计算公式如下：

$$\begin{aligned} MC_{Mkt,I} &= \max[(A-L)-(A_{shock\ scenario}-L_{shock\ scenario}),\ 0] \\ &= \max[(A-L)-(A_{ru}-L_{ru}),\ (A-L)-(A_{rd}-L_{rd})] \\ &= \max\begin{bmatrix}(A_1+A_2-L_1)-(A_{1,ru}+A_{2,ru}-L_{1,ru}), \\ (A_1+A_2-L_1)-(A_{1,rd}+A_{2,rd}-L_{1,rd})\end{bmatrix} \end{aligned} \quad (3-1)$$

其中：

$A_{1,ru}$、$A_{2,ru}$、$L_{1,ru}$分别表示利率上行情景下 A_1、A_2、L_1的公允价值；

$A_{1,rd}$、$A_{2,rd}$、$L_{1,rd}$分别表示利率下行情景下 A_1、A_2、L_1的公允价值。

偿二代给定了利率上行和利率下行两个不利情景。利率风险最低资本取决于在哪个情景下实际资本会减少，减少的金额为利率风险最低资本。选取哪个情景作为不利情形，与资产和负债的利率敏感性有关。在通常情况下，如果资产久期短于负债久期，利率下行为不利情景；反之，则利率上行为不利情景。

偿二代的利率风险要求同时考虑资产和负债在不利情景下公允价值的变动。从提供的不利情景曲线生成器可以发现：

（1）不利情景是针对即期利率曲线做冲击，在期限结构上冲击程度并不水平，说明不利情景不仅考虑了利率曲线的水平因素变动，而且考虑了斜度因素和曲度因素变动。

（2）不同于欧盟 Solvency II 中负债的贴现率直接以市场上利率互换曲线为基础，偿二代中对于负债的贴现率采用了无风险利率曲线的 750 天移动平均，与现行的会计准则保持一致。本书发现，在给定的不利情景中，同期限的负债贴现率冲击程度小于资产贴现率。

3.2.3.2　权益价格风险

定义为权益价格不利变动导致保险公司遭受非预期损失的风险。本书仅以上市普通股票为例进行研究和相关的实证分析。

本书假设股权投资 $A_{eq}=(A_3)$ 仅投资于上市普通股票，共投资了 x 只股票，第 x（$x=1, 2, \cdots, x$）只股票的市值比例为 $w_{eq,x}$，那么该只股票的权益价格风险最低资本计算公式如下：

$$MC_{Mkt,II,x}=w_{eq,x}\cdot A_3\cdot RF_{eq}\cdot \{1+\max[-0.25, \min(0.25, k_{eq,1}+k_{eq,2})]\} \tag{3-2}$$

其中，RF_{eq}、$k_{eq,1}$ 和 $k_{eq,2}$ 的含义如下：

$$RF_{eq}=\begin{cases}0.31 & \text{如果股票 } x \text{ 为沪深主板股票}\\ 0.41 & \text{如果股票 } x \text{ 为中小板股票}\\ 0.48 & \text{如果股票 } x \text{ 为创业板股票}\end{cases}$$

$$k_{eq,1}=\begin{cases}1 & s\geqslant 1\\ s^2 & 0\leqslant s<1\\ -s^2 & -1\leqslant s<0\end{cases}$$

其中，$s=$（股票 x 的账面价值 - 股票 x 的购买成本）/股票 x 的购买成本，股票 x 的购买成本为各次购买价格的加权平均值。

$$k_{eq,2}=\begin{cases}-0.05 & \text{如果股票 } x \text{ 为沪深 300 指数成分股}\\ 0 & \text{其他}\end{cases}$$

RF_{eq} 为权益价格风险的基础因子，对于不同市值的股票冲击幅度不同，小市值股票使用的冲击幅度更大。$k_{eq,1}$、$k_{eq,2}$ 为相应的特征因子，其中 $k_{eq,1}$ 是根据涨跌幅度设置的特征因子，在牛市股票上涨时，特征因子 $k_{eq,1}$ 调整会对单位市值的股票投资计提更多的权益价格风险最低资本；反之，在熊市股票下跌时，会减少计提权益价格风险最低资本。值得思考的是，偿二代规定在采用综合因子法计算市场风险最低资本时，所有特征因子的总和被框定在［-0.25，0.25］的范围内。当股票的涨跌幅超过一定幅度后，特征因子 $k_{eq,1}$ 的调节功能将会失效。

将所有股票的权益价格风险最低资本加总，即得到如下结果：

$$MC_{Mkt,II} = \sum_{x=1}^{X} MC_{Mkt,II,x} \quad (3-3)$$

3.2.3.3　房地产价格风险

定义为投资性房地产价格不利变动导致保险公司遭受非预期损失的风险。假设房地产投资 A_{prop}（$=A_4$）共投资了 y 个房地产项目，第 y（$y=1, 2, \cdots, y$）个房地产的价值占比为 $w_{prop,y}$，那么该资产的房地产价格风险最低资本计算公式如下：

$$MC_{Mkt,III,y} = w_{prop,y} \cdot A_4 \cdot RF_{prop} \cdot \{1 + \max[-0.25, \min(0.25, k_{prop,1} + k_{prop,2} + k_{prop,3})]\} \quad (3-4)$$

其中，RF_{prop}、$k_{prop,1}$ 和 $k_{prop,2}$ 的含义如下：

$$RF_{prop} = \begin{cases} 0.08 & \text{房地产以历史成本计价} \\ 0.12 & \text{房地产以公允价值计价} \end{cases}$$

如果房地产以历史成本计价，则 $k_{prop,1} = k_{prop,2} = k_{prop,3} = 0$，否则

$$k_{prop,1} = \begin{cases} 1 & s \geqslant 1 \\ s^2 & 0 \leqslant s < 1 \\ -s^2 & -1 \leqslant s < 0 \end{cases}$$

其中，$s=$（房地产 y 的账面价值 - 房地产 y 的购买成本）/房地产 y 的购买成本

$$k_{prop,2} = \begin{cases} 0.20 & r > 10\% \\ 0.10 & 5\% < r \leqslant 10\% \\ 0.05 & 0 < r \leqslant 5\% \end{cases}$$

其中，$r = A_4/A$，表示投资性房地产认可价值占总认可价值的比例

$$k_{prop,3} = \begin{cases} 0.03 & \text{房地产位于直辖市、省会城市、计划单列市} \\ 0.05 & \text{房地产位于境内其他地区} \\ 0.06 & \text{房地产位于境外} \end{cases}$$

将所有房地产项目的房地产价格风险最低资本加总，得到如下结果：

$$MC_{Mkt,III} = \sum_{y=1}^{Y} MC_{Mkt,III,y} \tag{3-5}$$

3.2.3.4　境外资产价格风险

定义为境外固定收益类资产价格不利变动导致保险公司遭受非预期损失的风险。在对该风险计提最低资本时，偿二代区分了发达市场和新兴市场。本书假设在总的境外投资 $A_{oversea}$（$=A_5$）中，投资于境外发达市场固定收益类资产的比例为 $w_{oversea,bond,1}$；投资于境外新兴市场固定收益类资产的比例为 $w_{oversea,bond,2}$；投资于境外发达市场权益类资产的比例为 $w_{oversea,eq,1}$；投资于境外新兴市场权益类资产的比例为 $w_{oversea,eq,2}$，那么：

$A_{oversea,bond,1}$ = 境外发达市场固定收益类投资 $= w_{oversea,bond,1} \cdot A_5$；

$A_{oversea,bond,2}$ = 境外新兴市场固定收益类投资 $= w_{oversea,bond,2} \cdot A_5$；

$A_{oversea,eq,1}$ = 境外发达市场权益类投资 $= w_{oversea,eq,1} \cdot A_5$；

$A_{oversea,eq,2}$ = 境外新兴市场权益类投资 $= w_{oversea,eq,2} \cdot A_5$。

为了确定境外固定收益类资产价格风险的最低资本，偿二代分别将不同的冲击幅度作用于发达市场和新兴市场，并考虑两者的相关性进行汇总，计算公式如下：

$$MC_{Mkt,IV} = \sqrt{(MC_{oversea,bond,1})^2 + 2.\ \rho_{oversea,bond} \cdot MC_{oversea,bond,1} \cdot MC_{oversea,bond,2} + (MC_{oversea,bond,2})^2} \tag{3-6}$$

其中：

$P_{oversea,bond} = 0.1365$；

$MC_{oversea,bond,1} = w_{oversea,bond,1} \cdot A_5 \cdot RF_{oversea,bond,1}$，其中 $RF_{oversea,bond,1} = 0.0762$；

$MC_{oversea,bond,2} = w_{oversea,bond,2} \cdot A_5 \cdot RF_{oversea,bond,2}$，其中 $RF_{oversea,bond,2} = 0.2139$。

境外权益类资产价格风险的最低资本计算公式如下：

$$MC_{Mkt,V} = \sqrt{(MC_{oversea,eq,1})^2 + 2.\ \rho_{oversea,eq} \cdot MC_{oversea,eq,1} \cdot MC_{oversea,eq,2} + (MC_{oversea,eq,2})^2} \tag{3-7}$$

其中：

$P_{oversea,eq} = 0.3750$；

$MC_{oversea,eq,1} = w_{oversea,eq,1} \cdot A_5 \cdot RF_{oversea,eq,1}$，其中 $RF_{oversea,eq,1} = 0.30$；

$MC_{oversea,eq,2} = w_{oversea,eq,2} \cdot A_5 \cdot RF_{oversea,eq,2}$，其中 $RF_{oversea,eq,2} = 0.45$。

本书发现：（1）新兴市场的冲击幅度大于发达市场；（2）境外权益类资产的冲击幅度大于境外固定收益类资产；（3）境外权益类资产价格波动的相关性高于境外固定收益类资产。上述结果与本书的直观理解相符。

3.2.3.5 汇率风险

定义为汇率波动引起外币资产与负债（含外汇衍生品）价值变动，导致保险公司遭受非预期损失的风险。同利率风险一样，汇率风险需要同时考虑所有以外币计价的资产和负债。本书假设如下：

$w_{A,USD}$ = 以美元计价的认可资产比例；

$w_{A,EUR\&GBP}$ = 以欧元、英镑计价的认可资产比例；

$w_{A,others}$ = 以其他外币计价的认可资产比例；

$w_{L,USD}$ = 以美元计价的认可负债比例；

$w_{L,EUR\&GBP}$ = 以欧元、英镑计价的认可负债比例；

$w_{L,others}$ = 以其他外币计价的认可负债比例。

为了确定汇率风险对应的最低资本，本书需要把不同的冲击幅度作用于以不同币种计价的资产和负债。然后将所有的最低资本算术加总就可以得到汇率风险对应的最低资本，计算公式如下：

$$\begin{aligned} MC_{Mkt,VI} = & \left| w_{A,USD} \cdot A - w_{L,USD} \cdot L \right| \cdot RF_{ExRate,USD} \\ & + \left| w_{A,EUR\&GBP} \cdot A - w_{L,EUR\&GBP} \cdot L \right| \cdot RF_{ExRate,EUR\&GBP} \\ & + \left| w_{A,others} \cdot A - w_{L,others} \cdot L \right| \cdot RF_{ExRate,others} \end{aligned} \tag{3-8}$$

其中：

$R_{FExRate,USD} = 0$；$R_{FExRate,EUR\&GBP} = 0.05$；$RF_{ExRate,others} = 0.12$。

需要注意的是，出于谨慎性考虑，同一币种的风险暴露为资产减去负债的净额绝对值。

3.2.3.6 市场风险最低资本汇总

考虑市场风险之间的相关性，对上面六种（$k=6$）市场风险最低资本进行汇总，得到总的市场风险最低资本。计算公式如下：

$$MC_{Mkt} = \sqrt{\sum_{k=1}^{K} (MC_{Mkt,k})^2 + \sum_{k=1}^{K} \sum_{i=1,i\neq k}^{K} \rho_{Mkt,ki} \cdot MC_{Mkt,k} \cdot MC_{Mkt,i}}$$

$$= \sqrt{\sum_{k=1}^{K} \sum_{i=1}^{K} \rho_{Mkt,ki} \cdot MC_{Mkt,k} \cdot MC_{Mkt,i}} \quad (3-9)$$

其中：

$\rho_{Mkt,ki}$表示市场风险 k 和 i 之间的相关系数；

本书还可以用矩阵形式来表达上述公式，假设 $m = (MC_{Mkt,I}, MC_{Mkt,II}, \cdots, MC_{Mkt,K})'$表示市场风险最低资本的 $K \times 1$ 的向量，R 是包含相关系数 $\rho_{Mkt,ki}$的 $K \times K$ 矩阵，那么 $MC_{Mkt} = (m'Rm)^{1/2}$。

偿二代中使用的市场风险间的相关系数如表 3－1 所示。

表 3－1　　市场风险最低资本相关系数

	$MC_{Mkt,I}$	$MC_{Mkt,II}$	$MC_{Mkt,III}$	$MC_{Mkt,IV}$	$MC_{Mkt,V}$	$MC_{Mkt,VI}$
$MC_{Mkt,I}$	1.00	-0.14	-0.18	0.00	-0.16	0.07
$MC_{Mkt,II}$		1.00	0.22	0.06	0.50	0.04
$MC_{Mkt,III}$			1.00	0.18	0.19	-0.14
$MC_{Mkt,IV}$				1.00	0.04	-0.01
$MC_{Mkt,V}$					1.00	-0.19
$MC_{Mkt,VI}$						1.00

3.2.4　信用风险计量规则

关于信用风险，偿二代需要对以下两种风险计提最低资本：I 利差风险；II 交易对手违约风险。本书用 $MC_{Crt,l}$表示信用风险类型 l 的偿付能力最低资本，l = I，II。

3.2.4.1　利差风险

定义为利差（资产的收益率超过无风险利率的部分）的不利变动而导致保险公司遭受非预期损失的风险。计量该风险的前提是必须以公允价值计量（会计分类为交易性金融资产和可供出售金融资产）。

为确定利差风险对应的最低资本，需要对单一资产分别运用冲击幅度，再算术加总。幅度的大小取决于资产的类别、久期和评级。需要注意的是：

（1）以公允价值计量的政府债和准政府债不涉及利差风险；

（2）以公允价值计量的政策性金融债需要计提利差风险，尽管它和政府债的利差更多地来源于税率差异。

本书用$\overline{RF}_{bond,spread}$表示根据偿二代公式对资产 A_{bond_others} = （A_2）冲击幅度的加权平均值，那么利差风险最低资本的计算公式如下：

$$MC_{Crt,I} = \overline{RF}_{bond,spread} \cdot A_2 \qquad (3-10)$$

3.2.4.2　交易对手违约风险

定义为交易对手不能履行或不能按时履行其合同义务，导致保险公司遭受非预期损失的风险。计提交易对手违约风险最低资本的前提是必须以摊余成本法或历史成本法计量（会计分类为买入返售金融资产、持有至到期金融资产、贷款和应收款项）。

为确定交易对手违约风险对应的最低资本，需要对单一资产分别运用冲击幅度，再算术加总。幅度的大小取决于资产的类别、期限和评级。

本书用$\overline{RF}_{bond,default}$表示根据偿二代公式对资产 A_{others} = （A_6）冲击幅度的加权平均值，那么利差风险最低资本的计算公式如下：

$$MC_{Crt,II} = \overline{RF}_{bond,default} \cdot A_6 \qquad (3-11)$$

3.2.4.3　信用风险最低资本汇总

考虑信用风险之间的相关性，对上面两种（$L=2$）信用风险最低资本进行汇总，得到总的信用风险最低资本。计算公式如下：

$$\begin{aligned} MC_{Crt} &= \sqrt{\sum_{l=1}^{L}(MC_{Crt,l})^2 + \sum_{l=1}^{L}\sum_{i=1,i\neq l}^{L}\rho_{Crt,li} \cdot MC_{Crt,l} \cdot MC_{Crt,i}} \\ &= \sqrt{\sum_{l=1}^{L}\sum_{i=1}^{L}\rho_{Crt,li} \cdot MC_{Crt,l} \cdot MC_{Crt,i}} \qquad (3-12) \end{aligned}$$

其中：

$\rho_{Crt,li}$表示信用风险 l 和 i 之间的相关系数。

本书可用矩阵形式来表达上述公式，假设 c = （$MC_{Crt,I}$，$MC_{Crt,II}$，⋯，$MC_{Crt,L}$）′表示信用风险最低资本的 $L \times 1$ 的向量，W 是包含相关系数 $\rho_{Crt,li}$ 的 $L \times L$ 矩阵，那么 MC_{Crt} = （$c'Wc$）$^{1/2}$。

偿二代中使用的信用风险间的相关系数如表 3－2 所示。

表 3－2　信用风险最低资本相关系数

	$MC_{Crt,I}$	$MC_{Crt,II}$
$MC_{Crt,I}$	1.00	0.25
$MC_{Crt,II}$	0.25	1.00

3.2.5　最低资本总额计量规则

除了市场风险和信用风险，偿二代规定保险公司还需要为其他两种风险计提最低资本：寿险保险风险和非寿险保险风险。本书用 $MC_{Agg,h}$ 表示考虑分散效应后，每一大类风险对应的最低资本：寿险保险风险（$h=I$），非寿险保险风险（$h=II$），市场风险（$h=III$）和信用风险（$h=IV$），所以 $MC_{Agg,III}=MC_{Mkt}$，$MC_{Agg,IV}=MC_{Crt}$。考虑这四种风险（$H=4$）的相关性，将它们汇总起来，就可以得到最低资本总额 MC^{*}_{Total}，计算公式如下：

$$MC^{*}_{Total}=\sqrt{\sum_{h=1}^{H}(MC_{Agg,h})^2+\sum_{h=1}^{H}\sum_{i=1,i\neq h}^{H}\rho_{Agg,hi}\cdot MC_{Agg,h}\cdot MC_{Agg,i}}$$
$$=\sqrt{\sum_{h=1}^{H}\sum_{i=1}^{H}\rho_{Agg,hi}\cdot MC_{Agg,h}\cdot MC_{Agg,i}} \quad (3-13)$$

其中：

$\rho_{Agg,hi}$表示大类风险 h 和 i 之间的相关系数。

本书也可以用矩阵形式来表达上述公式，假设 $t=(MC_{Agg,I},MC_{Agg,II},\cdots,MC_{Agg,H})'$表示大类风险最低资本的 $H\times1$ 的向量，U 是包含相关系数 $\rho_{Agg,hi}$的 $H\times H$ 矩阵，那么 $MC^{*}_{Total}=(t'Ut)^{1/2}$。

偿二代中使用的大类风险相关系数如表 3－3 所示。

表 3－3　大类风险最低资本相关系数

	$MC_{Agg,I}$	$MC_{Agg,II}$	$MC_{Agg,III}$	$MC_{Agg,IV}$
$MC_{Agg,I}$	1.00	0.18	0.50	0.15
$MC_{Agg,II}$	0.18	1.00	0.37	0.20
$MC_{Agg,III}$	0.50	0.37	1.00	0.25
$MC_{Agg,IV}$	0.15	0.20	0.25	1.00

此外，当出现不利冲击时，分红保险和万能保险中的非保证部分负债

现金流会减少，客观上能缓冲实际资本的不利变动，降低最低资本需求。所以偿二代中引入损失吸收 LA，其计算公式如下：

$$LA = \min(MC_{Par\&UL} \cdot \beta,\ LA_{Cap}) \qquad (3-14)$$

其中：

$MC_{Par\&UL}$表示红保险和万能保险合并计算的市场风险和信用风险的最低资本，需考虑相关性，相关系数为0.25；

β 表示分红保险和万能保险的损失吸收调整比率，计算公式为：

$$\beta = \min\ (0.4,\ 0.2 \times LA_{cap}/MC_{Par\&UL} + 0.042)$$

LA_{Cap}表示损失吸收调整上限。

所以，在考虑损失吸收之后，最低资本总额 $MC_{Total} = MC^{*}_{Total} - LA$。

在实践中，保险公司会对偿付能力充足率 $SR = (A - L) / MC_{Total}$设定不同的目标，但都必须满足监管要求。当偿付能力充足率低于要求水平时，会引致监管处罚，甚至限制保险公司投资行为和保险展业。

3.3 偿二代实施对保险行业整体资产配置的影响

保险公司的投资风险偏好更加强调稳健审慎，风险资产配置直接受制于保险公司实际资本状况。本书在第 1 章的研究背景和研究意义中提到，偿二代的实施相较偿一代而言，对保险公司影响最大的就是投资风险的资本管理和计提。在偿一代监管体系下，保险公司只针对保险规模计提最低资本，对投资资产本身并不计提最低资本，实际资本等于认可资产减去认可负债，因此投资资产的变化仅通过影响认可资产而影响实际资本偿付能力充足率。而在偿二代监管体系下，投资资产根据资产本身实际承担的风险计提相应风险的最低资本，这就意味着资本占用风险成为保险公司投资决策必须考虑的重要约束条件。

正因为如此，在偿二代实施以后，保险公司并不能迅速调整资产配置，行业整体偿付能力充足率持续下降，少数投资激进的公司直接面临偿付能力不达标或者濒临不足的边缘。

保险公司的资产配置更加强调资产负债平衡管理，投资组合久期安排间接受制于保险公司负债端久期。在偿二代实施以前，虽然监管也要求保险公司应做好资产负债匹配管理，但实际上并没有具体将资产负债错配风险纳入监管框架，但偿二代在量化风险计量规则中充分考虑了保险公司的资产负债匹配风险，通过资本硬约束对保险公司资产负债错配施加压力。

财产险公司的利率风险最低资本采用因子法进行计算，由于负债久期较短，在计量市场风险项下的利率风险最低资本占用时，资产的久期越长利率风险因子越高；寿险公司的利率风险采用情景法进行计算，利率风险最低资本取决于利率变动带来的资产负债盈余价值的变化，而资产负债盈余价值的变化主要与资产和负债的久期缺口相关，缺口过大，将直接增加最低资本占用，从而增加保险公司资本补充压力。

因此，在偿二代实施以后，资产配置久期不再是纯粹由投资组合收益最大化决定，而是必须综合考虑保险公司的负债端久期以及保险公司资本充足状况后决定。换句话说，保险公司会更主动地加强资产负债匹配管理，减轻偿付能力压力。

保险公司的投资组合构建更加强调多元化配置，更加强调与负债风险的联动管理，尽可能地分散风险以减轻资本压力。在偿二代监管体系中，可量化风险包括三个一级风险：保险风险、市场风险和信用风险，每一个一级类别风险项下又细分了多个二级类别的风险，而最低资本计量方法在汇总一级风险最低资本要求时考虑了二级风险之间的风险分散效应，设定了相关系数矩阵，并且在汇总保险公司整体风险最低资本时也考虑了一级风险间的风险分散效应。

根据保监会2015年第二季度的量化测试结果（见表3－4），对于寿险公司而言，偿二代在保险风险、市场风险、信用风险间设置了相关系数，三类量化风险间的风险分散效应高达22%，利率风险与权益风险（境内境外）、房地产风险间的相关性为负；汇率风险与房地产价格风险、境外固收价格风险、境外权益价格风险间的相关性为负，市场风险间的风险分散效应高达42%，在市场风险内部可通过不同二级风险资产的分散化配置，大幅降低市场风险最低资本占用。

表 3－4　　寿险公司最低资本构成

单位：%

量化风险最低资本	100	市场风险	98	信用风险	20
保险风险	29	利率风险	85		
损失率风险	8	权益风险	50	一级风险分散效应	－24
费用风险	4	房地产风险	2		
退保风险	25	境外资产风险	3	损失吸收	－22
保险风险分散效应	－8	汇率风险	0		
		市场风险间分散效应	－42		

保险公司加大了对于基础设施投资计划等另类资产的配置。在偿二代监管计量规则中，对于基础设施类的债权投资计划，相同评级的融资主体，基础设施债权投资计划的违约风险对应的基础风险因子赋值比企业债、公司债还低，同时远高于同样评级的信托计划，表 3－5 对于基础设施类的股权投资计划，权益风险基础因子的取值为 0.12，远低于具有可比风险的权益类资产管理产品的 0.25，非上市股权类资产的 0.28，沪深主板股票的 0.31。因此，可以看到，自偿二代 2015 年试运行以来，保险公司参与另类投资比例大幅升高，2015—2018 年的配置比例依次为 28.6%、36%、40.2%、39.1%。

表 3－5　　偿二代下各类资产资本消耗

	AAA 级	AA＋级	AA 级	AA－级	A＋级、A 级、A－级	BBB＋级及其他
企业债、公司债	0.015	0.036	0.045	0.049	0.090	0.135
资产证券化产品	0.020	0.041	0.050	0.054	0.095	0.140
未穿透信托计划	0.100	0.135	0.160	0.184	0.225	0.300
基础设施债权计划	0.010	0.031	0.040	0.044	0.085	0.130

3.4 本章小结

本章主要对偿付能力监管的基本原理和发展脉络进行了简要介绍和回顾，重点对中国偿二代监管体系 C－ROSS 的监管框架进行了阐述，对主要资产类别的最低资本计量体系、方法进行了说明和定义，为后文主要基于偿二代资本约束下的资产配置理论研究和实证研究奠定了基础。

第 4 章

偿二代约束下基于静态模型的最优资产配置[①]

① 本章的研究内容已发表在《保险研究》2019 年第 5 期。

4.1 本章引论

在现有监管规则及公司制定的偿付能力充足率约束下，以股东收益最大化为目标的资产配置决策与保险公司初始实际资本、资产负债相关性、负债端风险等密切相关，那么站在保险公司的角度，统筹考虑资本、资产、负债应该如何进行最优投资决策呢？以往研究大多集中在战略资产配置模型针对中国市场和保险公司偏好进行技术优化的问题，少量研究偿二代约束下资产配置的文献也大多是将偿付能力充足率指标作为后验约束或者检验类指标进行定性研究，并没有真正意义上定量研究资本约束对于保险公司资产配置的影响，也没有给出可行的资产配置解决方案。本章在偿二代定量风险计量规则的基础上，创新性地建立了一套风险资本预算体系，并以此为基础重点研究了在最低资本约束下，如何通过资产配置最大化公司价值增长的问题。

本章的主要内容分为以下几个部分：

一是构建了理论模型。假设负债结构外生给定，建立了考虑负债风险、投资资产风险及二者相关性后的偿付能力充足率约束，最大化股东价值目标下的资产配置分析决策模型，并得到了相关重要推论。在不考虑信用风险暴露的前提下，偿付能力约束决定了最优的资产配置必须以资产负债匹配管理为基础，并且从理论上证明了最优资产配置被切分为匹配资产和盈余资产两部分，匹配资产用来完全对冲负债利率风险，盈余资产用传统的资产配置技术管理来赚取超额收益。同时，进一步放开负债假设，对比偿二代约束模型下的最优资产配置与传统均值—方差模型下的最优资产配置结果和风险调整后的收益率指标，发现本质上都是在风险约束下最大化收益，只不过风险度量体系不同。

二是建立了经济资本风险预算体系。结合监管规则和实际分析需要，本书创新性地构建了偿二代监管规则定义的各类风险的边际最低资本、资产（或负债）的边际风险、资本回报率、边际资本收益率等管理分析类指标体系。

三是构建了典型寿险公司案例进行实证研究。由于现实投资决策面临的约束条件更为复杂，放开理论研究的假设，针对实际投资操作的建模相当复杂，为解决实践过程中的具体投资决策问题，本章创新性地建立了一套数值求解的方法，将全局非线性最优化问题分解成一系列局部线性最优化问题，同时利用风险边际指标，确保数值计算搜索方向的正确，并给出迭代终止条件。

四是在实证研究结果的基础上更进一步，将偿二代资本约束下的最优资产配置与无资本约束下传统均值—方差模型的最优资产配置建议进行了深入的对比分析，探讨了资本约束的效率损失问题、“镜像组合”问题。

本书在模型上具有学术创新价值。传统的 Markowitz 均值—方差模型是以方差作为风险度量，而偿二代作为一个对保险公司所有业务流程的复杂风险度量体系，目前尚没有文献解决在其约束下最优资产配置的理论实质问题。本章从广义的资产配置理论出发，创新性地在数理上证明了在偿二代资本约束下最优资产配置的实质，并在理论和实证方面与传统的 Markowitz 均值—方差模型进行了全面的对比分析，发现了两者在严格数学意义上的映射关系，为进一步地深入研究奠定了理论基础。

本章的结构安排为第一部分是引论；第二部分介绍相关文献；第三部分进行理论研究；第四部分进行实证研究；第五部分结合实证研究结果进行拓展研究；第六部分是本章结论。

4.2 相关文献总结

本书的研究改变了传统 Markowitz 模型的风险度量方法，同时加入保险负债端的考虑，得到新的保险公司资产配置模型。因此，本书从风险度量方法和保险资产负债匹配管理的两方面回顾相关文献并进行归纳总结。

4.2.1 风险度量方法

以往针对保险资产配置的研究大多基于 Markowitz 的投资组合理论，使用方差作为投资风险的度量。Markowitz 认为，方差能够很好地表征资产收益率的不确定性，理性的投资者需要在控制方差的同时追求收益率的最大化，从而达到风险收益的最佳平衡。使用方差的风险度量具有良好的数学特性，能够为实际资产配置带来技术可行性，但是这种方法是以资产收益率服从正态分布假设为基础的，而这一前提受到众多相关研究的质疑。Fama（1965）发现美国市场股票收益具有偏度，并不服从正态分布。Clark（1973）也通过对期权投资组合收益率的研究证明了资产收益率的非正态分布。同时，Tversky 和 Kahneman（1996）研究指出，投资者对于收益和损失的风险感受不同，方差度量中的不同方向离差的平等处理不符合投资者的真实心理。为了克服方差度量的不足，后来的学者开始引进风险基准代替 Markowitz 模型中的均值，从而重点考虑投资损失对于风险的贡献，例如 Harlow（1991）提出的 LPM（Lower Partial Moments）方法，即只将资产收益率分布的负轴部分作为风险衡量因子。

20 世纪 90 年代以来，VaR（Value at Risk）模型逐渐发展起来。VaR 模型的整体思路是给定置信区间，利用历史模拟方法或者蒙特卡洛方法计算资产组合收益的最大期望损失，基于 VaR 度量的资产配置是在满足 VaR 条件的基础上最大化资产收益。使用 VaR 模型度量风险的优点在于能够直观地展示风险特征，同时，它也能避免资产收益率的非正态分布和负向收益的不对称影响问题。Campbell 等（2000）系统地建立了 VaR 风险度量下的资产配置模型，并通过美国股票和债券数据说明了资产收益率非正态分布对最终资产配置比例的影响。Alexander 和 Baptista（2002）比较了传统的均值—方差模型和 VaR 模型，他们得出，如果投资者选择 VaR 风险度量，那么就有可能放弃收益率方差较大的资产。在国内，吴世农和陈斌（1999）分析比较了方差方法、LPM 方法和 VaR 方法在资产选择过程中的效率问题，其认为 VaR 方法最具效率。姚京和李仲飞（2004）则使用等 VaR 线分析了均值—方差模型和 VaR 模型的内在联系，他们认为两种模型在一定条件下是兼容的。

虽然 VaR 模型部分解决了传统均值—方差模型的问题，但是也有研究指出，单纯的 VaR 风险计量也存在很大缺点（Artzner 等，1999；Mauser 和 Rosen，1999）。首先，VaR 不满足资产叠加性，这就导致资产组合的风险可能大于各资产风险的总和，这与资产配置分散风险的传统理念相悖。同时，VaR 不一定满足凸性，这就导致在进行数学求解时，可能会得到多处极值，这也给实际配置带来了困难。最后 VaR 只依赖于简单的损失分位数，不能表明损失超过 VaR 限制时的相应惩罚，尤其是收益率存在厚尾现象时，这种影响更为重要。为了克服 VaR 模型的不足之处，Rockafeller 和 Uryasev（2000）对 VaR 模型进行了改进，提出了 CVaR 风险计量模型。区别于 VaR 模型，CVaR 给出的是特定置信水平下的尾部损失的均值，所以能够很好地刻画资产损失的尾部信息，从而能够对小概率事件进行预期管理。Palmquist 等（1999）以 CVaR 作为约束条件，得到资产配置有效前沿的等价形式。国内也有学者对 CVaR 模型进行了研究，刘小茂等（2003）建立模型得到基于均值——CVaR 的有效前沿，同时分析了其经济含义。陈剑利和李胜宏（2003）利用中国股市数据进行了实证分析，明确了 CVaR 作为风险度量在组合投资方面的运用方法。

偿二代体系的核心要求是对保险公司最低资本的管控，防止保险公司出现偿付能力不足的情形。在确定各类风险资本监管系数的时候，采用的是 VaR 计算方法，保证在 200 年一遇的风险置信度下，保险公司的资本可以覆盖风险。因此，在本章的资产配置模型中，摒弃了以往的均值—方差模型，使用偿二代下的风险度量，即使风险资本低于最低资本限额作为约束条件，从而利用数学方法求解收益的最大值。

4.2.2 保险资产负债匹配管理

与一般的投资机构不同，保险机构在进行资产配置时需要格外关注负债端的影响。一方面，保险机构的资产配置要匹配负债的期限，对于寿险公司要着重防止“长钱短配”的现象，对于财险公司要着重防止“短钱长配”的现象，防止投机风险和流动性风险。另一方面，保险机构对于资产配置也要考虑资产和负债的联动效应，特别是对于寿险公司来说，负债成本与市场利率息息相关，而资产端收益也在很大程度上取决于市场利率的变化。因此，保险的资产负债具有相关性。为了保证保险公司股东收益的最大化，必须着重研究资产负债匹配管理。2018 年3 月1 日，中国银保监会印发《保险资产负债管理监管规则（1－5 号）》，规则强调了良好的资产负债管理是保险业可持续发展的基石，这也为保险公司资产负债管理提供了具体标准。

国外针对考虑负债端影响的保险公司资产配置问题进行了充分的研究。Frank（1952）首次将免疫理论应用在保险业，提出应通过资产和负债久期的匹配尽可能地规避利率风险。Leibowita 等（1988）针对养老金投资提出盈余最大化的概念，即投资组合管理的目标是最大化投资资产价值与负债价值的差额。Michaud（1989）、Farrell 和 Reinhart（1997）、Arnott 和 Bernstein（1992）研究指出，投资资产组合可以划分为弥补负债成本的匹配资产计划和运用最优化投资理论获取超额收益的资产计划两部分，并且对应负债的资产可被定义为反向的资产计划。Consiglio、Saunders 和 Zenios（2006）对保险企业的产品案例进行了分析，同时研究了最低收益保障产品对应的资产负债管理方式。Carino 等（1998）为日本安田火险和海上保险公司设计了多阶段随机规划资产负债管理模型——Russell-Yasuda-Kasai 模型，后来很多学者基于此模型进行了大量实际运用领域的研究。Korhonen（2011）使用多阶段随机规划的方法解决跨国金融集团的战略资产负债管理问题，Nkeki（2013）使用多阶段随机规划的方法研究 DC 养老金计划的最优投资策略，并结合指数效用函数下的最优投资组合进行了对比分析。

在国内，王朝晖和吴亭（2009）研究认为，保险机构具有鲜明的负债特征，保险公司进行资产配置的同时要充分考虑负债端的影响。李季芳等（2014）建立模型研究了保险公司多目标情景下的随机资产—负债管理方法，为管理者制订资产配置计划提供了借鉴。景珮（2014）重点研究了基于多目标规划模型生成的最优解对保险公司资产负债管理决策的影响。戴成峰和张连增（2014）研究了不同业务类型的财产保险公司的资产负债匹配管理问题，他们利用动态财务分析的方法建立了配置模型，为财险公司资产配置提供了指导。Yao 等（2016）研究了具有机制转换和随机现金流的资产负债管理问题并获得预先承诺策略。冯艳（2018）进一步论述了保险公司资产负债管理对于保险公司的重要意义，其认为保险公司在资产配置时考虑负债影响能够增加收益，降低风险。

传统的资产配置模型只是最大化资产收益，本书分析了保险公司具有的负债特征，本书认为需要将模型的最大化目标进行改变，同时考虑资产端和负债端的影响，用股东收益替代资产收益，可以更好地体现资产负债匹配管理的需求。同时，因为在约束条件中加入了负债端的考量，这样可以进一步考虑偿二代监管体系对于保险公司最终收益和风险的影响。

4.3 理论模型

4.3.1 研究方法

根据文献回顾，传统的资产配置模型大多以资产组合收益最大化为目标，且多数以方差作为风险度量。但是，本书在保险实务中发现，偿二代体系给保险公司确定了一个针对所有业务流程的复杂风险度量体系，而且本书需要进一步站在保险公司整体视角，探讨保险资产配置与负债的联动关系。因此，本书试图建立一个在加入负债约束和资本约束后，最大化股东收益的理论模型，具体设计如下：

首先，本书确立了模型的最优化目标。对于保险公司而言，资产配置的根本目的是使股东价值最大化，所以区别于现有文献，本书选择最大化股东价值作为资产配置的优化目标。偿二代定义了市场一致性的资产和负债的度量，因此本书从资产负债表的角度出发，选择实际资本作为股东价值的代理变量。

其次，本书选择了偿二代下的风险度量作为约束条件。资产配置理论一般选择既定的风险预算作为约束条件，偿二代框架下的风险度量为最低资本，因此本书选择既定的最低资本作为研究问题的约束条件。

在此基础上，本书构建了在偿二代资本约束下使实际资本最大化的资产配置模型。同时，不同于其他文献只考虑市场风险的做法，本书在模型中还同时考虑了与资产配置相关的信用风险，即本书从会计分类的角度，对大类资产进行了更细维度的划分。在一定的假设条件下，本书通过构造 Lagrange 函数和矩阵运算，求解出该问题的数学解析解，完成了理论模型的主体部分。

接下来，本书在主体模型的基础上，进一步改变假设条件，从而得到相应推论。首先，假设不考虑信用风险。通过研究可以发现，研究问题对应的最优资产配置可以被拆分为匹配资产和盈余资产两部分。这为保险公司在资产配置时对“惯例”性的资金拆分提供了数理依据。然后，本书在不考虑负债约束下，将研究问题的结果与 Markowitz 均值—方差模型的结果进行对比，从理论上厘清了 Markowitz 均值—方差模型与偿二代资本约束下资产配置问题的本质关系。

最后，本书放开全部假设，考虑风险间的相关性以及现实中资产比例的监管限制，将模型拓展与实际投资操作完全匹配的情景。考虑资产比例约束的模型不存在解析解，在实际操作中只能依赖于数值求解。偿二代风险测度的复杂性，以及保险公司海量的资产负债数据，传统的数值求解算法无法有效地确定梯度方向，导致计算效率低下。目前相关的文献中也大多采用后验的方法，如陈琪（2016）在研究该问题时，只是通过计算 Markowitz 均值—方差有效前沿上组合对应的偿二代结果再进行筛选。算法的缺失，妨碍了保险公司在进行资产配置时将偿二代资本约束前置考虑。因此，本书创新性地提出了解决该问题的数值求解算法，研究方法如下：

（1）所有资产配置模型都可以抽象为资产风险调整后收益的排序问题，同时本书在比较 Markowitz 均值—方差模型和偿二代资本约束下的最优资产配置模型时发现，偿二代的风险测度也存在类似夏普比率的风险调整后的收益率度量。受此启发，本书创造性地构建了偿二代下的风险预算体系，建立风险与资产的数学联系，并得到研究问题对应的偿二代风险测度下的风险调整后的收益率度量 RoC。

（2）该问题的最优解应该满足：在约束条件下，资产组合在向量空间的任意方向和长度上变动，组合的总体 RoC 均无法继续改善。任一资产对组合 RoC 的边际影响与该资产的当前比例相关，所以该问题实质上是一个隐式问题。本书可以假设当向量空间足够小时，任一资产对组合 RoC 的边际影响在该向量空间内保持恒定，这样便将一个全局上的复杂隐式问题分解成为一些局部极小空间上的简单显式问题。对于每一个局部极小空间上的显式问题，本书容易求解。此外，根据每一个局部极小空间上组合 RoC 改善最显著的梯度方向，本书可以得到资产组合在所有局部极小空间上的跃迁轨迹，即数值方法收敛速度最快的迭代方向。

（3）鉴于偿二代风险测度的复杂性，上述算法仍可能收敛于局部最优。由于上述算法收敛速度快，允许本书使用多随机种子的初始点，找到依概率收敛的全局最优解。

根据上述的研究方法，本书完成了数值算法构造，有效解决了保险公司在资产配置时难以将偿二代资本约束前置的问题。

4.3.2 研究假设

资产配置的时效期假设。相对于短期的价值波动，一般来说，保险公司更关注股东价值的长期增长。从理论上来说，为确保股东价值的长期增长，保险公司理想的模式是不断更新最优配置比例，通过短期股东价值最大化的叠加，实现长期增长最大化的目标。在实际操作中，由于资金规模巨大，资产的流动性以及会计处理等制约，虽然每年保险公司都会重新制订战略资产配置计划，但通常只能在上一年计划的基础上进行一定幅度的调整。在未来较长一段时间内，保险公司的资产配置比例都将围绕初始确定的比例，在小范围内波动。结合行业经验，资产配置的时效期一般为 3～5 年。本书选定 3 年作为资产配置的时效期，即资产配置比例在 3 年内只能小幅变动。

负债成本率假设。在本章中，本书假设负债成本率为外生静态变量，与未来的资产收益率无关，且在资产配置时效期内保持不变。

偿二代相关假设。为了使相关模型在数学表达式上更为简洁，以便更好地对相关问题进行分析研究，本书对偿二代的计算进行了如下简化假设：

1. 保险风险对应的风险因子已知，并且保持不变；
2. 资产久期短于负债久期，即利率冲击的方向为利率下行；
3. 不考虑损失吸收。

4.3.3 模型建立

为了数学表达上的方便，本书假设（1）市场风险最低资本与其他大类风险最低资本相关系数为0；（2）信用风险最低资本与其他大类风险最低资本相关系数为0。模型建立以及论证过程中使用到的数学符号概要如表4-1所示，未列示的符号含义与第三章中保持一致。

表4-1　　模型主要符号

数学符号	含义
SR	偿付能力充足率
MC	最低资本总额
A	认可资产总额
A_0	无风险资产
r_f	无风险收益率
A_i	第 i 个风险资产，$i=1, 2, \cdots, I$
μ_{A_i}	风险资产 A_i 的预期收益率
L	认可负债总额
L_j	第 j 个负债，$j=1, 2, \cdots, N$
μ_{L_j}	负债 L_j 的成本率
A	风险资产数量列向量
$\bar{a}$	风险资产权重列向量
μ_A	风险资产超过无风险收益 r_f 的超额收益列向量
V	风险资产超过无风险收益 r_f 的超额收益的协方差矩阵
L	负债数量列向量

续表

数学符号	含义
μ_L	负债成本率列向量
V_1	风险资产的市场风险因子矩阵
V_2	风险资产的信用风险因子矩阵
c_L	负债的市场风险因子列向量

正如研究方法中提到的，保险公司资产配置关注的核心点是公司实际资本的增加值。那么在偿二代资本约束下的最优资产配置就转化为一个在给定的最低资本额度下，公司实际资本增量最大化的优化问题。在实践中，为了持续正常经营，保险公司一般会设定偿付能力充足率的下限目标 SR^{Min}，对应可以确定最低资本总额的上限$MC_{Total}^{Max} = (A-L)/SR^{Min}$。

偿二代中的风险因子为 1 年的 Var 值，为保持一致，本书考虑 1 年后保险公司实际资本的增加值为 $A+\sum_{i=1}^{I} A_i(\mu_{A_i}-r_f)-\sum_{j=1}^{N} L_j \cdot \mu_{L_j}$。

寿险保险风险最低资本和非寿险保险风险最低资本均已知，根据上述相关性假设，可以得到

$$MC_{Total} = \sqrt{\sum_{h=1}^{H}\sum_{i=1}^{H}\rho_{Agg,hi} \cdot MC_{Agg,h} \cdot MC_{Agg,i}} = \sqrt{MC_{Agg,others}^2 + MC_{Mkt}^2 + MC_{Crt}^2} \tag{4-1}$$

其中，

$MC_{Agg,others}^2 = MC_{Agg,1}^2 + MC_{Agg,2}^2 + 2\rho_{Agg,12} \cdot MC_{Agg,1} \cdot MC_{Agg,2}$为已知常量，为了表达的方便，本书将$MC_{Agg,others}^2$记为$MC_{Ins}^2$，即保险风险对应的最低资本。

由于资产久期小于负债久期，所以利率下行为不利情景，根据第 3 章的分析以及 V_1、V_2和 c_L的定义，本书可以得到市场风险和信用风险对应最低资本的矩阵表达式如下：

$$MC_{Mkt} = [(V_1 a + c_L)' R (V_1 a + c_L)]^{1/2} \tag{4-2}$$

$$MC_{Crt} = [(V_2 a)' W (V_2 a)]^{1/2} \tag{4-3}$$

其中，R 和 W 与前面定义一致，分别表示各类市场风险最低资本之

间的相关系数矩阵，以及各类信用风险最低资本之间的相关系数矩阵。

考虑到假设（1）和μ_L已知，本书得到偿二代约束下的最优资产配置模型如下

$$\begin{cases} \text{Max}A.\ r_f + \mu'_A a - \mu'_L l \\ \text{s.t.}\ \sqrt{(V_1 a + c_L)'R(V_1 a + c_L) + (V_2 a)'W(V_2 a)} \leqslant \sqrt{MC_{Total}^{Max\ 2} - MC_{Ins}^2} \end{cases} \tag{4-4}$$

其中，目标函数表示最大化一年后的股东价值的增长，约束条件表示资产配置引致的市场风险和信用风险的最低资本不能超过既定的额度。

对于式（4－4）的最优化问题，本书使用普通的 Lagrange 乘子算法进行求解，过程如下：

优化问题对应的 Lagrange 函数为

$$L(a,\ \lambda) = A.\ r_f + \mu'_A a - \mu'_L l - \lambda\left(\sqrt{(V_1 a + c_L)'R(V_1 a + c_L) + (V_2 a)'W(V_2 a)} - \sqrt{MC_{Total}^{Max\ 2} - MC_{Ins}^2}\right) \tag{4-5}$$

向量 a 为最优解的必要条件为 $\partial L(a,\ \lambda)/\partial a = 0$ 且 $\partial L(a,\ \lambda)/\partial a$，所以可以得到

$$\frac{\partial L(a,\ \lambda)}{\partial a} = \mu_A - \lambda \frac{V'_1 R(V_1 a + c_L) + V'_2 W(V_2 a)}{\sqrt{MC_{Total}^{Max\ 2} - MC_{Ins}^2}} = 0 \tag{4-6}$$

所以可以推导出如下等式

$$\frac{\sqrt{MC_{Total}^{Max\ 2} - MC_{Ins}^2}.\ \mu_A}{\lambda} = (V'_1 R V_1 + V'_2 W V_2)a + V'_1 R c_L \tag{4-7}$$

由于$(V'_1 R V_1 + V'_2 W V_2)' = V'_1 R' V_1 + V'_2 W' V_2 = V'_1 R V_1 + V'_2 W V_2$，所以本书可知矩阵$V'_1 R V_1 + V'_2 W V_2$为对称矩阵。假设矩阵$V'_1 R V_1 + V'_2 W V_2$可逆，那么可以得到如下最优解

$$a^* = \frac{\sqrt{MC_{Total}^{Max\ 2} - MC_{Ins}^2}}{\lambda}(V'_1 R V_1 + V'_2 W V_2)^{-1}\mu_A - (V'_1 R V_1 + V'_2 W V_2)^{-1} V'_1 R c_L \tag{4-8}$$

为了表达上的方便，本书将矩阵$V'_1 R V_1 + V'_2 W V_2$记为 B，将

$\frac{1}{\lambda}\sqrt{MC_{Total}^{Max\ 2}-MC_{Ins}^{2}}$记为 h，

当 $a=a^{*}$ 时有

$$\sqrt{(V_1a+c_L)'R(V_1a+c_L)+(V_2a)'W(V_2a)}=\sqrt{MC_{Total}^{Max\ 2}-MC_{Ins}^{2}} \tag{4-9}$$

因为 $(a^{*'}V'_1R\,c_L)'=(R\,c_L)'(a^{*'}V'_1)'=c'_LR\,V_1a^{*}$，且 $a^{*'}V'_1R\,c_L$ 和 $c'_LR\,V_1a^{*}$ 均为 1×1 的单一元素，所以将 a^{*} 的表达式代入有

$$(V_1a^{*}+c_L)'R(V_1a^{*}+c_L)+(V_2a^{*})'W(V_2a^{*})=a^{*'}B\,a^{*}+2\,c'_LR\,V_1a^{*}+c'_LR\,c_L$$
$$=h^2\mu'_AB^{-1}\mu_A-h\,\mu'_AB^{-1}V'_1R\,c_L+h\,c'_LR\,V_1B^{-1}\mu_A-c'_LR\,V_1B^{-1}V'_1R\,c_L+c'_LR\,c_L \tag{4-10}$$

又因为 $h\,\mu'_AB^{-1}V'_1R\,c_L$ 和 $h\,c'_LR\,V_1B^{-1}\mu_A$ 均为 1×1 的单一元素，且 $(h\,c'_LR\,V_1B^{-1}\mu_A)'=h(B^{-1}\mu_A)'(c'_LR\,V_1)'=h\,\mu'_AB^{-1}V'_1R\,c_L$，所以进一步得到

$$(V_1a^{*}+c_L)'R(V_1a^{*}+c_L)+(V_2a^{*})'W(V_2a^{*})=h^2\mu'_AB^{-1}\mu_A-c'_LR\,V_1B^{-1}V'_1R\,c_L+c'_LR\,c_L=\frac{1}{\lambda^2}(MC_{Total}^{Max\ 2}-MC_{Ins}^{2})(\mu'_AB^{-1}\mu_A)-c'_LR\,V_1B^{-1}V'_1R\,c_L+c'_LR\,c_L=MC_{Total}^{Max\ 2}-MC_{Ins}^{2} \tag{4-11}$$

解得

$$\begin{cases}\lambda=\dfrac{\sqrt{(MC_{Total}^{Max\ 2}-MC_{Ins}^{2})(\mu'_AB^{-1}\mu_A)}}{\sqrt{(MC_{Total}^{Max\ 2}-MC_{Ins}^{2})+c'_LR\,V_1B^{-1}V'_1R\,c_L-c'_LR\,c_L}}\\ a^{*}=\dfrac{\sqrt{(MC_{Total}^{Max\ 2}-MC_{Ins}^{2})+c'_LR\,V_1B^{-1}V'_1R\,c_L-c'_LR\,c_L}}{\sqrt{\mu'_AB^{-1}\mu_A}}\\ B^{-1}\mu_A-B^{-1}V'_1R\,c_L\end{cases} \tag{4-12}$$

其中，$B=V'_1R\,V_1+V'_2W\,V_2$

作为一个考虑保险公司综合风险的度量，偿二代中引入负债这个外生变量，导致在其约束下进行资产配置更加复杂。每家保险公司的负债形态各不相同，所以最优的资产配置的结论也不尽相同。

4.3.4 模型推论

4.3.4.1 推论一

上述最优配置的结果表达式较为复杂，为了更直观分析保险公司在偿二代约束下的最优资产配置的实质，本书继续简化，假设保险公司不投资政府债券和准政府债券之外的其他境内固定收益资产，且所有的固定收益资产均以公允价值计量，而不采用成本法计量。这意味着该保险公司没有信用风险暴露，即 $V_2=0$，那么

$$B = V'_1 R V_1 + V'_2 W V_2 = V'_1 R V_1$$

$$MC_{Total}^{Max\,2} - MC_{Agg,others}^{2} = MC_{Mkt}^{Max\,2}$$

$$\begin{aligned} c'_L R V_1 B^{-1} V'_1 R c_L &= c'_L R V_1 (V'_1 R V_1)^{-1} V'_1 R c_L \\ &= c'_L R V_1 V_1^{-1} (V'_1 R)^{-1} V'_1 R c_L = c'_L R c_L \end{aligned} \tag{4-13}$$

$$B^{-1} V'_1 R c_L = (V'_1 R V_1)^{-1} V'_1 R c_L = V_1^{-1} (V'_1 R)^{-1} V'_1 R c_L = V_1^{-1} c_L$$

所以解得的最优资产配置为

$$a^* = \frac{MC_{Mkt}^{Max}}{\sqrt{\mu'_A (V'_1 R V_1)^{-1} \mu_A}} (V'_1 R V_1)^{-1} \mu_A - V_1^{-1} c_L \tag{4-14}$$

从上面的结果可以发现，最优的资产配置被分离成两部分，只与负债相关的 $-V_1^{-1} c_L$，以及和负债无关的 $\frac{MC_{Mkt}^{Max}}{\sqrt{\mu'_A (V'_1 R V_1)^{-1} \mu_A}} (V'_1 R V_1)^{-1} \mu_A$。本书把 $-V_1^{-1} c_L$ 部分的资产称为匹配资产，将 $\frac{MC_{Mkt}^{Max}}{\sqrt{\mu'_A (V'_1 R V_1)^{-1} \mu_A}} (V'_1 R V_1)^{-1} \mu_A$ 部分的资产称为盈余资产。

这个推论为保险公司考虑负债约束，在偿二代框架下如何进行最优的资产配置，提供了数理上的依据。

在实践中，保险公司进行资产配置前，通常会先分割资产。匹配资产用于对冲负债端的利率波动，理论上的最优结果是资产现金流和负债现金流完全匹配。对于盈余资产的配置，通常不需要考虑负债约束，类似于传统的资产配置，通常可以配置更多比例的高风险资产。当然，可以配置的

比例上限仍然取决于最大的市场风险预算，即最大的市场风险最低资本。

4.3.4.2　推论二

在推论一中，本书假设保险公司没有偿二代下的信用风险暴露，在推论二中，本书进一步假设保险公司的负债 L = 0，根据推论一中的结论，可以得到最优的资产配置为

$$a^* = \frac{MC_{Mkt}^{Max}}{\sqrt{\mu'_A (V'_1 R V_1)^{-1} \mu_A}} (V'_1 R V_1)^{-1} \mu_A$$

在论证之前，本书首先定义偿二代风险测度下的风险调整后的收益指标。在偿二代框架下，本书使用最低资本来度量风险，那么对应本书研究的问题，风险调整后的收益率指标为单位最低资本的消耗带来的实际资本的增量。本书将偿二代风险测度下的风险调整后的收益率指标称为资本回报率，用符号 RoC 表示。

基于上面的假设，本书将此时的 RoC 标记为 RoC_{Mkt}。当负债 L = 0 时，其表达式如下

$$RoC_{Mkt} = \frac{\mu'_A a}{MC_{Mkt}}$$

当 $a = a^*$，$MC_{Mkt} = MC_{Mkt}^{Max}$ 时，本书称此时的 RoC_{Mkt} 为不含负债的最优市场风险最低资本回报率 $RoC^*_{Mkt,NoLiab}$，那么则有

$$RoC^*_{Mkt,NoLiab} = \sqrt{\mu'_A (V'_1 R V_1)^{-1} \mu_A}$$

所以本书可以得到，当不考虑负债时，偿二代下的最优资产配置结果为

$$a^* = \frac{MC_{Mkt}^{Max}}{\sqrt{\mu'_A (V'_1 R V_1)^{-1} \mu_A}} (V'_1 R V_1)^{-1} \mu_A = \frac{MC_{Mkt}^{Max}}{RoC^*_{Mkt,NoLiab}} (V'_1 R V_1)^{-1} \mu_A \tag{4-15}$$

对应的风险资产组合超额收益（超过无风险收益部分）为

$$\mu'_A a^* = MC_{Mkt}^{Max} \cdot \sqrt{\mu'_A (V'_1 R V_1)^{-1} \mu_A} = MC_{Mkt}^{Max} \cdot RoC^*_{Mkt,NoLiab} \tag{4-16}$$

再回顾一下 Markowitz 均值—方差模型的结果，Markowitz 均值—方差模型用收益的期望度量回报，用收益的方差度量风险，将问题转换成一个

在组合既定风险约束下，最大化组合期望收益的二次规划问题。

那么，Markowitz 均值—方差对应如下优化问题

$$\begin{cases} \text{Max } \mu'_A \bar{a} \\ \text{s.t. } \sqrt{\bar{a}' V \bar{a}} \leq \sigma_{Max} \end{cases}$$

同样，通过 Lagrange 乘子算法可以得到最优的资产配置结果$\bar{a}^*$的表达式如下

$$\bar{a}^* = \frac{\sigma_{Max}}{\sqrt{\mu'_A V^{-1} \mu_A}} V^{-1} \mu_A \tag{4-17}$$

对应的风险资产组合超额收益率（超过无风险收益部分）为

$$\mu'_A \bar{a} = \sigma_{Max} \sqrt{\mu'_A V^{-1} \mu_A} \tag{4-18}$$

对应的夏普比率为

$$\text{Sharp}^*_{\sigma_{Max}} = \frac{\mu'_A \bar{a}}{\sigma_{Max}} = \sqrt{\mu'_A V^{-1} \mu_A} \tag{4-19}$$

本书通过表 4－2，对比偿二代下的最优资产配置和 Markowitz 均值—方差模型下的最优资产配置的结果，可以发现：

（1）两者资产配置结果的表达式相似，其中$MC^{Max}_{Mkt} \sim \sigma_{Max}$，$V'_1 R V_1 \sim V$；

（2）根据 Markowitz 均值—方差模型下风险调整收益指标——夏普比率的表达式，在偿二代中的对应指标为市场风险最低资本回报率。

表 4－2　　　　偿二代和 Markowitz 的比较

	偿二代	Markowitz
配置结果	$\frac{MC^{Max}_{Mkt}}{\sqrt{\mu'_A (V'_1 R V_1)^{-1} \mu_A}} (V'_1 R V_1)^{-1} \mu_A$	$\frac{\sigma_{Max}}{\sqrt{\mu'_A V^{-1} \mu_A}} V^{-1} \mu_A$
风险调整收益率指标	$\sqrt{\mu'_A (V'_1 R V_1)^{-1} \mu_A}$	$\sqrt{\mu'_A V^{-1} \mu_A}$

所以，偿二代约束下的最优资产配置和传统的 Markowitz 均值—方差模型下的最优资产配置本质上都是在风险的约束下最大化公司价值增长。区别在于对风险的度量：一是在偿二代下，选取了最低资本作为风险度量，且该度量为数量型；而 Markowitz 选取了资产收益率的方差作为风险

度量，且该度量为比例型。二是在偿二代的风险度量中有负债变量；而 Markowitz 的风险度量只与资产相关。三是偿二代的风险因子由 Var 值确定，度量的是尾部风险；而 Markowitz 的风险由方差确定，度量的是常态风险。

在以上的讨论中，本书并没有约束风险资产的总体比例，也就意味着做空无风险资产，使用杠杆对上面的结论也成立。在不考虑任何约束条件下，当达到最优资产配置时，每类资产的边际资本回报率均相等。在保险公司的实际投资中，还需要考虑其他各种约束（如投资比例限制，会计处理限制等）。针对实操进行建模，需要依赖数值求解的方法。数值求解的方法通常不能让人理解为何某个资产配置是最优的，所以本书认为在一些简单的假设下，先研究在偿二代约束下最优资产配置的主要原则是有价值的。下面本书将放开所有假设，考虑风险之间的相关性以及资产比例的监管限制，将模型拓展至与实际投资相匹配的情景，进行进一步研究。

4.3.5 偿二代框架下的风险预算体系

当放开全部假设，考虑所有的风险以及相关性，并加入资产的监管比例限制等现实约束后，上述模型将不再存在数学形式上的解析解。在这种情况下，往往依赖于数值求解。有效的数值求解算法会保证迭代过程一直朝着优化问题改善最显著的梯度方向进行搜索。而偿二代由于其风险测度的复杂性（计算度复杂，非线性以及局部非连续），传统的优化算法在解决该问题时效率低下。高效算法的缺失，以及海量的资产负债数据，阻碍了保险公司在实际的资产配置过程中将偿二代约束前置化考虑。本书在 4.3.4 的推论二中发现，对应本书研究的问题也存在偿二代风险测度下的风险调整后的收益率度量指标。考虑到资产配置的实质就是对各类资产风险调整后的收益率的排序问题。因此，在构造数值算法前，本书需要识别各类资产边际风险与边际收益的关系。基于这个目的，本书构建了偿二代框架下的风险预算体系。

在本部分，本书将推导边际风险的表达式，以用于度量特定的资产

(或负债）占比变动对最低资本的影响，同时引入边际风险贡献，用以度量特定的资产风险对于考虑分散效应后的最低资本总额的占比。

为了数学表达的方便，本书有如下假设：

(1) 权益资产只投资上市普通股票；

(2) 境外投资只含境外固定收益类资产和境外权益类资产；

(3) 不含以外币计价的负债，且所有汇率风险均来源于 A_5；

(4) A_6（$=A_{others}$）中的不含非资本市场资产；

(5) A_0（$=A_{cash}$）中的现金为本币资产，不涉及权益价格风险和交易对手违约风险。

下面，本书开始构建风险预算体系。

4.3.5.1　市场风险的边际最低资本

用 $mMC_{Mkt,k}$表示第 k 类市场风险对应的边际市场风险最低资本，它表示当风险 k 的最低资本变动一个单位时，市场风险最低资本会变动多少。

$$
\begin{aligned}
mMC_{Mkt,k} &= \frac{\partial\ MC_{Mkt}}{\partial\ MC_{Mkt,k}} \\
&= \frac{MC_{Mkt,k} + \sum_{i=1,i\neq k}^{K} \rho_{Mkt,ki} \cdot MC_{Mkt,i}}{MC_{Mkt}} \\
&= \frac{\{Rm\}_k}{MC_{Mkt}}
\end{aligned}
\tag{4-20}
$$

其中，$m=(MC_{Mkt,I}, MC_{Mkt,II}, \cdots, MC_{Mkt,K})'$表示市场风险最低资本的 $K\times1$ 的向量，R 是包含相关系数 $\rho_{Mkt,ki}$的 $K\times K$ 矩阵，$\{Rm\}_k$表示 $K\times1$ 向量的第 k 个的元素。

接下来，定义第 k 类市场风险对市场风险最低资本的边际贡献，用 $mcMC_{Mkt,k}$表示。

$$
\begin{aligned}
mcMC_{Mkt,k} &= \frac{MC_{Mkt,k} \cdot mMC_{Mkt,k}}{MC_{Mkt}} \\
&= \frac{{MC_{Mkt,k}}^2 + \sum_{i=1,i\neq k}^{K} \rho_{Mkt,ki} \cdot MC_{Mkt,k} \cdot MC_{Mkt,i}}{{MC_{Mkt}}^2} \\
&= \frac{\{m\}_k \times \{Rm\}_k}{{MC_{Mkt}}^2}
\end{aligned}
\tag{4-21}
$$

其中 $\{m\}_k = MC_{Mkt,k}$。

将各类型风险对总体市场风险最低资本的边际贡献加总：$\sum_{k=1}^{K} mcMC_{Mkt,k} = 1$。所以，可以认为 $mcMC_{Mkt,k}$ 表示考虑分散效应后，对第 k 类市场风险计提的最低资本在总体市场风险最低资本中的占比。

4.3.5.2　信用风险的边际最低资本

同理，可以定义信用风险的相关概念。用 $mMC_{Crt,l}$ 表示第 l 类信用风险对应的边际信用风险最低资本；用 $mcMC_{Crt,l}$ 表示第 l 类信用风险对信用风险最低资本的边际贡献。同样，本书将各类型风险对总体信用风险最低资本的边际贡献加总：$\sum_{l=1}^{L} mcMC_{Crt,l} = 1$。

4.3.5.3　总体风险的边际最低资本

用 $mMC_{Agg,h}$ 表示第 h 类大类风险对应的边际总体风险最低资本，它表示当大类风险 h 的最低资本变动一个单位时，最低资本总额会变动多少。

$$
\begin{aligned}
mMC_{Agg,h} &= \frac{\partial\, MC_{Total}}{\partial\, MC_{Agg,h}} \\
&= \frac{MC_{Agg,h} + \sum_{i=1,i\neq h}^{H} \rho_{Agg,hi} \cdot MC_{Agg,i}}{MC_{Total}} \\
&= \frac{\{Ut\}_h}{MC_{Total}}
\end{aligned}
\tag{4-22}
$$

其中，$t = (MC_{Agg,I}, MC_{Agg,II}, \cdots, MC_{Agg,H})'$ 表示大类风险最低资本的 H×1 的向量，U 是包含相关系数 $\rho_{Agg,hi}$ 的 H×H 矩阵，$\{Ut\}_h$ 表示 H×1 向量的第 h 个的元素。

接下来，本书定义第 h 类大类风险对最低资本总额的边际贡献，用 $mcMC_{Agg,h}$ 表示。

$$
\begin{aligned}
mcMC_{Agg,h} &= \frac{MC_{Agg,h} \cdot mMC_{Agg,h}}{MC_{Total}} \\
&= \frac{{MC_{Agg,h}}^2 + \sum_{i=1,i\neq k}^{H} \rho_{Agg,ki} \cdot MC_{Agg,h} \cdot MC_{Agg,i}}{{MC_{Total}}^2} \\
&= \frac{\{t\}_h \times \{Ut\}_h}{{MC_{Total}}^2}
\end{aligned}
\tag{4-23}
$$

其中，$\{t\}_h = MC_{Agg,h}$。

$mcMC_{Agg,h}$表示考虑分散效应之后，第 h 类大类风险的最低资本在最低资本总额中的占比，本书将各类型风险对最低资本总额的边际贡献加总：$\sum_{h=1}^{H} mcMC_{Agg,h} = 1$

需要注意的是，$MC_{Agg,III} = MC_{Mkt}$以及 $MC_{Agg,IV} = MC_{Crt}$，所以本书有如下标记：

mMC_{Mkt}（$= mMC_{Agg,III}$）标记市场风险的边际总体风险最低资本；

$mcMC_{Mkt}$（$= mcMC_{Agg,III}$）标记市场风险对最低资本总额的边际贡献；

mMC_{Crt}（$= mMC_{Agg,IV}$）标记信用风险的边际总体风险最低资本；

$mcMC_{Crt}$（$= mcMC_{Agg,IV}$）标记信用风险对最低资本总额的边际贡献。

4.3.5.4 资产的边际风险度量

对风险进行归因并优化资产配置的关键在于识别各类资产（A_1，A_2，…，A_M）的边际风险。下面，本书将推导这些资产边际风险的度量指标。

用mMC_{Total,A_i}表示资产 A_i的边际总体风险最低资本，即增加 1 单位的A_i的投资时，最低资本总额会变动多少。

（1）资产 A_1的边际风险

$A_1 =$（A_{bond_gov}）表示按公允价值计量的政府债券和准政府债券（不含政策性金融债），涉及的风险为市场风险中的利率风险，所以

$$
\begin{aligned}
mMC_{Total,A_1} &= \frac{\partial MC_{Total}}{\partial A_1} = \frac{\partial MC_{Total}}{\partial MC_{Mkt}} \times \frac{\partial MC_{Mkt}}{\partial MC_{Mkt,I}} \times \frac{\partial MC_{Mkt,I}}{\partial A_1} \\
&= mMC_{Mkt} \cdot mMC_{Mkt,I} \cdot \left(1 - \frac{\partial A_{1,rd}}{\partial A_1}\right)
\end{aligned}
\tag{4-24}
$$

其中，$A_{1,rd}$为利率下行的不利情景下资产 A_1的公允价值。本书假设A_1的加权平均久期为D_{A_1}，则存在一个平均冲击幅度$\overline{RF}_{rd,A_1}$（>0），使下面等式成立：$A_{1,rd} = A_1 \cdot (1 + \overline{RF}_{rd,A_1} \cdot D_{A_1})$，那么

$$
\begin{aligned}
mMC_{Total,A_1} &= mMC_{Mkt} \cdot mMC_{Mkt,I} \cdot \left(1 - \frac{\partial A_{1,rd}}{\partial A_1}\right) \\
&= -mMC_{Mkt} \cdot mMC_{Mkt,I} \cdot \overline{RF}_{rd,A_1} \cdot D_{A_1}
\end{aligned}
\tag{4-25}
$$

（2）资产 A_2 的边际风险

A_2（$=A_{bond\_others}$）表示按公允价值计量的其他债券，包括政策性金融债，企业债和公司债等，涉及风险为市场风险中的利率风险和信用风险中的利差风险，所以

$$
\begin{aligned}
mMC_{Total,A_2} &= \frac{\partial MC_{Total}}{\partial A_2} \\
&= \frac{\partial MC_{Total}}{\partial MC_{Mkt}} \times \frac{\partial MC_{Mkt}}{\partial MC_{Mkt,I}} \times \frac{\partial MC_{Mkt,I}}{\partial A_2} + \frac{\partial MC_{Total}}{\partial MC_{Crt}} \times \frac{\partial MC_{Crt}}{\partial MC_{Crt,I}} \times \frac{\partial MC_{Ctr,I}}{\partial A_2} \\
&= mMC_{Mkt} \cdot mMC_{Mkt,I} \cdot \left(1 - \frac{\partial A_{2,rd}}{\partial A_2}\right) + mMC_{Crt} \cdot mMC_{Crt,I} \cdot \overline{RF}_{bond,spread}
\end{aligned}
\tag{4-26}
$$

其中，$A_{2,rd}$ 为利率下行的不利情景下资产 A_2 的公允价值。本书假设 A_2 的加权平均久期为 D_{A_2}，则存在一个平均冲击幅度 $\overline{RF}_{rd,A_2}$（>0），使下面等式成立：$A_{2,rd} = A_2 \cdot (1 + \overline{RF}_{rd,A_2} \cdot D_{A_2})$，那么

$$
\begin{aligned}
mMC_{Total,A_2} &= mMC_{Mkt} \cdot mMC_{Mkt,I} \cdot \left(1 - \frac{\partial A_{2,rd}}{\partial A_2}\right) + mMC_{Crt} \cdot mMC_{Crt,I} \cdot \overline{RF}_{bond,spread} \\
&= -mMC_{Mkt,I} \cdot mMC_{Mkt,I} \cdot \overline{RF}_{rd,A_2} \cdot D_{A_2} + mMC_{Crt} \cdot mMC_{Crt,I} \cdot \overline{RF}_{bond,spread}
\end{aligned}
\tag{4-27}
$$

（3）资产 A_3 的边际风险

A_3（$=A_{eq}$）表示上市普通股票，证券投资基金等权益类资产，涉及市场风险中的权益价格风险。如前面假设，A_3 只投资于上市普通股票。因为 $MC_{Mkt,II} = \sum_{x=1}^{X} MC_{Mkt,II,x}$，则存在一个平均冲击幅度 $\overline{RF}_{eq}$（>0），使下面等式成立：$MC_{Mkt,II} = \overline{RF}_{eq} \cdot A_3$，所以

$$
\begin{aligned}
mMC_{Total,A_3} &= \frac{\partial MC_{Total}}{\partial A_3} = \frac{\partial MC_{Total}}{\partial MC_{Mkt}} \times \frac{\partial MC_{Mkt}}{\partial MC_{Mkt,II}} \times \frac{\partial MC_{Mkt,II}}{\partial A_3} \\
&= mMC_{Mkt} \cdot mMC_{Mkt,II} \cdot \overline{RF}_{eq}
\end{aligned}
\tag{4-28}
$$

（4）资产 A_4 的边际风险

A_4（$=A_{prop}$）表示房地产，根据假设，不投资境外，所以只涉及市场

风险中的房地产价格风险。因为$MC_{Mkt,III}=\sum_{y=1}^{Y}MC_{Mkt,III,y}$，则存在一个平均冲击幅度$\overline{RF}_{prop}$（>0），使下面等式成立：$MC_{Mkt,III}=\overline{RF}_{prop}\cdot A_4$，所以

$$mMC_{Total,A_4}=\frac{\partial MC_{Total}}{\partial A_4}$$

$$=\frac{\partial MC_{Total}}{\partial MC_{Mkt}}\times\frac{\partial MC_{Mkt}}{\partial MC_{Mkt,III}}\times\frac{\partial MC_{Mkt,III}}{\partial A_4}=mMC_{Mkt}\cdot mMC_{Mkt,III}\cdot \overline{RF}_{prop} \tag{4-29}$$

（5）资产 A_5的边际风险

A_5（$=A_{oversea}$）表示境外资产，包括境外固定收益类资产和境外权益类资产，涉及境外固定收益类资产价格风险、境外权益类资产价格风险和汇率风险。根据 $MC_{Mkt,IV}$ 和 $MC_{Mkt,V}$ 的计算公式，存在平均冲击幅度$\overline{RF}_{oversea,bond}$（>0）和$\overline{RF}_{oversea,eq}$（>0）满足如下等式：

$$MC_{Mkt,IV}=\overline{RF}_{oversea,bond}\cdot(w_{oversea,bond,1}+w_{oversea,bond,2})\cdot A_5 \tag{4-30}$$

$$MC_{Mkt,V}=\overline{RF}_{oversea,eq}\cdot(w_{oversea,eq,1}+w_{oversea,eq,2})\cdot A_5 \tag{4-31}$$

此外，根据假设，境外投资只含境外固定收益类资产和境外权益类资产，且不含以外币的负债，所以

$$(w_{A,USD}+w_{A,EUR\&GBP}+w_{A,others})\cdot A=A_5 \tag{4-32}$$

$$MC_{Mkt,VI}=\begin{pmatrix}w_{A,USD}\cdot RF_{ExRate,USD}+w_{A,EUR\&GBP}\cdot RF_{ExRate,EUR\&GBP}\\+w_{A,others}\cdot RF_{ExRate,others}\end{pmatrix}\cdot A \tag{4-33}$$

那么，存在一个平均冲击幅度$\overline{RF}_{ExRate}$（>0）满足如下等式

$$MC_{Mkt,VI}=\overline{RF}_{ExRate}\cdot A_5 \tag{4-34}$$

那么则有

$$
\begin{aligned}
mMC_{Total,A_5} &= \frac{\partial MC_{Total}}{\partial A_5} \\
&= \frac{\partial MC_{Total}}{\partial MC_{Mkt}} \times \frac{\partial MC_{Mkt}}{\partial MC_{Mkt,IV}} \times \frac{\partial MC_{Mkt,IV}}{\partial A_5} + \frac{\partial MC_{Total}}{\partial MC_{Mkt}} \times \frac{\partial MC_{Mkt}}{\partial MC_{Mkt,V}} \\
&\quad \times \frac{\partial MC_{Mkt,V}}{\partial A_5} + \frac{\partial MC_{Total}}{\partial MC_{Mkt}} \times \frac{\partial MC_{Mkt}}{\partial MC_{Mkt,VI}} \times \frac{\partial MC_{Mkt,VI}}{\partial A_5} \\
&= mMC_{Mkt} \cdot mMC_{Mkt,IV} \cdot \overline{RF}_{oversea,bond} + mMC_{Mkt} \cdot mMC_{Mkt,V} \cdot \overline{RF}_{oversea,eq} \\
&\quad + mMC_{Mkt} \cdot mMC_{Mkt,VI} \cdot \overline{RF}_{ExRate}
\end{aligned} \tag{4-35}
$$

(6) 资产 A_6的边际风险

A_6（$=A_{others}$）表示其他按成本法计量的资产，为了方便说明，本书假设 A_6中不含非资本市场的资产，涉及信用风险中的交易对手违约风险。根据前面分析，存在一个平均冲击幅度$\overline{RF}_{bond,default}$满足$MC_{Crt,II}=\overline{RF}_{bond,default}\cdot A_6$，所以

$$
\begin{aligned}
mMC_{Total,A_6} &= \frac{\partial MC_{Total}}{\partial A_6} = \frac{\partial MC_{Total}}{\partial MC_{Crt}} \times \frac{\partial MC_{Crt}}{\partial MC_{Crt,II}} \times \frac{\partial MC_{Mkt,II}}{\partial A_6} \\
&= mMC_{Crt} \cdot mMC_{Crt,II} \cdot \overline{RF}_{bond,default}
\end{aligned} \tag{4-36}
$$

根据假设，对于资产 A_0不涉及投资相关的风险。在实际的资产配置中，保险公司出于财务管理的需求，资产的分类通常从资产品种和会计分类两个维度同时考虑。

4.3.5.5　负债的边际风险度量

由于寿险公司固有的负债，在引致市场风险和信用风险时，各风险之间的分散效应也会同时改变，所以本书在偿二代下进行资产配置时，需要结合负债的状况进行考虑。下面，本书将推导这些负债（L_1，L_2，…，L_N）边际风险的度量指标。

用mMC_{Total,L_j}表示负债 L_j的边际总体风险最低资本，即增加 1 单位的 L_j时，最低资本总额会变动多少。

(1) 负债 L_1的边际风险

L_1（$=L_{res}$）表示准备金负债，涉及的风险包括寿险保险风险和市场

风险中的利率风险。寿险保险风险通常由改变各种精算假设和精算模型得出。在改变资产配置时，本书假设寿险保险风险不变。存在一个平均冲击幅度$\overline{RF}_{Agg,I}$. L_1满足$L_1 . \overline{RF}_{Agg,I} = MC_{Agg,I}$，所以

$$
\begin{aligned}
mMC_{Total,L_1} &= \frac{\partial MC_{Total}}{\partial L_1} \\
&= \frac{\partial MC_{Total}}{\partial MC_{Agg,I}} \times \frac{\partial MC_{Agg,I}}{\partial L_1} + \frac{\partial MC_{Total}}{\partial MC_{Mkt}} \times \frac{\partial MC_{Mkt}}{\partial MC_{Mkt,I}} \times \frac{\partial MC_{Mkt,I}}{\partial L_1} \\
&= mMC_{Agg,I} . \overline{RF}_{Agg,I} + mMC_{Mkt} . mMC_{Mkt,I} . \left(\frac{\partial L_{1,rd}}{\partial L_1} - 1 \right)
\end{aligned}
\tag{4-37}
$$

其中，$L_{1,rd}$为利率下行的不利情景下负债L_1的公允价值。本书假设L_1的加权平均久期为D_{L_1}，则存在一个平均冲击幅度$\overline{RF}_{rd,L_1}$（>0），使下面等式成立：$L_{1,rd} = L_1 .（1 + \overline{RF}_{rd,L_1} . D_{L_1}）$，那么

$$
\begin{aligned}
mMC_{Total,L_1} &= mMC_{Agg,I} . \overline{RF}_{Agg,I} + mMC_{Mkt} . mMC_{Mkt,I} . \left(\frac{\partial L_{1,rd}}{\partial L_1} - 1 \right) \\
&= mMC_{Agg,I} . \overline{RF}_{Agg,I} + mMC_{Mkt} . mMC_{Mkt,I} . \overline{RF}_{rd,L_1} . D_{L_1}
\end{aligned}
\tag{4-38}
$$

（2）负债L_2的边际风险

L_2（$= L_{others}$）表示其他负债，例如短期借款、税收递延负债和应付再保险费。本书假设L_2不产生最低资本。

本书定义资产A_i，负债L_j对最低资本总额的边际贡献，分别用$mcMC_{Total,A_i}$和$mcMC_{Total,L_j}$表示，则计算公式如下

$$mcMC_{Total,A_i} = \frac{A_i . mMC_{Total,A_i}}{MC_{Total}} \tag{4-39}$$

$$mcMC_{Total,L_j} = \frac{L_j . mMC_{Total,L_j}}{MC_{Total}} \tag{4-40}$$

$mcMC_{Total,A_i}$和$mcMC_{Total,L_j}$分别表示考虑分散效应后，资产A_i和负债L_j产生的最低资本在最低资本总额中的占比。那么则有

$$\sum_{i=1}^{M} mcMC_{Total,A_i} + \sum_{j=1}^{N} mcMC_{Total,L_j} = 1 \tag{4-41}$$

4.3.5.6　资本回报率

寿险公司的经营是一个股东投入满足监管要求的资本，通过销售保险产品形成负债结构，并对准备金资产进行投资实现公司价值增长的过程。股东关注的核心指标是，相较于投入的资本公司的价值增长幅度。基于上面的分析，本书引入资本回报率（RoC）的概念，RoC 表示消耗一单位最低资本可以带来的寿险公司实际资本（$AC = A - L$）的增加值，则 RoC 的表达式如下：

$$RoC = \frac{\Delta AC}{MC_{Total}} = \frac{\Delta A - \Delta L}{MC_{Total}} \tag{4-42}$$

资产收益率、负债成本率以及最低资本的变化，均会影响 RoC。本书针对资产 A_i，负债 L_j 的边际资本收益率，表示资产 A_i 或者 L_j 变动一个单位时，RoC 的变化。用 $m\,RoC_{A_i}$ 和 $m\,RoC_{L_j}$ 标记，计算公式如下

$$mRoC_{A_i} = \frac{\partial RoC}{\partial A_i} = \frac{\frac{\partial \Delta A}{\partial A_i}}{MC_{Total}} - \frac{(\Delta A - \Delta L)\frac{\partial MC_{Total}}{\partial A_i}}{(MC_{Total})^2} = \frac{\mu_{A_i} - RoC.\ mMC_{Total,A_i}}{MC_{Total}} \tag{4-43}$$

$$mRoC_{L_j} = \frac{\partial RoC}{\partial L_j} = -\frac{\frac{\partial \Delta L}{\partial L_j}}{MC_{Total}} - \frac{(\Delta A - \Delta L)\frac{\partial MC_{Total}}{\partial L_j}}{(MC_{Total})^2} = \frac{-\mu_{L_j} - RoC.\ mMC_{Total,L_j}}{MC_{Total}} \tag{4-44}$$

其中，μ_{A_i} 为资产 A_i 的资产收益率，μ_{L_j} 表示负债 L_j 的负债成本率。

由于 $\sum_{i=1}^{M} mcMC_{Total,A_i} + \sum_{j=1}^{N} mcMC_{Total,L_j} = 1$，所有如下公式成立

$$\sum_{i=1}^{M} A_i.\ mRoC_{A_i} + \sum_{j=1}^{N} L_j.\ mRoC_{L_j} = 0 \tag{4-45}$$

4.3.6　数值求解算法设计

在构建完成偿二代框架下的风险预算体系后，本书得到了一系列边际风险、边际收益以及风险调整后收益的指标。在这部分中，本书将运用这些指标设计契合实际状况的数值求解算法。

在设计数值求解算法时，本书需要考虑三个问题：（1）搜索方向、

（2）迭代步长、（3）终止条件。首先进行如下的符号定义：

h 表示迭代步长，本书选取 $h = A.10^{-6}$

A_i^{Max}表示资产 A_i的配置上限金额；

A_i^{Min}表示资产 A_i的配置下限金额。

从 4.3.4 的第一个推论可以发现，偿二代资本约束下的最优配置可以划分为两部分：匹配资产和盈余资产。受此启发，本书分三个阶段，按照如下的步骤进行偿二代约束下最优资产配置的求解。

阶段一：以对冲负债利率风险的配置作为起始点。通常而言，负债端包含了保险风险和市场风险中的利率风险。利率风险容易对冲，但保险风险难以处理。

（1）步骤 1

检查杠杆比例是否达到上限。若未达到上限，进行下面步骤 2，若已达到上限，阶段一终止。

（2）步骤 2

按 1 个步长增加 A_1的配置金额。跳转至步骤 1。

阶段二：以阶段一终止的资产配置结果作为起始点。

（1）步骤 1

检查最低资本总额是否达到上限。若未达到上限，进行下面步骤 2，若已达到上限，阶段二终止。

（2）步骤 2

计算当前配置下各资产 $mRoC_{A_i}$的结果。更新资产配置如下：按 1 个步长增加 $mRoC_{A_i}$最大的资产配置金额，同时按 1 个步长减少 $mRoC_{A_i}$最小的资产配置金额。需要注意的是如果 $mRoC_{A_i}$最大的资产已达配置上限约束，则按一个步长增加 $mRoC_{A_i}$第二大的资产配置金额，依此类推。同理，如果 $mRoC_{A_i}$最小的资产已达配置下限约束，按一个步长减少 $mRoC_{A_i}$第二小的资产配置金额，依此类推。跳转至步骤 1。

阶段三：以阶段二终止的资产配置结果作为起始点。

（1）步骤 1

计算当前配置下各资产 mMC_{A_i}和 $m\ RoC_{A_i}$的结果，求解以下优化问题

$$\text{Aim Max} \sum_{i=1}^{I} \Delta A_i .\ m\,RoC_{A_i}$$

$$\text{s. t}\begin{cases} A_i^{Min} \leqslant A_i + \Delta A_i \leqslant A_i^{Max} \\ -h \leqslant \Delta A_i \leqslant h \\ \sum_{i=1}^{I} \Delta A_i .\ mMC_{A_i} = 0 \\ \sum_{i=1}^{I} \Delta A_i = 0 \end{cases} \quad (4-46)$$

若上述优化问题的解对应的目标函数值不等于0，进行下面步骤2；若等于0，阶段三终止。

（2）步骤2

更新资产 A_i的配置金额为 $A_i + \Delta A_i$，其中 ΔA_i为上述优化问题的解。更新后跳转至步骤1。

最后，阶段三终止的结果为偿二代约束下的最优资产配置。

mMC_{A_i}和 $m\,RoC_{A_i}$会跟随资产配置的结果变化而变化，且较敏感。上述算法的基本思想是，将一个全局上的非线性问题，简化成一系列局部上的线性问题，并确保搜索方向正确，最终找到全局最优解。需要注意的是，在偿二代的最低资本计算公式中，存在着非连续函数（例如房地产价格风险的特征因子，不但非连续，还和房地产投资比例存在函数关系），上述算法存在收敛于局部最优的风险。在本书的案例中，本书随机生成大量的初始配置，再进行负债利率风险对冲，最后按上述算法求解偿二代约束下的最优资产配置，确保最终的结果依概率收敛于全局最优。

4.4 实证分析

4.4.1 研究方法

本书以典型的寿险公司为例，结合保险资金常用的资产配置种类，考虑实际监管限制，对理论模型的结果进行了实证分析。为了改善传统

Markowitz 均值—方差模型对输入参数的高度敏感性的问题，本书选取了 Black-Litterman 模型（以下简称 B－L 模型）进行研究，并做了两方面的改进：一是引入资产收益率与波动率的相关关系，提高了对资产夏普比率排序预测的精度；二是在对股票静态收益率进行主观预测时，参考 Antti Ilmanen（*Expected Returns*，pp. 117～152）中的方法，认为股票的收益率可拆分为盈利增长、通货膨胀、股票分红、盈利稀释和估值的均值回归 5 个成分［股票的收益率＝盈利增长＋CPI＋股息率－盈利稀释＋（历史平均 PE/当前 PE）^（1/回复周期－1）］，并基于中国市场数据进行预测。

4. 4. 2　研究假设及数据说明

假设不考虑损失吸收（该寿险公司只经营传统保险业务，不涉及分红保险和万能保险业务），考虑市场风险最低资本、信用风险最低资本和其他风险最低资本之间的相关性，放开利率冲击方向为利率下行的假设，其他假设继续沿用 4. 3. 5 中的预设，具体如下。

4. 4. 2. 1　偿二代相关假设

保险风险：假设保险风险的平均冲击幅度不变，保险风险最低资本只随准备金负债的公允价值波动。

利率风险：最低资本的计算简单处理，根据资产负债的期限对应即期利率的数值，以及对该即期利率的冲击比例确定平均冲击幅度。

交易对手违约风险：综合考虑投资的基础设施债权计划的信用评级，平均冲击幅度选取为 0. 302%。

4. 4. 2. 2　资产端假设

为了使案例说明更有现实意义，结合目前行业保险公司的主流投资品种，同时考虑监管对各类资产的比例限制，本书假设该寿险公司的投资范围为 A_0、A_1、A_2、A_3和 A_5，具体如下：

A_0可以做空无风险资产，总体杠杆率不超过 120%，即总资产/净资产不高于 120%；

A_1投资标的为国债，会计分类为 AFS，期限为 15 年，久期为 12 年；

A_2投资标的为信用债，会计分类为 AFS，期限为 5 年，久期为 4 年，

债项评级为 AA + ;

A_3投资标的为沪深300ETF，考虑分红收益，投资比例不高于30% ;

A_5投资标的为以 AA + 评级为主的基础设施债权计划非标资产，会计分类为 HTM，投资比例不高于25% 。

4. 4. 2. 3　负债端假设

（1）负债计量假设

同前文一样，本案例中只考虑 L_1 和 L_2 两种负债。其中，准备金负债 L_1 由最优估计负债和风险边际两部分构成。最优估计负债为精算最优估计下保险公司未来现金流的折现值，而风险边际是保险公司为精算估计发生不利偏差时计提的负债。在本案例中，本书不考虑风险边际。

（2）负债期限假设

假设准备金负债 L_1 的平均期限为 10 年，平均久期为 8 年。L_2 为该寿险公司日常经营中长期保持的负债。为避免歧义，需声明，在本章剩余部分，现金、国债、信用债、股票、非标的表述与 A_0 ~ A_6 同义；准备金负债和其他负债的表述与 L_0 ~ L_1 同义。在本案例中，资产配置结果使用多初始点的数值计算方法，求解全局最优解。

4. 4. 2. 4　数据来源与说明

在本案例中，所有的市场数据时间截至 2018 年 12 月 31 日。

（1）资产收益率数据

根据 Black-Litterman 模型，对大类资产收益率假设设定如表 4 - 3 至表 4 - 7 所示。

表 4 - 3　　现金

主观预期指标	银质 7 天回购	市场均衡指标	银质 7 天回购
主观预期收益	IRS 收盘价	市场均衡收益	IRS 收盘价①
主观预期值	2. 71%	市场均衡值②	2. 71%
主观预期权重	70%	市场均衡权重	30%

注：①定盘利率为银质 7 天回购，期限为 1 年的利率互换最近一月收盘价的均值。

②数据来源为 Wind。

表 4-4　　国债

主观预期指标	15 年期国债	市场均衡指标	15 年期国债
主观预期收益	当前到期收益率	市场均衡收益	当前到期收益率
主观预期值	3.46%	市场均衡值①	3.46%
主观预期权重	70%	市场均衡权重	30%

注：①数据来源为 Wind。

表 4-5　　信用债

主观预期指标	n/a	市场均衡指标	5 年期 AA+企业债
主观预期收益	n/a	市场均衡收益	当前到期收益率
主观预期值①	3.90%	市场均衡值②	4.36%
主观预期权重	70%	市场均衡权重	30%

注：①基于市场均衡结果，经过违约调整。

②数据来源为 Wind。

表 4-6　　股票

主观预期指标	H00300.CSI	市场均衡指标	H00300.CSI
主观预期收益	模型预测结果①	市场均衡收益	过去 3 年的平均收益
主观预期值	11.41%	市场均衡值②	7.54%
主观预期权重	70%	市场均衡权重	30%

注：①参考 *Expected Returns*，作者 Antti Ilmanen，第 117～152 页研究结果建模：

股票的收益率 = 盈利增长 + CPI + 股息率 - 盈利稀释 + （历史平均 PE/当前 PE）^（1/回复周期 - 1），其中：

盈利增长和 CPI 使用 Wind 市场预期数据，盈利预期取值为 2.00%，CPI 取值为 1.90%；

股息率根据当前时点股息率微幅调整，取值为 2.25%；

盈利稀释为经验值，取值为 1.00%；

历史平均 PE 为过去 5 年的平均值，取值为 12.28，当前 PE 为 10.23；

A 股约 5～6 年一个周期，回复周期选 2.5。

②数据来源为 Wind。

表 4－7 非标

主观预期指标	信托产品平均收益率，5 年期 AA＋企业债	市场均衡指标	信托产品平均收益率，5 年期 AA＋企业债
主观预期收益	5 年期 AA＋企业债到期收益率＋0.5×（信托产品平均收益率－5 年期 AA＋企业债到期收益率）	市场均衡收益①	5 年期 AA＋企业债到期收益率＋0.5×（信托产品平均收益率－5 年期 AA＋企业债到期收益率）
主观预期值②	6.01%	市场均衡值③	6.11%
主观预期权重	70%	市场均衡权重	30%

注：①本案例中考虑该寿险公司主要投资基础设施债权计划，其收益率和信托产品收益率高度相关。本书根据行业经验，进行风险偏好调整，投资的非标收益为 5 年 AA＋的企业债到期收益率加上信托产品溢价的 50%。

②基于市场均衡结果，经过违约调整。

③数据来源为 Wind。

（2）资产波动率数据

为了方便与传统的 Markowitz 均值—方差模型进行比较，本案例也给出了各类资产的波动率假设。波动率的假设参考历史数据，在其假设的设定过程中，本书有如下几点考虑。

①度量指标：标准差。

②数据长度：由于保险公司的资产配置是一个较长的过程，本书选取了过去 3 年的数据。

③数据频度：为捕获更多的历史信息，应该选取尽量高频的数据。合理的频度选择还与资产的流动性密切相关，如果使用高频数据估计流动性差的资产，那么波动率会被低估。在本书研究的案例中，资产的流动性排序如下：现金＞股票＞国债＞信用债＞非标。本书逐步从日频、周频、双周频和月频数据估计波动率，当估计结果变动低于 10% 时，认为已达最佳频率。结合数据长度对样本容量的限制，最终选择采用月频历史数据估计波动率。

④对于现金，因为久期极短，只考虑收益率的波动。

⑤对于会计分类为 AFS 债券的收益波动主要来源于利率变动导致的债券净价波动和本息到期的再投资收益率波动，所以债券的波动率设定参考中债总财富系列指数。同时，根据各指数的剩余期限，对标本书所选资产的期限，通过加权平均得到研究资产的价格变动数据。

⑥对于股票，由于考虑股息收入，本案例使用全收益指数。

⑦对于非标资产，由于会计分类为 HTM，同现金一样，也只考虑收益率的波动。

⑧为了提高对各类资产夏普比率排序的估计精度，需要考虑资产的波动率与收益率之间的相关性。本案例简化处理，假设两者完全正相关，未来波动率的估计值 = 资产预期收益率 × （过去 3 年波动率均值/过去 3 年收益率的均值），收益率的参考指标与收益率假设设定时的市场均衡指标一致。

综合以上考虑，本书最终设定的波动率假设如表 4 – 8 所示。

表 4 – 8　　资产波动率假设

单位：%

资产类别	预期波动率	预期收益率	历史波动率均值	历史收益率均值
现金	0. 29	2. 71	0. 34	3. 13
国债	3. 91	3. 46	4. 27	3. 78
信用债	2. 70	4. 03	3. 29	4. 92
股票	15. 17	10. 25	21. 99	14. 85
非标	0. 31	6. 04	0. 31	6. 21

（3）资产相关性数据

根据过去 3 年的历史数据估计各资产收益率之间的相关性，选取的历史数据与估计波动率时选择的一致，相关系数的假设如表 4 – 9 所示。

表 4 – 9　　相关系数假设

	现金	国债	信用债	股票	非标
现金	1. 00	– 0. 12	– 0. 05	0. 10	0. 04
国债	– 0. 12	1. 00	0. 69	– 0. 12	0. 38

续表

	现金	国债	信用债	股票	非标
信用债	-0.05	0.69	1.00	-0.11	0.38
股票	0.10	-0.12	-0.11	1.00	0.00
非标	0.04	0.38	0.38	0.00	1.00

（4）负债成本率数据

通常来说，负债成本率代表保险公司的资金成本。本书的研究立足于在偿二代的约束下如何通过最优资产配置实现股东权益最大化，关注的是保险公司的资产负债表。

对于准备金负债 L_1，因为偿二代下的公允价值计量为保险公司未来现金流的贴现值，所以负债可以看成保险公司对保单持有人发行的一系列零息债券。本书假设负债的平均期限为10年，所以本案例采用10年国债即期利率750天移动平均值加上负债的流动性溢价来表示准备金负债成本率。根据市场数据和该寿险公司只经营传统险的假设（根据偿二代规定，流动性溢价为0.45%），L_1的负债成本率为3.85%。

对于其他负债 L_2的成本率设定为1.50%。

4.4.3 初始分析

4.4.3.1 典型寿险公司的资产负债表和初始资产配置

国内典型寿险公司的资产和负债如图4-1所示。在偿二代中，认可资产的计量参考当前会计处理，负债的计量中准备金的负债由750天移动平均的无风险利率曲线加上流动性溢价，将负债现金流贴现得到；其他负债的认可价值参考当前会计处理。由图4-1可知，该寿险公司当前认可资产为100亿元；当前认可负债为80亿元，其中准备金负债占比为95%（=76亿元），其他负债例如短期借款、税收递延负债和应付再保险费等，占比为5%（=4亿元）。所以该寿险公司的实际资本为20亿元，可用于吸收不利情景造成的损失。

假设公司总资产100亿元均为可投资资产，每类资产初始配置比例如图4-2所示。由图4-2可知，公司初始配置中，现金比例为5%，公允价值计量的国债比例为 15%，公允价值计量的信用债比例为 45%，权益类资产比例为 20% 以及成本法计价的非标资产比例为 15%。

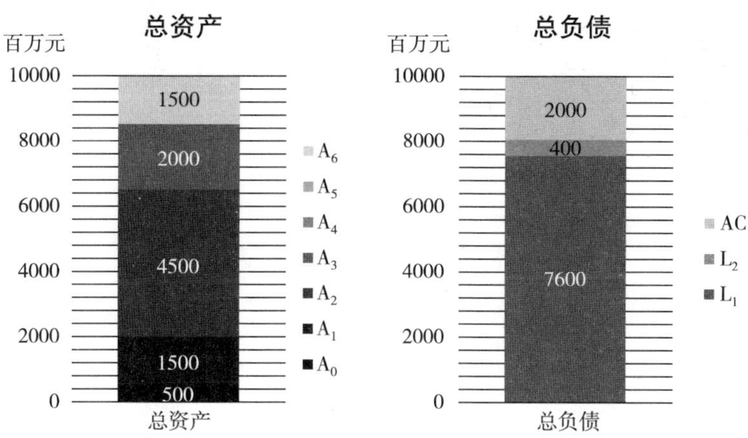

图 4-1　国内典型寿险公司的资产负债

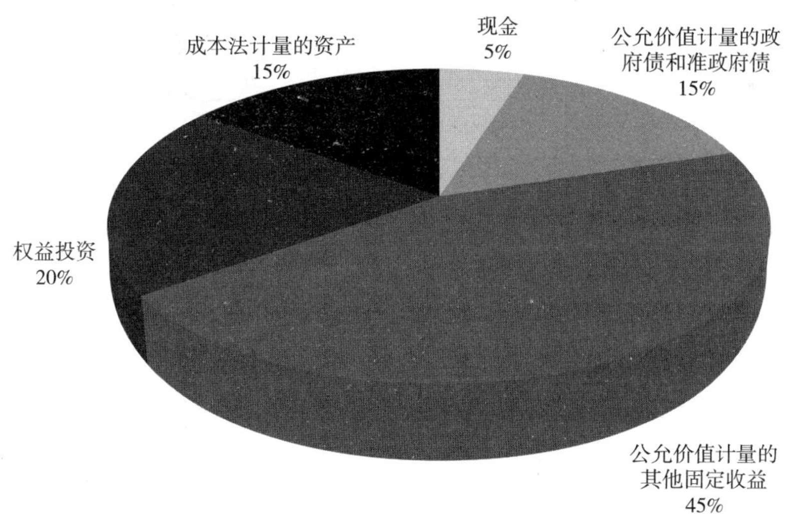

图 4-2　初始资产配置比例

根据前述的主要假设和该寿险公司的资产负债表，本书罗列出各类资产和负债的相关假设，下文所有的数值说明均以这些假设为基础，具体数据如表 4-10 和表 4-11 所示。

表 4-10　　资产相关假设

单位：百万元、%

	标记	比例	金额	收益率	波动率	期限	久期
现金	A_0	5	500	2.71	0.29	n/a	n/a
AFS 国债	A_1	15	1500	3.46	3.91	15.00	12.00
AFS 信用债	A_2	45	4500	4.03	2.70	5.00	4.00
股票	A_3	20	2000	10.25	15.17	n/a	n/a
HTM 非标	A_6	15	1500	6.04	0.31	5.00	n/a
总资产	A	100	10000	5.43	3.29	5.25	3.60

表 4-11　　负债相关假设

单位：百万元、%

	标记	比例	金额	成本率	期限	久期
准备金负债	L_1	95	7600	3.85	10.00	8.00
其他负债	L_2	5	400	1.50	n/a	n/a
总负债	L	100	80000	3.73	9.50	7.60

在初始配置下，该寿险公司的资产预期收益率为 5.43%，收益率的波动为 3.29%，资产久期为 3.60 年，负债久期为 7.60 年，久期缺口等于 4 年。

4.4.3.2　初始最低资本和边际分析

根据上面的给定的初始配置，以及该寿险公司的负债特性，本书假设寿险保险风险最低资本的结果已知，且不受资产配置的影响，有如表 4-12 所示的计算结果。

根据表 4-12 的结果，根据$L_1 . \overline{RF}_{Agg,I} = MC_{Agg,I}$，可以计算出寿险保险风险的平均冲击幅度$\overline{RF}_{Agg,I} = 3.87\%$。

根据表 4-12 的结果，可知在初始配置下，该公司的最低资本总额为 8.94 亿元，实际资本为 20 亿元，偿付能力充足率为 224%。为了更直观表述，本书将最低资本总额在大类风险的层面进行分解，如图 4-3 所示。

表 4 – 12　　　　初始配置对应的偿二代结果

最低资本（百万元）	894	市场风险 MC	616	一级风险分散	–255
保险风险 MC	294	利率风险_（上升）	–454		
损失发生率风险	57	利率风险_（下降）	281	损失吸收调整	0
死亡率风险	33	利率风险	281	最大损失吸收能力	0
死亡率巨灾风险	24	权益价格风险	589	损失吸收调整金额	0
长寿风险	3	房地产价格风险	0		
疾病发生率风险	24	境外固收风险	0		
医疗及健康赔付风险	0	境外权益风险	0	实际资本（百万元）	2000
其他损失发生率风险	0	汇率风险	0	认可资产	10000
损失风险分散	–27	市场风险分散	–254	认可资产	10000
费用风险	61			认可负债	8000
退保风险	248	信用风险 MC	239	认可负债	8000
退保率风险	233	利差风险	223		
大规模退保风险	248	违约风险	45		
保险风险分散	–72	信用风险分散	–30	偿付能力充足率	224%

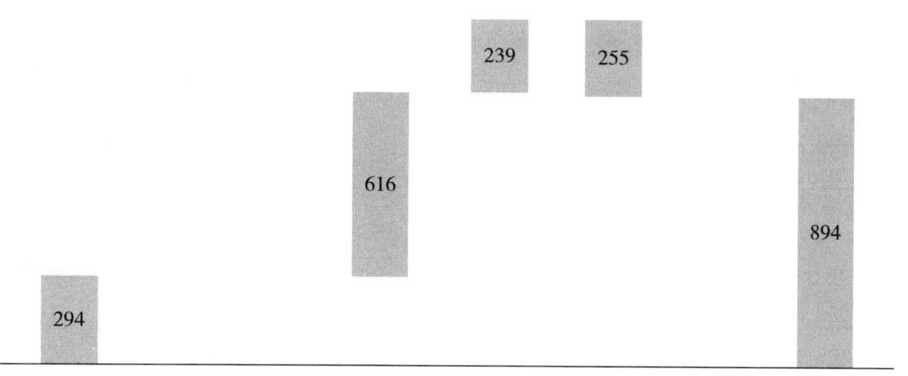

图 4 – 3　初始配置下的最低资本构成

从图 4 – 3 的结果可以发现，不考虑分散效应，该公司最主要的风险是市场风险，其次是寿险保险风险，最后是信用风险。在初始配置中，虽然资产和负债的久期缺口较大，但是各大类风险的分布较为均匀，所以分散效应显著（2.55 亿元），有效地降低了总体最低资本。

下面，本书对初始配置下的最低资本构成进行边际分析。首先针对整体风险，计算每一大类风险的边际最低资本和边际最低资本贡献，结果如表4－13所示。

表4－13　　总体风险的边际分析

	标记	最低资本	边际最低资本（mMC）	边际最低资本贡献（mcMC）	不考虑分散效应的占比
寿险保险风险	$MC_{Agg,I}$	294	0.71	23%	26%
非寿险保险风险	$MC_{Agg,II}$	0	n/a	0%	0%
市场风险	$MC_{Agg,III}$	616	0.92	63%	54%
信用风险	$MC_{Agg,IV}$	239	0.49	13%	21%

边际最低资本体现了该风险与其他风险之间的相关性，相关性越高，则边际最低资本越大，所以信用风险与其他风险相关性最低，其次是寿险保险风险，最高是市场风险。同时，比较表4－12中第5列和第6列的结果，考虑分散效应前后（用边际资本贡献衡量考虑分散效应后的）也可以发现同样的结论。

根据表4－13第5列中边际总体最低资本贡献的结果，市场风险是该寿险公司面临的最主要的风险（63%），其次是寿险保险风险（23%），最后是信用风险（13%）。

下面本书针对市场风险和信用风险进行边际分析，市场风险的结果如表4－14所示，信用风险的结果如表4－15所示。

表4－14　　市场风险的边际分析

	标记	最低资本	边际最低资本（mMC）	边际最低资本贡献（mcMC）	不考虑分散效应的占比
利率风险	$MC_{Mkt,I}$	281	0.32	15%	32%
权益价格风险	$MC_{Mkt,II}$	589	0.89	85%	68%

表 4-15　　　　信用风险的边际分析

	标记	最低资本	边际最低资本（mMC）	边际最低资本贡献（mcMC）	不考虑分散效应的占比
利差风险	$MC_{Crt,I}$	223	0.98	92%	83%
交易对手违约风险	$MC_{Crt,II}$	45	0.42	8%	17%

从表 4-14 可以发现，权益价格风险的边际市场风险最低资本最高，说明股票的价格波动和其他市场风险相关性最高。同样，这个结论可以通过比较考虑分散效应前后各个风险对应最低资本占比的变化得出。

根据表 4-15 第 5 列中边际最低市场风险资本贡献的结果，该寿险公司面临的市场风险排序为利率风险（15%）和权益价格风险（85%）。

同样，本书可以针对信用风险进行类似的分析，根据表 4-15 第 5 列的结果，该寿险公司面临的信用风险中，利差风险（92%）显著高于交易对手违约风险（8%）。

需要注意的是，边际风险的分析结果依赖于资产的配置比例。如果从初始配置迁移到别的配置方案，边际最低资本和边际最低资本贡献的数值均会产生变化。

下面从资产负债的维度，针对每类资产和负债相对于总体最低资本进行边际分析。根据以上计算结果和第 4.3 部分中的计算公式，具体结果如表 4-16 所示。

表 4-16　　　　资产负债的边际分析

资产							mMC_{Total}	
A_0	n/a	n/a	n/a	n/a	n/a	n/a	n/a	
	0	0	0	0	0	0	0	0.000
A_1	mMC_{Mkt}	$mMC_{Mkt,I}$	$\overline{RF}_{rd,A_1}$	D_{A_1}				
	0.92	0.32	1.00%	12				-0.035
A_2	mMC_{Mkt}	mMC_{Crt}	$mMC_{Mkt,I}$	$mMC_{Crt,I}$	$\overline{RF}_{rd,A_2}$	$\overline{RF}_{bond,spread}$	D_{A_2}	
	0.92	0.49	0.32	0.98	1.74%	4.96%	4	0.003
A_3	mMC_{Mkt}	$mMC_{Mkt,II}$	$\overline{RF}_{eq}$					
	0.92	0.89	29.45%					0.242

续表

资产							mMC_{Total}	
A_6	mMC_{Crt}	$mMC_{Crt,II}$	$\overline{RF}_{bond,default}$					
	0.49	0.42	3.02%					0.006
负债							mMC_{Total}	
L_1	$mMC_{Agg,I}$	mMC_{Mkt}	$\overline{RF}_{Agg,I}$	$mMC_{Mkt,I}$	$\overline{RF}_{rd,L_1}$	D_{L_1}		
	0.71	0.92	3.87%	0.32	1.27%	8		0.058
L_2	n/a	n/a	n/a	n/a	n/a	n/a	n/a	
	0	0	0	0	0	0	0	0.000

从表4－16中可以发现，无风险资产不产生最低资本。其余风险资产的边际风险从大到小排序为股票（0.242），HTM非标（0.006），AFS信用债（0.003）和AFS国债（－0.035）。注意的是，AFS国债的边际风险为负，这意味着在初始配置的基础上，增加对AFS国债的配置比例可以降低总体最低资本。此外，初始配置中现金没有做空，现金比例为5%，本书注意到保险公司的杠杆比例上限为120%，而AFS国债的收益率高于无风险收益率，所以本书可以通过做空无风险资产（融资）增加AFS国债的配置，这样既能减少最低资本，还能提高收益率。这样的操作客观上增加了总资产的久期，减小了资产和负债的久期缺口，从而减少了公司的利率风险。该问题后文会继续讨论，此处不再展开。

在4.3中引入RoC作为偿二代风险度量下的风险调整后收益率指标。为使结果更直观，除特别说明外，案例部分RoC的相关计算均采用各类资产的自身收益率，而非超过现金部分的超额收益。通过上面的计算结果，本书可以得出初始配置下的RoC＝27.32%，各资产和负债的边际RoC如图4－4所示。

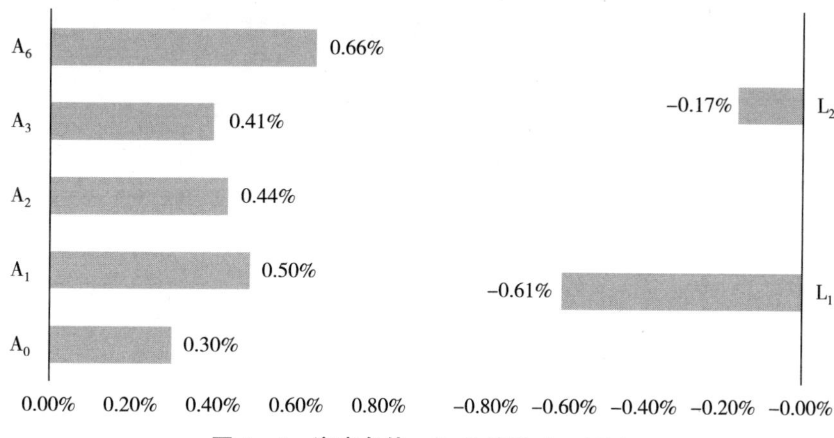

图 4-4 资产负债 mRoC 结果（×1%）

本书初始配置的结果摘要如表 4-17 所示。

表 4-17 初始配置结果摘要

资产	金额（M）	比例	μ_{A_i}	mMC_{Total,A_i}	$m\ RoC_{A_i}$（×1%）
A_0	500	5.00%	2.71%	0.000	0.30%
A_1	1500	15.00%	3.46%	-0.035	0.50%
A_2	4500	45.00%	4.03%	0.003	0.44%
A_3	2000	20.00%	10.25%	0.242	0.41%
A_6	1500	15.00%	6.04%	0.006	0.66%
A	10000	100%	5.43%	0.045	0.47%
负债	金额（M）	比例	μ_{L_j}	mMC_{Total,L_j}	$m\ RoC_{L_j}$（×1%）
L_1	7600	95.00%	3.85%	0.058	-0.61%
L_2	400	5.00%	1.50%	0.000	-0.17%
L	8000	100%	3.73%	0.055	-0.59%
组合收益/风险状况				久期状况（年）	
ΔAC（M）	244	RoC	27.32%	资产久期	3.60
MC_{Total}（M）	894	资产波动率	3.29%	负债久期	7.60
SR	224%	杠杆率	100%	资产缺口	4.00

4.4.4 对冲负债利率风险的配置

上面的分析中提到，在初始配置中，资产负债久期缺口较大，且没有使用杠杆。因为 A_1 的收益率高于无风险收益率，且能提供资产端的久期。

所以使用杠杆加大 A_1 的配置比例，可以在提高组合收益率的同时降低最低资本总额，即提高 RoC。假设按照如下原则对冲负债的利率风险：使用杠杆，增加 A_1 的配置比例，看是否能完全对冲负债的利率风险；如果杠杆率已达约束上限，仍未完全对冲负债的利率风险，则减少 A_2 的配置比例，同时增加 A_1 的配置比例，继续增加资产的久期，直到利率风险最低资本为 0。如果利率下行不利，则利率风险的最低资本为

$$MC_{Mkt,I} = L_1 \cdot \overline{RF}_{rd,L_1} \cdot D_{L_1} - A_1 \cdot \overline{RF}_{rd,A_1} \cdot D_{A_1} - A_2 \cdot \overline{RF}_{rd,A_2} \cdot D_{A_2}$$

根据前面的假设和上述公式，可以计算发现，我们只需要在初始配置的基础上提高杠杆率，增加 A_1 的配置比例，就可以完全对冲负债的利率风险，结果如表 4 - 18 所示。

表 4 - 18　对冲负债利率风险的配置结果摘要

资产	金额（M）	比例	μ_{A_i}	mMC_{Total,A_i}	$m\ RoC_{A_i}$（×1%）
A_0	-1844	-18.44%	2.71%	0.000	0.31%
A_1	3844	38.44%	3.46%	0.015	0.34%
A_2	4500	45.00%	4.03%	0.033	0.35%
A_3	2000	20.00%	10.25%	0.270	0.24%
A_6	1500	15.00%	6.04%	0.006	0.67%
A	10000	100%	5.60%	0.076	0.38%
负债	金额（M）	比例	μ_{L_j}	mMC_{Total,L_j}	$m\ RoC_{L_j}$（×1%）
L_1	7600	95.00%	3.85%	0.015	-0.49%
L_2	400	5.00%	1.50%	0.000	-0.17%
L	8000	100%	3.73%	0.014	-0.48%
组合收益/风险状况				久期状况（年）	
ΔAC（M）	262	RoC	30.12%	资产久期	6.41
MC_{Total}（M）	869	资产波动率	3.69%	负债久期	7.60
SR	230%	杠杆率	118%	资产缺口	1.19

比较表 4 - 17 和表 4 - 18 的结果可以发现，在增加 A_1 的配置比例完全对冲负债利率风险之后，利率风险最低资本变为 0；资产组合收益率从 5.43% 上升到 5.60%；公司一年后的价值增长从 2.44 亿元改善为 2.62 亿元；RoC 从 27.32% 提高到 30.12%；最低资本总额从 8.94 亿元下降到 8.69 亿元；偿付能力充足率从 224% 上升到 230%。这说明初始配置中过

多的利率风险暴露为无效风险，本书可以通过改变资产的配置比例，在提高资产收益率的同时降低总体风险。

同时我们注意到，即使没有利率风险敞口，资产和负债的久期缺口仍不为0，这是由不利情景对资产和负债平均冲击幅度不同造成的。资产和负债的平均冲击幅度由当前平均利率水平和平均冲击比例两部分共同决定。此外，偿二代规定采用成本法计价的固定收益类资产，不含利率风险。对此，本书有一点思考。偿二代实际上考虑的是保险公司实际资本是否可以应对尾部风险的问题。当出现尾部风险时，保险公司可以对以成本法计价的资产改变会计分类，以公允价值重新计价。在这种情况下，用成本法计价的固定收益资产实际上会获得利率风险敞口。本书的理解是，目前偿二代出于审慎性考虑，并没有计入该部分利率风险，但实际上低估了资产的久期。

4.4.5 偿二代约束下的最优资产配置的数值解

表 4-19　　　　偿二代约束下的最优配置结果摘要

资产	金额（M）	比例	μ_{A_i}	mMC_{Total,A_i}	$m\,RoC_{A_i}$（×1%）
A_0	-2000	-20.00%	2.71%	0.000	0.30%
A_1	3364	33.64%	3.46%	-0.001	0.39%
A_2	4008	40.08%	4.03%	0.022	0.37%
A_3	2128	21.28%	10.25%	0.269	0.15%
A_6	2500	25.00%	6.04%	0.008	0.65%
A	10000	100%	5.93%	0.068	0.41%
负债	金额（M）	比例	μ_{L_j}	mMC_{Total,L_j}	$m\,RoC_{L_j}$（×1%）
L_1	7600	95.00%	3.85%	0.028	-0.53%
L_2	400	5.00%	1.50%	0.000	-0.17%
L	8000	100%	3.73%	0.027	-0.52%
组合收益/风险状况				久期状况（年）	
ΔAC（M）	295	RoC	32.96%	资产久期	5.64
MC_{Total}（M）	894	资产波动率	3.69%	负债久期	7.60
SR	224%	杠杆率	120%	资产缺口	1.96

按照算法，本书可以计算出在最低资本总额不超过 8.94 亿元的约束下，最优的资产配置结果，如表 4-19 所示。

从表 4-19 中可以发现：

相对于完全对冲利率风险的配置，资产和负债的久期缺口扩大，资产组合收益率从 5.60% 上升到 5.93%；公司一年后的价值增长从 2.62 亿元改善为 2.95 亿元；RoC 从 30.12% 提高到 32.96%；最低资本总额从 8.69 亿元恢复到 8.94 亿元；偿付能力充足率从 230% 恢复到 224%。

相对于初始配置，资产和负债的久期缺口有所缩小，资产组合收益率从 5.43% 上升到 5.93%；公司一年后的价值增长从 2.44 亿元改善为 2.95 亿元；RoC 从 27.32% 提高到 32.96%；最低资本总额和偿付能力充足率均保持不变。

同时，本书使用算法阶段三中的最优化问题，对最优配置结果进行检验发现，该最优化问题的目标函数值最大为 0。

4.5 拓展分析

4.5.1 偿二代有效前沿和 Markowitz 有效前沿的比较分析

从前面的分析可以知道，通过有效对冲负债的利率风险，可以提高公司的偿付能力充足率水平。同时，股票、房地产和境外投资的资产风险较高，降低配置比例也可以有效降低最低资本提高偿付能力充足率，那么在偿二代资本约束下进行资产配置，是否会导致保险公司被动配置过多低风险的资产（如政府债和准政府债），从而错失风险资产在长期内的高回报机会？如果是这样，必然导致保险公司长期投资回报率过低，分红率过低，从而导致大量的保单退保。从本书前文的案例可以看出，这个担心似乎并不成立。回顾一下前文的结果，在初始配置中，股票的比例为 20.00%，在最优配置中，股票的比例为 21.28%，高于初始配置比例。所以，在偿二代资本约束下进行最优资产配置，并没有导致超配低风险低收益的资产。

此外，本书考虑了偿付能力充足率下限介于180%～260%的100种情形，在该偿付能力充足率区间内，最优配置的利率不利方向均为利率下行。针对每种情形，求解偿二代下的最优资产配置得到偿二代约束下资产配置的有效前沿，如图4－5所示。图4－5对应的组合中，每类资产的配置比例如图4－6所示。

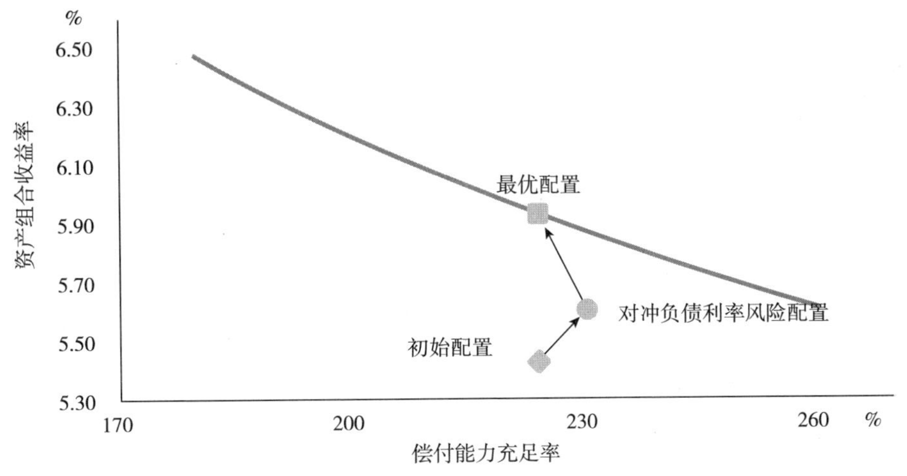

图4－5　偿二代约束下的有效前沿

从图4－5和图4－6中可以发现，对偿付能力充足率要求越高，保险公司的风险偏好越低，资产组合的预期收益率越低，高风险的资产配比也就越低。但同时也观察到，即使偿付能力充足率要求高达260%时，最优配置中股票配置比例仍超过15%。所以，在偿二代约束下做资产配置会被动地超配低风险低收益资产的结论是不成立的。

本书在理论研究部分中对比了偿二代约束下的最优资产配置和传统Markowitz均值—方差模型下的最优资产配置。两者本质上并无差别，区别只是在于选择的风险度量不同。本书已经计算出任意偿付能力充足率约束下的最优资产配置，将每一个配置的波动率作为Markowitz均值—方差模型的约束条件，结合资产的波动率和相关性假设，便可以得到Markowitz均值—方差模型下的最优资产配置。两个有效前沿的比较如图4－7

所示。

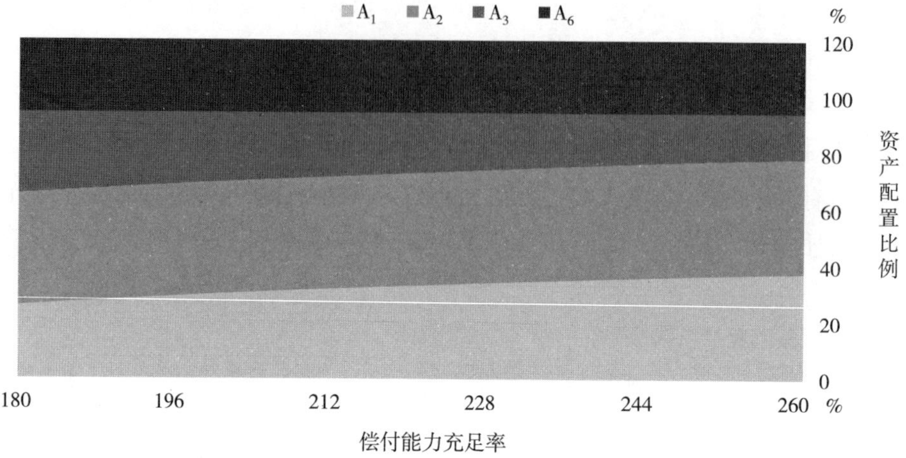

图 4－6　有效前沿对应的各类资产配比

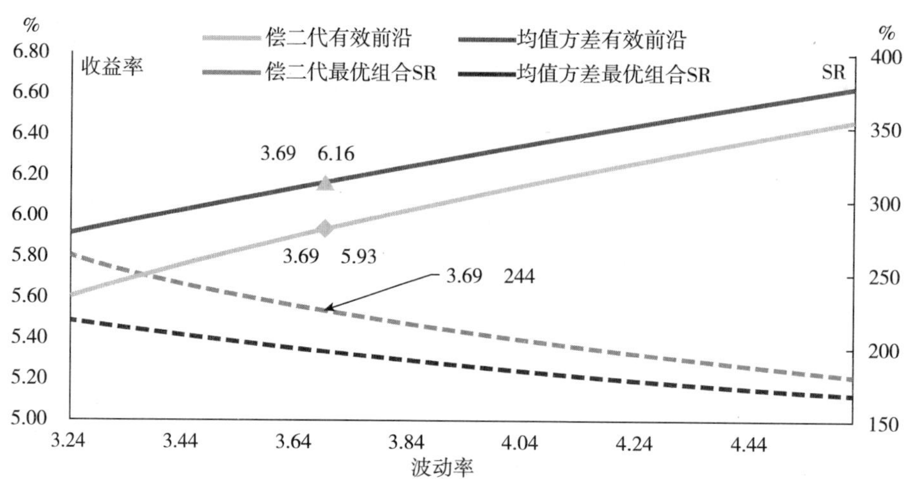

图 4－7　偿二代约束下有效前沿和均值—方差模型有效前沿对比（利率下行不利）

从图 4－7 可以看出，通过前述的映射路径，在最低资本不大于 8.94 亿元，即偿付能力充足率 SR 不低于 224% 的约束条件下，最优资产配置的预期收益率为 5.93%，对应组合的波动率为 3.69%。而在组合波动率不超过 3.69% 的约束条件下，不考虑偿二代约束，Markowitz 均值—方差模型得到的最优配置预期收益率为 6.16%，比偿二代约束下的最优资产配置高 0.23%。随着保险公司风险偏好的提高（偿付能力充足率约束降低)，偿二代约束下的最优资产配置与 Markowitz 均值—方差模型得到的最优配置之间的收益率差距逐渐缩小。

我们对比了上述有效前沿对应的资产配置情况，结果如图 4 – 8 和图 4 – 9 所示。

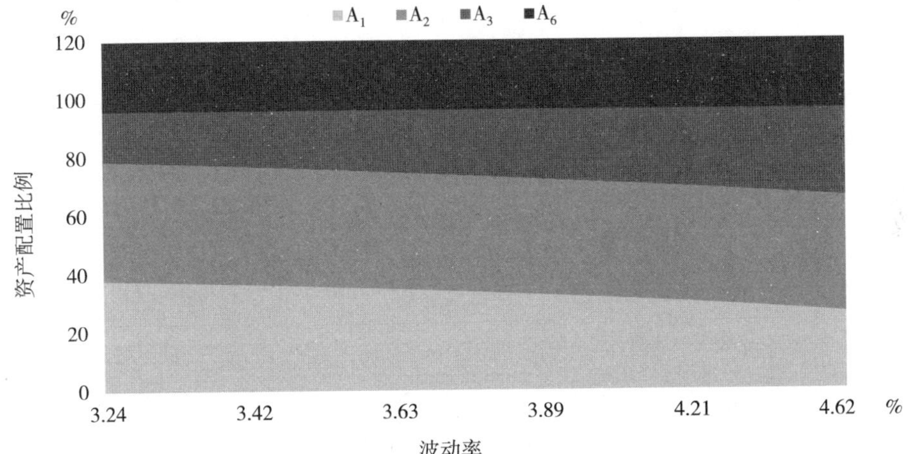

图 4 – 8　偿二代约束下有效前沿对应的资产配置（利率下行不利）

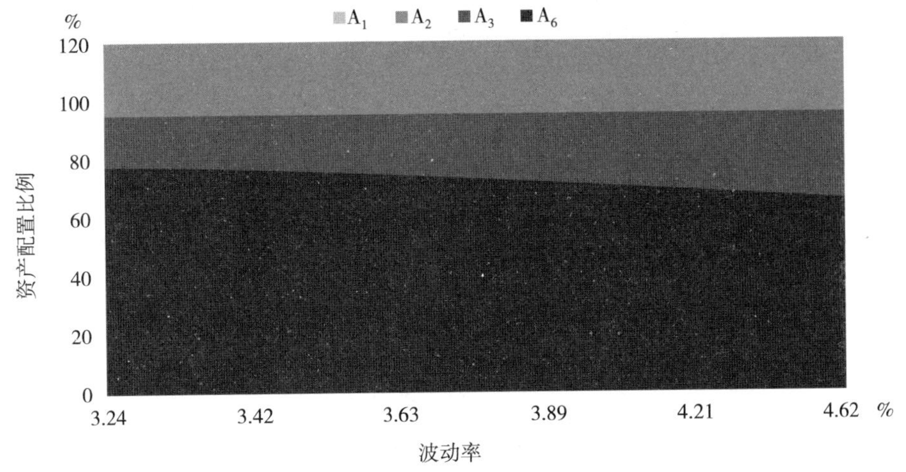

图 4 – 9　Markowitz 均值—方差有效前沿对应的资产配置（利率下行不利）

从图 4 – 8 和图 4 – 9 可以发现，偿二代约束下的最优配置与 Markowitz 均值—方差模型下的最优配置最显著的区别是 15 年国债的配置比例。在杠杆率均达上限的情况下，偿二代约束下会配置相当比例的国债，但

Markowitz 均值—方差模型下不配置长久期国债而选择配置短久期的信用债。本书在理论部分中研究得出，两者本质并无区别只是选择的风险度量不同。Markowitz 均值—方差模型只考虑资产的波动，并不将资产负债久期缺口定义为风险；而在偿二代约束下，久期缺口会产生显著的利率风险，所以选择了配置一定比例的长久期国债，以缩短久期缺口，减少利率风险。

图 4－10 展示了有效前沿对应资产配置的久期缺口情况（资产久期—负债久期）。从图 4－10 中可以发现，在相同的波动率下，偿二代约束下的久期缺口显著低于 Markowitz 均值—方差模型。随着保险公司风险偏好的提高（波动率约束升高），两者久期缺口的差距逐渐变小。

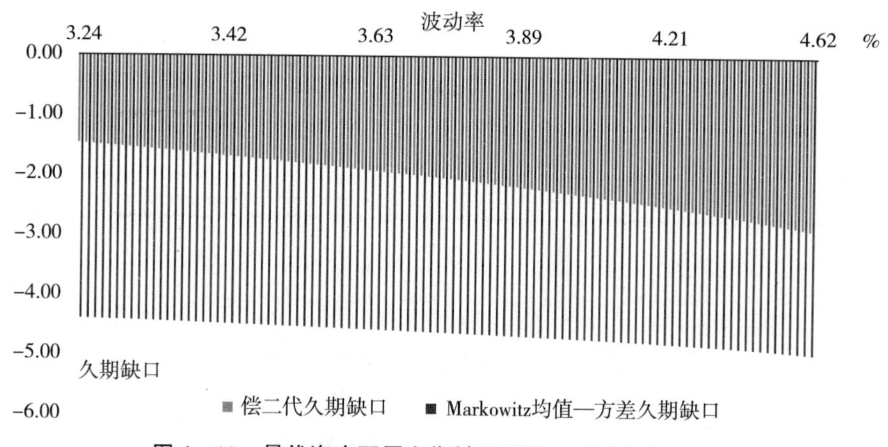

图 4－10　最优资产配置久期缺口比较（利率下行不利）

图 4－7 至图 4－10 展示的均是利率下行为不利变动方向的情景，本书同时研究了利率上行为不利变动方向的情况。设定偿付能力充足率在 270%～350% 变动，相应结果如图 4－11 至图 4－14 所示。为了方便比较两个区间段的结果，纵坐标均选用相同的显示标尺。从图 4－11 至图 4－14 可以看出，基本结论与利率下行为不利方向一致，但有如下几点不同：随着保险公司风险偏好的提高（偿付能力充足率约束降低），偿二代约束下配置的国债比例逐渐升高，这与利率下行为不利方向的变动趋势相反；当风险偏好较低时，Markowitz 均值—方差模型下的最优资产配置杠杆率未达上限；随着保险公司风险偏好的提高（波动率约束提高），两者久期

缺口的差距并没有呈现收窄的趋势，反而略有扩大。

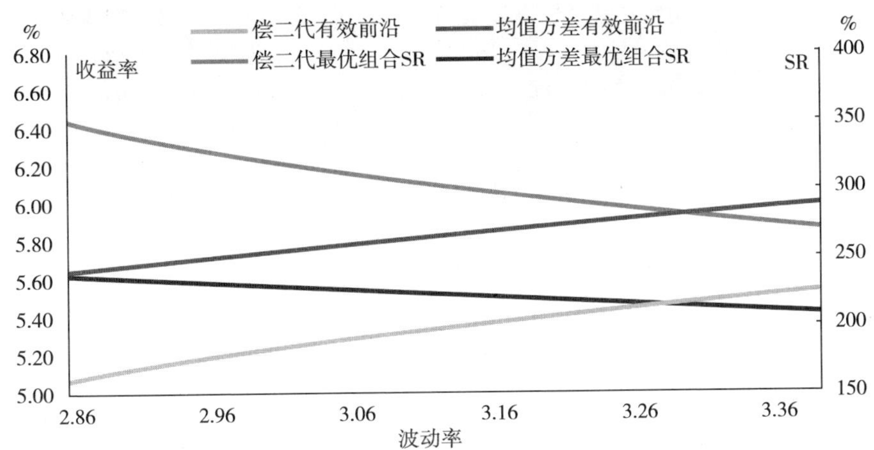

图4-11　偿二代约束下有效前沿和均值—方差模型有效前沿对比（利率上行不利）

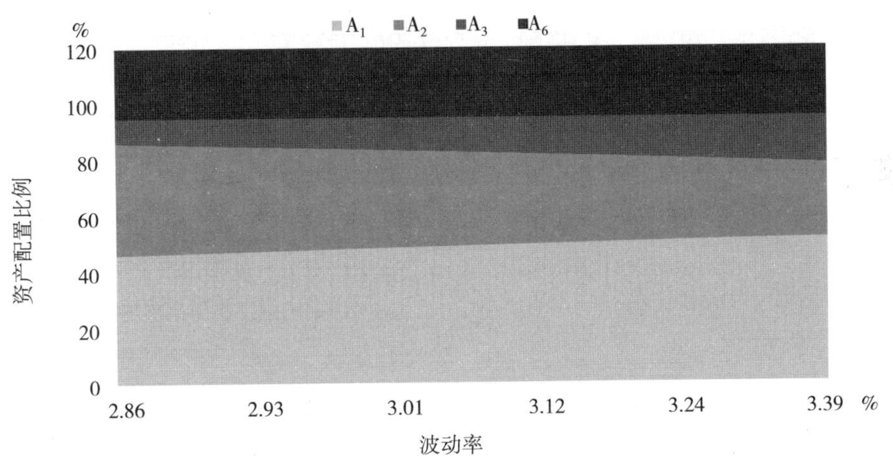

图4-12　偿二代约束下有效前沿对应的资产配置（利率上行不利）

收益和风险是任何一个投资组合都同时拥有的两面。下面本书从收益和风险两个维度总结说明偿二代约束下和 Markowitz 均值—方差下的风险等价映射关系。图4-15展示的是从偿二代到 Markowitz 均值—方差的映射路径，而反向从 Markowitz 均值—方差到偿二代的映射路径则如图4-16所示。

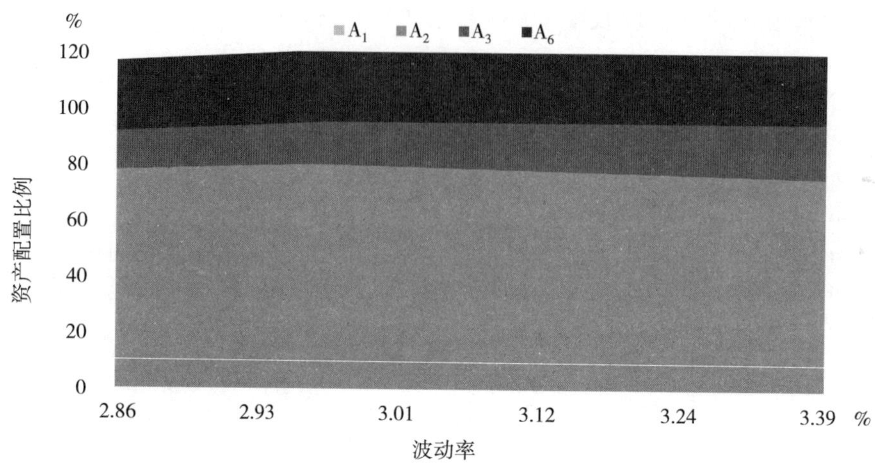

图 4-13　Markowitz 均值—方差有效前沿对应的资产配置（利率上行不利）

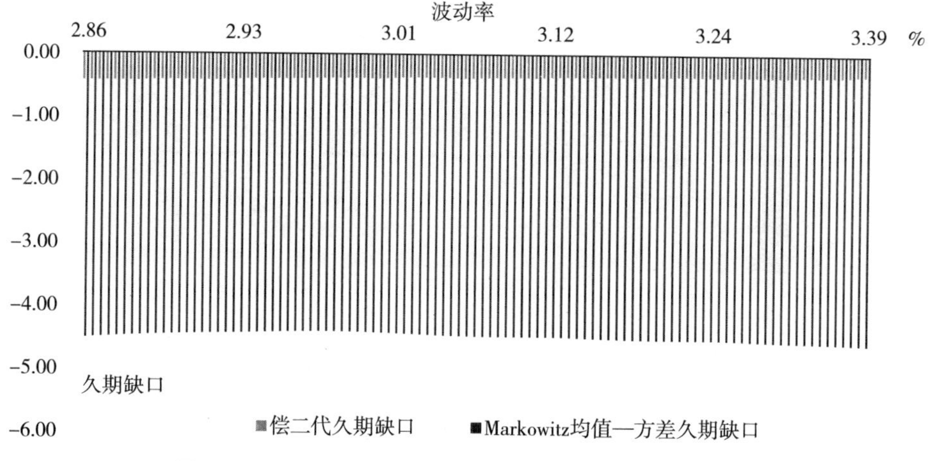

图 4-14　最优资产配置久期缺口比较（利率上行不利）

从偿二代到 Markowitz 均值—方差：当两个组合波动率相等时，根据均值—方差模型的定义，求既定波动率约束下，收益率最大的组合，则偿二代约束下最优组合的收益率小于 Markowitz 均值—方差下的收益率。这是因为不同于偿二代，Markowitz 不将资产负债久期缺口定义为风险。所以 Markowitz 均值—方差最优资产配置会减少低收益长久期的国债比例，增加高收益短久期的信用债比例，这样组合收益率提高，波动率降低。为了保持波动率不变，Markowitz 均值—方差最优资产配置会进一步增加股票的比例，组合的收益率进一步提高，大于初始水平，同时波动率恢复到初始水平。

从 Markowitz 均值—方差到偿二代：当两个组合偿付能力充足率相等时，根据偿二代下的定义，求既定偿付能力充足率约束下，收益率最大的组合，则 Markowitz 均值—方差下最优组合的收益率小于偿二代下的收益率。这是因为不同于 Markowitz，偿二代将资产负债久期缺口定义为风险。偿二代约束下的最优资产配置会增加低收益长久期的国债比例，减少高收益短久期的信用债比例，这样组合收益率降低，偿付能力充足率提高。为保持偿付能力充足率不变，偿二代约束下的最优资产配置会同时增加股票的比例，组合的收益率提高，并最终高于初始水平，同时偿付能力充足率恢复到初始水平。组合收益率先减后增的结果不如偿二代到 Markowitz 均值—方差连续增加的情况理解直观。结合前面的内容，本书可以把 Markowitz 均值—方差下既定波动率的最优配置看成初始配置；增加国债减少信用债的中间步骤看成对冲负债利率风险的配置；而最终增加股票比例，并使偿付能力充足率恢复到初始水平的配置为偿二代约束下的最优资产配置。

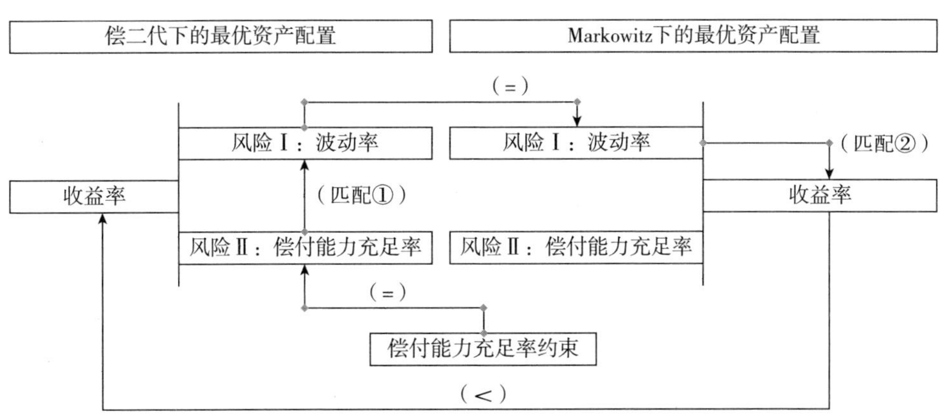

图 4－15　偿二代到 Markowitz 均值—方差的映射路径

图 4－15 和图 4－16 描述的映射路径是否属于严格数学意义上的映射，取决于其中的 4 个匹配：图 4－15 中的匹配①和匹配②，以及图 4－16 中的匹配①和匹配②。根据偿二代约束下的定义，以及 Markowitz 均

值—方差下的定义，图 4 – 15 中的匹配②和图 4 – 16 中的匹配②为严格数学意义上的一对一映射。下面，本书研究图 4 – 15 中的匹配①和图 4 – 16 中的匹配①。

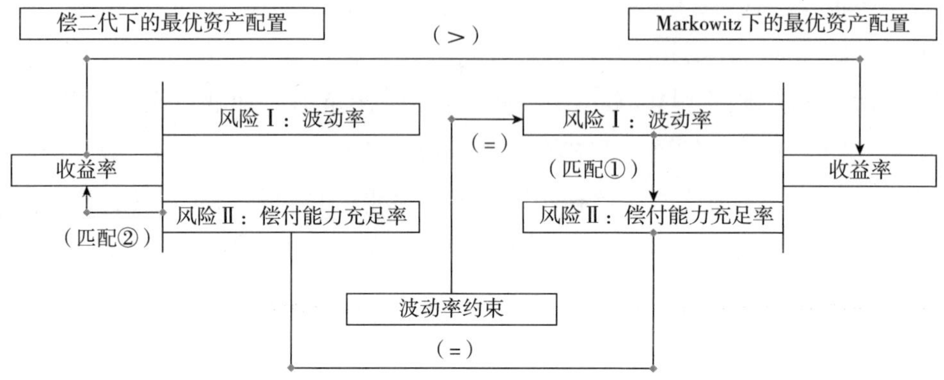

图 4 – 16　Markowitz 均值—方差到偿二代的映射路径

图 4 – 15 中的匹配①表示偿二代下的最优资产配置集合是否存在偿付能力充足率到波动率的映射关系，结果如图 4 – 17 所示。

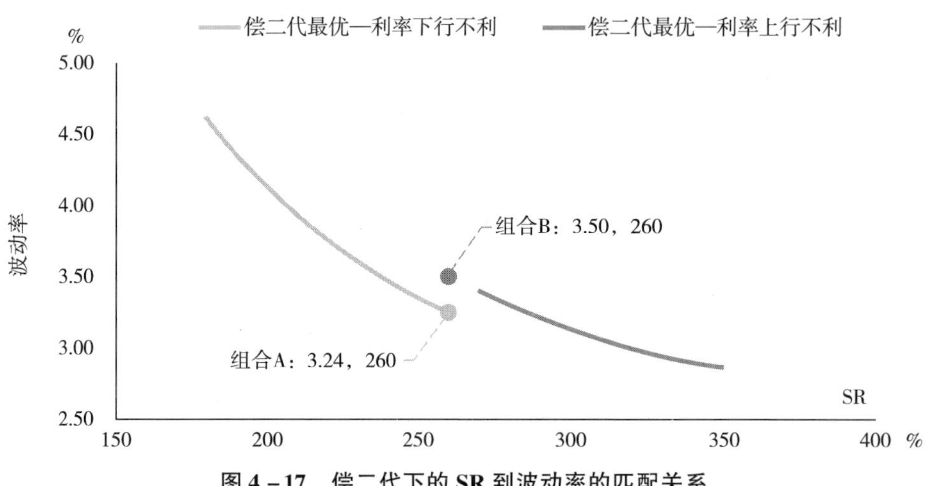

图 4 – 17　偿二代下的 SR 到波动率的匹配关系

在本书的研究过程中，由于偿付能力充足率区间 260% ~ 270% 的结果缺失，当利率上行为不利方向时，本书计算偿付能力充足率在 260% ~ 270% 的区间变动时，就是在偿二代约束下的最优配置的结果。结合图4 – 17，通过计算可以发现，曲线“偿二代最优—利率上行不利”会平滑延伸到组合 B，该点对应的波动率为 3. 50%，偿付能力充足率为 260%。同时本书注意到曲线“偿二代最优—利率下行不利”上的点组合 A，该点对应的波动率为 3. 24%，偿付能力充足率同样为 260%。这意味着图 4 – 15 中的匹配①在全部区间上并不满足严格数学意义上的映射定义，但是在分段区间上满足，分界点为 SR = 260%。也就是说，从偿二代到 Markowitz 均值—方差仅在分段区间上存在严格数学意义上的一对一的等价风险映射，而区间分界点为 SR = 260%。

图 4 – 16 中的匹配①表示 Markowitz 均值—方差下的最优资产配置集合是否存在波动率到偿付能力充足率的映射关系，结果如图 4 – 18 所示。从图 4 – 18 的结果可以发现，虽然两条曲线有重叠，但仍然连续，所以图 4 – 16 中的匹配①在全部区间上满足严格数学意义上的映射定义。也就是说，从 Markowitz 均值—方差到偿二代在全部区间上存在严格数学意义上的一对一的等价风险映射。

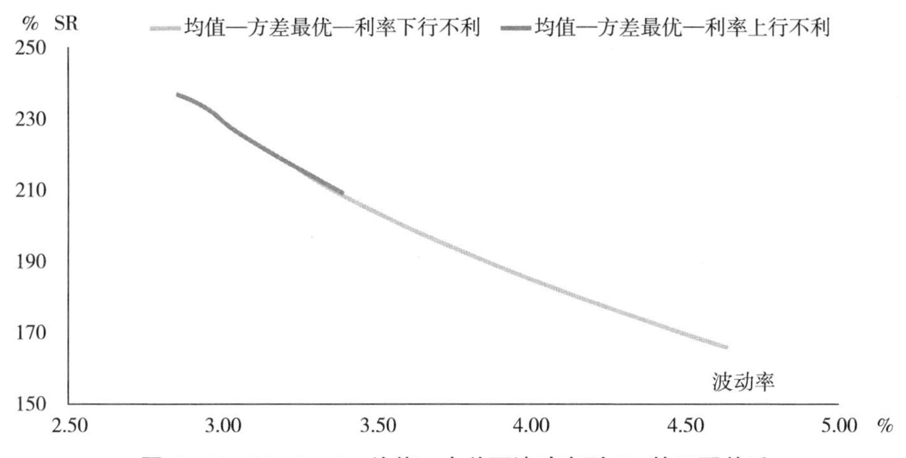

图 4 – 18　Markowitz 均值—方差下波动率到 SR 的匹配关系

4. 5. 2　偿二代约束下的资产配置效率损失分析

从上面的分析可以看出，相较于 Markowitz 均值—方差，偿二代约束下的最优资产配置存在收益率损失的问题。在单期静态模型中，假设负债不变，研究如何在偿二代的约束下，通过资产配置最大化股东单期（一年后）价值增长的问题。由于负债静态，股东的价值增长仅由资产端的波动决定，因此收益率的损失必然损害股东的价值增长。本书以 ΔAC 为研究变量，结果如图 4－19 所示。

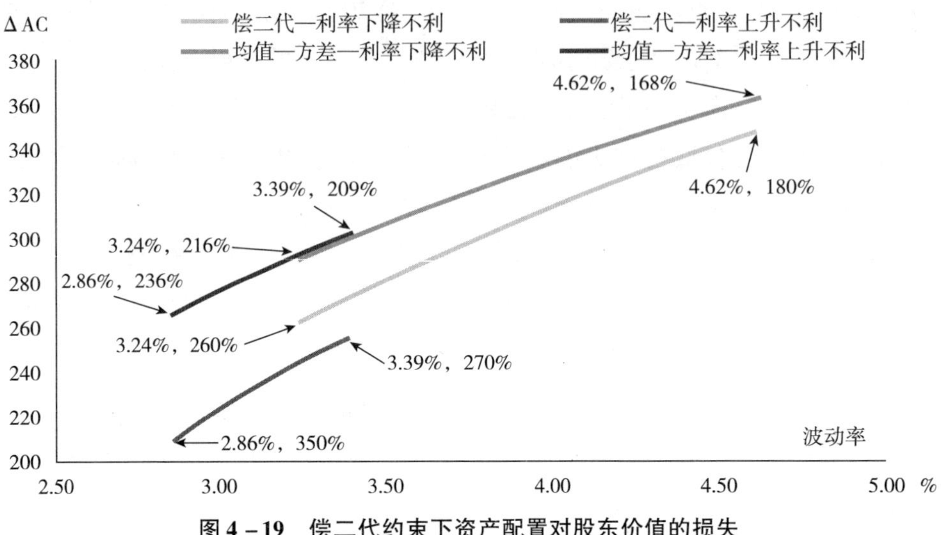

图 4－19　偿二代约束下资产配置对股东价值的损失

从图 4－19 可以发现，随着保险公司风险偏好的提高，股东价值的损失逐渐变小。在图示的结果中，当波动率为 2.86% 时，股东单期价值的效率损失最大。

需要注意的是，本书只能得出在静态模型中，在偿二代约束下进行资产配置会对单期的股东价值增长造成损失的结论。因为股东价值增长是 ΔAC，而 AC 由认可资产和认可负债的公允价值同时决定。如果放开负债静态的假设，在较长的时间内，在偿二代约束下进行资产配置是否仍然存在效率损失的问题，是目前不能解答的问题。

4.5.3　镜像组合的谜题探讨

在偿二代约束下，本书选择最低资本，或者偿付能力充足率作为风险度量。偿二代的风险度量是一个相当复杂的规则体系，其中存在大量非连续度量（例如房地产价格风险的特征因子，不但非连续，还和房地产投资比例存在函数关系）和 Max，Min 运算（如利率风险为利率上行和下行两者取大的结果）。这些非连续度量往往导致从偿二代到 Markowitz 均值—

方差的等价风险映射中出现分界点。从4.5.1的研究过程中，本书引申出一个新的问题。注意到图4－17中的组合A和组合B，除了偿付能力充足率相等外，预期收益率也相等。在偿二代的风险度量下，这两个组合的收益和风险的特征无差异。如果把偿二代约束下的最优资产配置框架看成一面的镜子，那么这对组合就类似原像和镜像，所以本书将这种组合命名为镜像组合。为表述方便，本书将组合A记为w，将组合B记为w′。本书将w和w′的相关结果摘要如表4－20所示。

表4－20　　　　镜像组合结果摘要

单位:%

组合	收益率	SR	波动率	A_0	A_1	A_2	A_3	A_6
w	5.61	260	3.24	－20.00	37.51	41.00	16.49	25.00
w′	5.61	260	3.50	－20.00	52.32	24.85	17.83	25.00

本书进一步对镜像组合的风险进行细剖，将其最低资本分解，结果如表4－21所示。

从表4－20和表4－21中可以发现，与组合w相比，组合w′多配国债，少配信用债，股票比例略高，整个组合波动率高于w，利率变动不利方向为利率下行，与w相反。

对于镜像组合，在偿二代约束下，两者无差异，但在Markowitz均值—方差下，组合w优于w′。本书还发现，当偿付能力充足率约束值在镜像组合对应的SR水平附近时，SR的微弱变动会导致资产配置比例的剧烈波动，所以保险公司在偿二代约束下进行资产配置时，选择的目标SR应该尽量远离镜像组合的SR水平。

表4－21　　　　镜像组合最低资本拆分

单位（百万元）	w	w′
最低资本总额	769	769
保险风险最低资本	294	294
利率上升	47	－83
利率下降	－26	39

续表

单位（百万元）	w	w′
利率风险	47	39
权益价格风险	525	486
市场风险间的分散效应	-52	-43
市场风险最低资本	521	482
利差风险	123	203
交易对手违约风险	76	76
信用风险间的分散效应	-39	-45
信用风险最低资本	160	234
一级风险间的分散效应	-205	-240

4.6 本章结论

在风险导向的偿二代监管框架下，风险直接体现在资本要求上。由于资本有限，保险公司有必要建立整体风险预算框架，按照资本回报率高低区分有效风险和无效风险。本章建立模型，得到在这种风险预算体系下进行资产配置，投资追求的是资产负债匹配策略下的收益最大化的重要结论，对偿二代下资产负债匹配管理的重要性给出了理论依据，对实践中匹配资产和盈余资产的划分给出了理论证明。

在实证分析中，本章重点研究了在实际面临多种约束的现实案例环境中，保险公司如何进行投资决策的实践问题。基于风险预算分析框架，对实践问题创新性地提出了三阶段数值求解方法：第一阶段无效风险暴露的管理，即完全对冲负债端利率风险，将杠杆比例提高至上限，在不损失收益的前提下降低利率风险和资本消耗；第二阶段最优资产配置——Rewarded Risk 管理，分散风险提高组合收益，将最低资本总额提高至上限；第三阶段在风险预算框架下，增加高风险高资本回报的投资资产品种，将整体资本回报率提高至最大值。数值计算表明，偿二代资本约束并不会迫使保险公司显著降低高风险资产的配置比例，即使在偿付能力充足率要求高达 260% 时，最优配置也会持有相当比例的高风险资产，如股票等。

在对比分析中，本书将偿二代下的最优资产配置与均值方差模型下的最优资产配置有效前沿进行了深入对比研究，二者本质相同，只是风险度量体系不同，偿二代用最低资本对应的偿付能力充足率作为风险度量，均值方差用资产收益率的方差对应的组合波动率作为风险度量。本章通过对二者建立严格数学意义上的风险等价映射关系，对比分析二者在最优资产配置组合收益率及大类资产配置结构上的差异，对资本约束下是否存在资产配置的效率损失进行定性和定量分析，同时发现了对数值模拟对比分析中出现的偿付能力充足率和预期收益率都相等的“镜像组合”问题。

综上所述，本章中的主要创新点有以下五点。

第一，所有的资产配置理论均是在既定的风险约束下，求解收益最大的资产组合。传统的 Markowitz 均值—方差模型是以方差作为风险度量，而偿二代作为一个对保险公司所有业务流程的复杂风险度量体系，目前尚没有文献解决在其约束下最优资产配置的理论实质问题。本章从广义的资产配置理论出发，创新性地在数理上证明了在偿二代资本约束下最优资产配置的实质，并在理论和实证方面与传统的 Markowitz 均值—方差模型进行了全面的对比分析，发现两者在严格数学意义上的映射关系，为进一步地深入研究奠定了理论基础。

第二，本章创新性地建立了偿二代框架下的风险预算体系，并设立了一系列收益与风险相结合的指标，为保险公司的日常投资监控提供了快速决策的理论和方法参考。

第三，在投资管理中，保险公司还面临各种监管限制，导致偿二代资本约束下的最优资产配置没有固定的解析解。此外，鉴于偿二代风险度量体系的极度复杂性，如果在资产配置层面就考虑偿二代资本约束，涉及的计算量极大，所以目前保险公司通用的方法是将偿二代的资本约束作为资产配置方案的后验检查，如果资本约束条件不满足，将会重新制订资产配置计划，直到偿二代的资本约束条件检验通过。这样的资产配置流程不但要消耗大量的人力物力，而且效率低下。本章以典型的寿险公司为例，将这个全局上的隐式非线性问题分解成一系列局部上的显式线性问题，针对偿二代资本约束下的最优资产配置，创新性地提出了三阶段的数值求解方法，明确了数值求解的迭代步长、搜索方向以及终止条件，极大地优化了问题的算法复杂度，使保险公司可以将偿二代的资本约束条件前置，从而一次性地完成资产配置方案，极大地缩短了在偿二代资本约束下资产配置的决策时间，提升了行业的投资管理效率。

第四，本章首次发现了偿二代的非连续或者非线性度量导致的资产配置的奇点问题，并将其命名为镜像组合。同时，本书还指出，为了避免该类陷阱保险公司在设置偿二代资本约束下资产配置的风险偏好时，应该回避镜像组合附近的区域。

第五，此外，本章改进了 B－L 模型，引入收益率和波动率的勾稽关系，使大类资产夏普比率的排序预测更加准确，提升了传统的 Markowitz 均值—方差结果的准确性和稳定性。

第 5 章

偿二代约束下基于随机模型的最优资产配置

5.1 本章引论

静态模型给出了以最大化股东价值为目标，考虑偿二代资本约束，如何进行最优资产配置的完备理论框架。可以发现，对于该问题而言，在不考虑负债动态变化的前提下，资产收益率是唯一的输入变量，资产收益率的预测方法决定了资产配置结果的优劣。在第4章中，本书基于B-L模型给出了资产收益率的预测，该方法存在以下两个问题：

第一，在Markowitz均值—方差模型框架下，收益与风险对应的代理变量均是资产，这与B-L模型代理变量的选择是吻合的。因此使用B-L模型来预测资产收益率，作用于Markowitz均值—方差模型，在结构上是一致的。在偿二代框架下，风险对应的代理变量是因子。以AFS的信用债为例，它就同时包含了利率风险因子和利差风险因子。因此，如果仍使用传统的B-L模型来进行资产收益率的预测，在结构上存在不一致性。

第二，偿二代考虑了各层级风险因子之间的相关性，使用传统的B-L模型进行资产收益率预测时，难以对类似的相关性进行刻画。

以上两个问题在偿二代资本约束下进行资产配置时，使用传统的B-L模型来设定资产的收益率会降低各类资产风险调整后收益率的排序预测精度，进而影响资产配置的效果。基于以上分析，为了改善偿二代资本约束下资产配置的效果，本书需要在因子层面建立一个与偿二代风险因子划分维度相匹配的，预测资产收益率的模型框架。

同时，第4章中也提到，受资金规模、资产流动性以及会计处理等因素的制约，资产配置存在着时效期。在时效期内配置比例只能围绕初始比例小范围调整。对于资产收益率的预测，静态模型仅能给出时效期内的均值水平，不能刻画收益率随时间的变动路径。在运用于实际情况时，存在以下两个问题：

第一，在时效期内，保险公司面临新增保费再投资，债券票息和本金再投资以及股票分红再投资等问题。这要求我们不仅需要预测资产收益率的均值水平，更需要对其变动路径给出描述。

第二，本书研究的对象是股东价值，由资产和负债同时决定。能否准确地对负债进行刻画，对模型的适用性而言同样重要。在静态模型中，本书假设负债是静态的，这与现实情况不符。在保险公司的实际经营中，负债呈现动态变化的特征，包含负债成本率的变化和负债公允价值的变化。负债成本率一般会伴随利率环境波动。根据偿二代的规定，负债的公允价值采用750天的移动平均利率曲线进行贴现。这两者均要求对利率随时间的变动路径给出描述。

此外，根据静态模型的结果，得到的信息仅包含股东价值的预期增长值，以及在发生尾部风险时股东价值的潜在损失。信息量的匮乏也会导致静态模型在指导实际投资时存在较大的局限性。

为了解决以上几个问题，需要建立动态的随机模型，对资产和负债进行更准确的路径刻画，以提高模型指导保险公司资产配置的现实意义。

综上分析，本章创新性地提出了一套在因子层面与偿二代的风险测度相匹配，同时适用于中国资本市场的大类资产收益率预测的随机模型，以改善静态模型的配置效果，并提升模型对现实的指导意义。整个研究包含以下几个方面：模型框架设计，中国资本市场的行为特征分析和统计描述，资产随机模型建立，样本数据说明和模型参数估计。本书使用该大类资产随机模型进行资产收益率和负债成本率的预测，完成随机模型下的最优资产配置。在此基础上，与静态模型结果比较，针对股东价值提升和偿付能力稳定性改善的问题进行了实证分析。最后，本书使用大类资产随机模型生成经济情景，对第4章中未完全解决的效率损失问题进行了拓展分析并得出相应结论。

5.2 相关文献总结

金融资产的收益率走势具有一定的规律性和可预测性，本书希望建立一套完整的动态资产模型，以此检验保险公司资产配置的长期有效性，同时希望得到在最优资产配置下公司股东收益和风险的演变路径，因此本书将从资产动态特征、动态资产模型、多期资产配置模型等方面出发，分析总结已有文献并提出本书针对已有文献的改进之处。

5.2.1 资产动态特征

大量的实证研究表明，金融资产的收益率常常表现出动态的结构性变化，一方面，多数金融资产收益率具有均值回归特征；另一方面，金融资产收益率可能由多因子驱动，研究试图分析资产收益率与各因子的具体关系，同时从预测的角度分析资产收益率的未来走势。

均值回归是指资产收益率如果超过或者低于中枢均值，未来就会大概率向中枢均值靠近。Debond 和 Thaler（1985）最早提出股票收益率具有均值回归特征。他们从行为金融学的角度分析，股票收益率在 3 到 5 年的周期内就会向均值靠拢，原来表现不佳的股票会逐渐反转，原来表现很好的股票会走向弱势。Fama 和 French（1988）进一步通过实证研究方法证明了美国股票市场均值回归特征的存在。后来，众多研究从不同国家金融市场的数据出发都验证了均值回归特性的存在。Poterba 和 Summers（1988）研究了 18 个国家股票市场数据，发现了股票收益率短期内正相关，但是从长期来看是负相关，这是均值回归的佐证。Goetzmann（1993）利用英国股票市场数据同样发现了其存在均值回归性质。Dimitrios 和 Richard（1999）搜集分析了 7 个东南亚国家的股票市场数据，也进一步说明了新兴国家股票市场均值回归特性的存在。在国内，张永东（2003）研究表明，我国股票收益率长期存在负相关属性。舒建平（2005）利用不同时间间隔的上证综指收益率时间序列数据的实证研究表明长期收益率序列具有非线性相关性。宋玉臣和寇俊生（2005）利用自相关检验法和方差比率检验法对我国股票收益率均值回归性质进行了实证研究。从上述研究可以看出，资产收益率的均值回归特性得到了充分验证。

同时，也有研究从因子分析的角度探讨了资产收益率的可预测性。Sharp（1963）最早提出了股票收益率的单因子模型，其认为股票收益率是由某一个特殊因子决定，例如一般使用的市场模型，即认为单个股票收益率是由市场整体收益率决定，当市场指数上升时，股票价格趋于上升，当市场指数下降时，股票价格趋于下降。此后，众多研究不断发展因子模型，以此来分析和预测资产收益率，其中，最具代表性的是 Fama 和 French（1993）提出的三因子模型，即认为股票收益率可以由市场资产组合、市值因子和账面市值比因子三个因子来解释，而三因子模型也被广泛运用到后来的实证研究当中。但是，三因子模型也不代表因子模型的终结，此后研究表明，三因子模型还不能完全解释资产收益率的超额部分，其余的解释因子还有动量因子、波动因子、偏度因子等。这些研究共同表明了资产收益率与各因子之间的紧密联系，资产价格的可预测性也得到了充分体现。

本书认为，资产收益率具有特定的动态特征，因此需要针对每一类资产特性逐个分析其走势特征，从而选择更好的方法进行预测，而不是单纯地使用同一模型，只有更精准地模拟每一类资产的未来走势，才能对资产配置方案进行更合理的评价和更正。

5.2.2 动态资产模型

本书需要建立一套符合中国实践的动态资产模型，在此之前，本书首先对以往文献中的随机资产模型进行分析总结。自从 NGWP（Maturity Guadrantees Working Party，1980）开发了第一套基于红利的股票价格随机模型以来，众多学者和金融专业人士开发了一系列动态资产模型。此类随机模型与以往的资产定价模型的区别在于其更关注资产的长期动态走势，数值拟合多以年度或者季度为单位，同时，此类随机模型相对注重经济学含义，通常将宏观经济变量代入模型中。具体从模型结构上看，资产随机模型可分为三种类型：层叠结构模型、向量自回归模型、有效市场模型。

层叠结构模型以 Wilkie（1984）提出的动态投资模型为代表。层叠结构是指将收益率分拆成多层次解释变量，且下层变量影响上层变量。该模型通常是由经济学理论出发，事先判断各层变量之间的关系。Wilkie 模型一经问世就被众多保险公司广泛利用，后来的学者也针对其异方差、残差非独立等问题进行了改进。本书可以看到，层叠模型需要很强的经济学判断，同时在经济周期大幅波动的情形下，层叠模型的适用性也受到了质疑，但是，本书认为，层叠模型为动态资产模型提供了极具价值的借鉴作用，本书后文的模型也是在层叠模型的基础上针对中国市场改进的。

与层叠机构不同的是，向量自回归模型是指直接利用历史数据进行变量的自回归检验，该模型不需要设定基础的经济学假设，而是利用纯数学方法检验变量之间的相关性。这些关系可以是单向的，也可以是双向的，与层叠模型对变量之间的上下层关系限制有很大不同。Harris（1997）详尽地研究了向量自回归模型的适用范围，但后来的研究认为，向量自回归模型存在过度拟合和黑箱关系的问题，同时，此模型常常在样本外不具有解释性。当本书考虑的变量较多时，也存在样本数据的短板效应，即当某一变量数据量较少时会减少整个面板数据的长度。

第三种动态资产模型是有效市场模型，该模型以有效市场理论为基础，前提假设是市场价格已经充分反映了市场中可获得的信息。Smith（1996）以英国市场为研究对象，利用有效市场模型对股票价格进行了分析。与向量自回归模型类似，这一类模型不太关注宏观经济变量间的具体关系，因此对长期价格过程的解释能力相对较弱，同时，由于对排除套利的强调，模型可能因为异常值的出现而走向失效，在实践当中，基于有效市场理论的模型应用并不广泛。

本书认为，以上三种模型皆具有一定的代表性，本书需要根据中国市场特征合理地选择基础模型，同时在基础模型之上不断改进，这样才能更好地对各类资产价格进行模拟，一方面，本书希望模型能够具有经济学含义；另一方面，本书也需要更好的拟合程度和预测性。

5.2.3 多期资产配置模型

以往的研究多从多期资产配置的角度探讨动态资产模型的实证效果，其主要的思路是在一定的约束条件下利用动态规划，通过 HJB 方程（Hamilton - Jacobi - Bellman equation）求解最优投资策略。具体到研究方法，又分为效用函数方法和均值—方差方法。效用函数方法是以 Merton（1969，1971）的研究为基础，从效用函数出发，将动态效用转化为静态效用，使用动态规划求解静态效用函数，其优点是具有经济学含义，能够直观分析风险厌恶的影响，但是效用函数的选择具有主观性，并且在中间控制阶段很难求解效用函数的数学表达式。均值—方差方法是以 Markowitz（1952）的研究为基础，将单阶段均值—方差推广到多阶段，通过嵌套技术将多期资产配置问题转化为随机控制问题，从而进行数学求解。均值—方差方法的优点在于相对简单直接，其缺点是进行微分方程求解时没有考虑信息变化的影响，求解结果与实际参考配置范围具有较大差距。

从实证研究上来看，Dert（1995）使用随机规划的方法研究荷兰养老金长期管理问题，但是其提出的模型是以有限较少的可能情景为前提的。Carino 等（1998）进一步改进了 Dert 并将其运用到保险公司资产负债管理问题上来，但是其模型过多地依赖外部输入条件，使模型结果带有很大主观性。Kouwenberg（2001）使用 Carino 模型，并将预期经济发展因素作为参数纳入模型中，但是其需要大量的数据作为基础，如果缺乏数据的话求解难度就很大。Soyer 等（2006）开创性地使用贝叶斯方法研究多期资产配置问题，但是其模型需要对系数进行先验分布设定，不同的设定会在很大程度上影响模型效果。在国内，金秀等（2005，2007）参考了 Kouwenberg 模型，结合我国实际数据，利用多期随机规划的方法实证研究了辽宁养老金问题。翟永会等（2010）着重研究了基于目标的企业年金基金最优资产配置模型，其使用蒙特卡洛模拟技术对模型结果进行了数值模型，进一步分析考察了最优配置策略对可控制参数的敏感性。

可以看到，多期资产配置模型允许各期配置是时变的，但是这其实与保险公司的实务不相符合。在单期静态的框架下，保险公司可以设定自己的风险偏好，在偿二代的约束下得到使股东价值最大化的资产配置。单期静态存在众多的短期不变的假设，这与股东价值长期增长的现实路径并不相符。保险公司理想的模式是根据资本市场的波动不断地调整组合，力图通过短期目标最大化的叠加，实现股东价值长期增长最大化的目标。但现实的约束决定了保险公司在未来较长一段时间内，只能围绕初始配置进行小幅度的调整。因此，对于保险公司而言，基于初始配置，如果资产的价格按照历史规律演变，公司股东价值将会如何变动就成了保险公司在进行投资决策前尤为关心的问题。

5.3 理论模型

5.3.1 研究方法

根据文献回顾，本书需要利用动态资产模型分析资产配置的有效性，而有效性既包括实现股东价值增长预期目标的概率，也包括风险防范能力的保障。因此，本书试图建立一个偿二代体系下的动态资产分析模型，具体设计如下：

首先，本书需要构建大类资产随机模型框架。本书是在偿二代约束下研究资产配置问题，构建资产收益率随机预测模型需同时考虑资产和偿二代资本计量要求。从资产来说，本章的研究与第4章保持一致，主要涉及保险资金配置的五种主要类别：现金、利率债、信用债、股票和非标；偿二代的资本计量规则实际是从资产和负债实际承担的风险维度来确定最低资本的，为了针对偿二代下资产配置问题进行更深入的研究，本书创造性地构建了与偿二代风险测度相匹配的大类资产随机模型框架。综合考虑上节文献综述中提到的三类随机模型的优缺点，同时匹配建模的目的，最终本书构建的模型框架如下：①以选取的匹配偿二代风险划分的因子为基础构建层叠模型；②对每一个风险因子，采用时间序列模型建模，通过微分方程的刻画，更好地模拟资产的变动规律；③考虑所有风险因子噪音项或随机扰动项之间的相关性，改善层叠模型单向影响的缺点。

其次，本书需要选择适合中国实际的风险因子。结合偿二代对投资资产面临的市场风险和信用风险的细类划分以及各类资产本身的底层风险收益驱动因子的分析，本书选取了无风险利率、期限利差、信用利差、股票价格、股票分红和流动性溢价 6 个风险因子，以期通过对风险因子收益率的预测完成大类资产收益率映射关系的构造。

接下来，本书需要逐个建立各个风险因子收益预测的随机模型。正如前文所述，对每个风险因子本书采用时间序列模型进行建模。对于各个风险因子基于不同的微分方程和统计特征假设，可以衍生出层出不穷的时间序列模型。模型并不是越复杂越好，在平衡模型复杂度和使用便利性的基础上，本书的目标是选择建立最符合中国资本市场特征的随机模型。第一步结合中国资本市场历史数据对每个风险因子进行行为特征分析和统计描述。在行为特征分析方面，主要使用单位根检验的方法，研究风险因子的收益率是否存在均值回复的特征；在统计描述方面，主要关注风险因子收益率的分布形态，通过峰度和偏度的统计值，考察是否存在尖峰肥尾的特征。通过上述分析得到每个风险因子的行为特性和统计特征结论，并根据得出的结论选择最适用于中国市场的模型。第二步对每个风险因子逐一建立时间序列模型。本书分析比较了不同模型的适用性，针对每个风险因子的特点选择了不同的模型。之后，考虑所有因子模型的噪音项或随机扰动项之间的相关性，通过风险因子收益率与资产收益率的映射关系，额外考虑了信用债和非标资产的违约调整，最终完成了大类资产随机模型系统的构建。

最后，本书针对建立的风险因子收益随机模型，对参数进行估计。本书创新性地利用逐步收紧的多步最小二乘估计法对无风险利率因子和期限利差因子模型进行参数估计。由于任意频率的国债即期利率无法直接获取，本书根据中债登的公开信息使用了三次 Hermite 样条插值方法，构造出可计算任意频率且与中债登公布结果完全一致的国债即期利率数据，并以此为基础展开参数估计工作。对于 Vasicek 模型的参数估计，郑苏晋

（2017）对单因素模型使用了极大似然法进行估计，柯黎世（2010）采用 Kalman 滤波器对双因素模型进行了参数估计。由于 Vasicek 模型符合正态分布假设，最小二乘估计与极大似然估计等价。Vasicek 模型中的参数均具备经济学含义，用 Kalman 滤波器进行参数估计过于流程化和黑匣子，不便于根据经济学含义进行合理性调整。同时考虑到双因素 Vasicek 中的参数在时间维度上的稳定性不同，本书创新性地提出逐步收紧的多步最小二乘估计法进行模型的参数估计。首先将所有的变量均视为自由变量，根据经济含义的合理性，确定最稳定的变量参数；随后逐步降低问题的自由度，重复进行最小二乘估计，在最后一步的参数估计中，选定可满足正态分布假设和独立性假设的参数值，完成剩余变量的参数估计。在此之后，本书确定与期限利差相关的参数，完成风险客观测度下的参数估计。采用 Hamilton 滤波对股票价格因子模型进行参数估计。对 Markov 区制转移模型进行参数估计的困难在于区制变量的含义未知，不可观测。本书采用极大似然法对模型进行参数估计，但似然函数需要知道股票价格处于各区制的概率。本书主要参考 Hamilton（1994）以及 Kim 和 Nelson（1999）的方法，使用 Hamilton 滤波器估计区制概率。对于信用利差因子、股票分红因子和流动性溢价因子，本书均采用最小二乘法进行模型的参数估计。

5.3.2 研究假设

在理论部分，本书有如下的研究假设：

5.3.2.1 负债假设

负债动态变化，即负债成本率和负债的公允价值均会跟随宏观经济环境的波动发生变化。

5.3.2.2 到期利率与即期利率假设

本章提到的利率以及信用利差均是基于即期利率的。通常来讲，由于债券票息的影响，到期收益率与即期利率存在一定的区别。我们以 10 年国债和 5 年 AA + 的信用债为例，如图 5 - 1 和图 5 - 2 所示。

图 5-1　10 年国债到期收益率与即期利率的比较

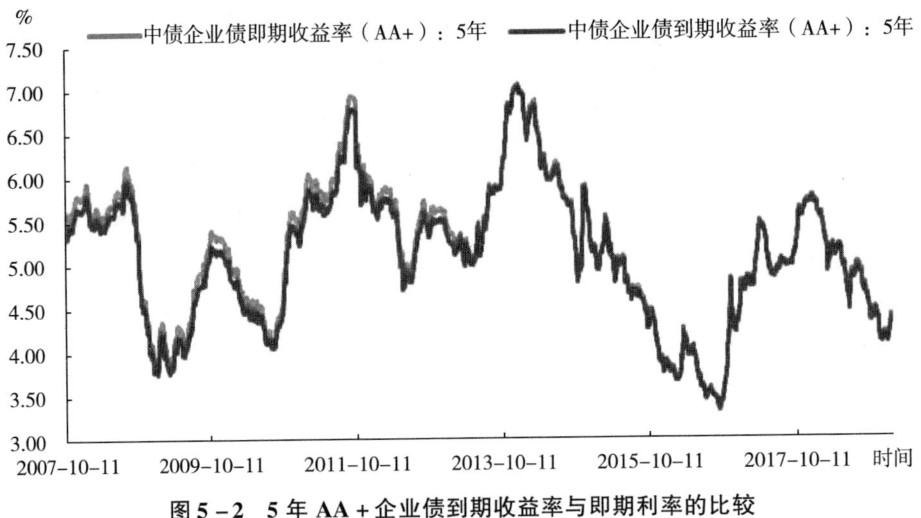

图 5-2　5 年 AA+企业债到期收益率与即期利率的比较

从图 5-1 和图 5-2 中可以发现，两者差距不大。结合本书的研究问题，使用即期利率替代到期收益率对结果的影响有如下两点：

（1）通常使用到期收益率的变动和久期的信息来估计债券的净价波动。从图 5-1 和图 5-2 可以看出，到期收益率与即期利率几乎重合，高度相关，所以两者的变动差距更小，因而可以使用即期利率替代到期收益率。

（2）进行再投资时，估计票面利率一般使用到期收益率，考虑到票息再投资占整个资产组合的比例较小（不足5%），同时到期收益率与即期利率的绝对水平差距不大，因而可以使用即期利率替代到期收益率。

因此，本章中不再区分到期收益率与即期利率。

5.3.2.3　大类资产随机模型中的无风险利率假设

在本书的大类资产随机模型中，选取1个月国债的即期利率作为无风险利率的代理变量。由于大类资产随机模型采用了层叠框架，无风险利率代理变量的选择只会影响现金的收益率，不会对其他风险因子的收益率造成影响。

5.3.2.4　现金收益率假设

考虑到最优的资产配置通常会使用一定的杠杆，如果现金收益率与大类资产随机模型中选定的无风险利率偏差较大，那么对结果的影响将是显著的。和静态模型一样，本章同样选择了银行间7天质押式回购利率作为现金收益率。如图5－3所示，从历史数据可以看出，银行间7天质押式回购利率与1个月的国债即期利率高度相关，相关系数达0.83。长期来看，银行间7天质押式回购利率约为1个月国债即期利率的1.2倍。在本书模型中，使用1.2倍的1个月国债即期利率来估计现金的收益率。

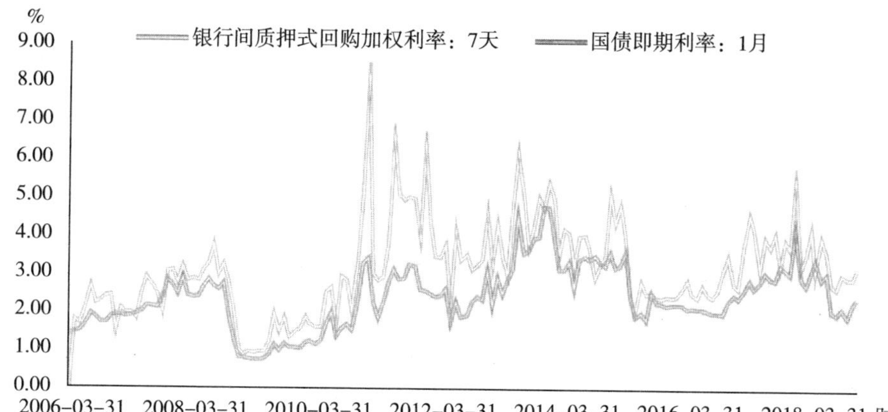

图5－3　无风险利率的比较

5.3.2.5　信用债和非标资产的其他假设

对于信用债，与静态模型中的一样，本书假设存在违约。根据中国人民银行副行长潘胜功在2019年1月的公开发言数据，设定违约率为

0.79%。同时根据光大证券的研究数据，设定回收率为42%。

对于非标资产，需要注意的是，本书使用的是信托产品的数据来进行参数估计。对于保险机构而言，一般可投的基础设施债权计划的收益率达不到信托产品的收益率水平。根据行业经验数据，本书引入风险调整系数50%，即基础设施债权计划的流动性溢价为信托产品流动性溢价的50%。同时，基础设施债权计划也存在违约，但相对于信用债而言，基础设施债权计划存在隐性担保以及抵押。根据行业经验数据，本书设定违约率为0.50%，回收率为80%。

5.3.3 模型框架设计

5.3.3.1 模型系统的特征

构建大类资产随机模型系统的第一步是进行模型框架设计。在建立模型框架之前，本书需要明确一个理想的大类资产随机模型系统应该具备什么样的特征，这样才能指导我们建立合理的模型系统。

代表性，模型系统应该包含一系列有良好代表性的资产模型。所谓的代表性是指它们可以通过捕捉金融资产最重要的特征，较好地模拟金融资产在现实世界中的行为模式。如果调整相关参数到对应测试区间的均值水平，那么理想的结果是，通过 Monte Carlo 模拟模型系统可以重现历史，不仅包括资产价格的分布形状，还包括模型中的变量关系。

经济学可解释性，系统中的资产模型的行为模式应该符合公认的经济学原理。同时，模型中的变量需要具有对应的经济学含义，这保证了在对模型进行参数估计时，可以参考经济学家的观点。

精简性，系统中的资产模型只需要尽可能简单地保留研究问题的重要特征即可。对所有细节的过度复杂化，除了引入过多的参数降低系统的稳定性之外，并没有其他额外的意义，所以必须平衡模型的复杂性。

可进化性，任何复杂的系统都不可能在单一周期内完成。系统需要具备可进化性，允许模型在一定的生命周期内进化。

下文中，本书将以这几个特征为准则进行整个模型系统的建立。

5.3.3.2　模型系统的框架搭建

在偿二代资本约束下进行资产配置时，引致的风险包括市场风险和信用风险。为了和偿二代对风险因子的划分相匹配，本书选取了无风险利率、期限利差、信用利差、股价价格、股票分红和流动性溢价 6 个因子，作为现金、国债、信用债、股票和非标五类资产风险因子。

需要特别说明的是，不同于国外的情况，国内没有发行通胀保护债券，本书无法得到具有期限结构的通胀预期，导致实际利率和名义利率无法剥离。中国的国债利率是名义利率，利率水平已经包含了通胀预期。所以在本书模型系统中的利率均为名义利率，而不是实际利率。

综合考虑各类资产随机模型，包括层叠结构模型、向量自回归模型、市场有效性模型的优劣，结合本书的研究问题，本书最终构造了如下结构的模型框架：

（1）模型的主体框架为层叠结构，每一层的变量为与偿二代风险划分相匹配的资产的风险因子；

（2）在因子层面，采用时间序列模型进行建模，通过微分方程的描述，更好地刻画对应资产价格变动的行为模式；

（3）考虑每个因子模型中噪音项的相关性，改善层叠结构只能单向影响的缺点。

整个模型框架如图 5－4 所示。

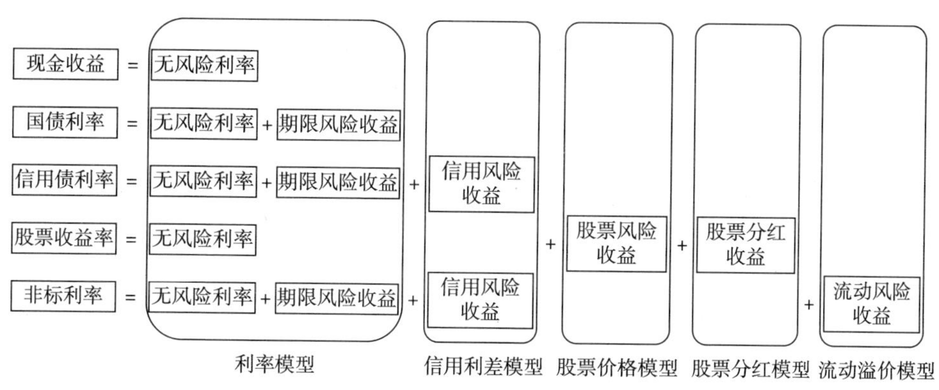

图 5－4　大类资产随机模型框架

基于如图 5－4 的风险因子的层叠结构，风险因子收益率与大类资产收益率之间的映射关系如下：

（1）现金收益 = 无风险利率因子收益；

（2）国债利率 = 无风险利率因子收益 + 期限利差因子收益；

（3）信用债利率 = 无风险利率因子收益 + 期限利差因子收益 + 信用利差因子收益；

（4）股票收益率 = 无风险利率因子收益 + 股票价格因子收益 + 股票分红因子收益；

（5）非标利率 = 无风险利率因子收益 + 期限利差因子收益 + 信用利差因子收益 + 流动性溢价因子收益。

5.3.3.3　模型系统的适用范畴

本书建立的模型为通用模型，参数的估计取决于具体资产品种的选择。同时，还需要明确使用模型系统做多长时间的预期，这会影响在使用历史数据进行参数估计时，采用过去哪段时间样本，以及采用多长时间的数据样本。考虑到资产配置 3 ~ 5 年的时效性，对于偿二代约束下的最优资产配置，本书认为 5 年是一个合适的预测时间长度。所以，对应本章研究的问题确定模型系统的使用范畴为模拟未来 5 年内，任一时点的国债（所有期限）利率，5 年 AA + 信用债利率，沪深 300 价格波动收益率，沪深 300 分红收益率，5 年 AA + 非标利率。下文所有的研究都基于这个范畴进行。

5.3.4　中国资本市场的行为特征分析和统计描述

对于每一个风险因子，都有多种时间序列模型可以选择。本书仍以 5.3.3 中提到的四条特征为准则，去选择与中国资本市场最匹配的模型。通常来讲，本书需要清楚每一个风险因子的行为特征，以便建立对应的微分方程去刻画；同时，本书还需要了解研究对象的分布形态，以便对模型的噪音项设定分布假设。下面，本书就结合中国资本市场的数据，对选取的风险因子进行行为特征分析和统计描述。

5.3.4.1　无风险利率因子和期限利差因子

无风险利率因子和期限利差因子分别对应了利率的时间和期限维度，

两者结合起来就是利率模型。为了模型逻辑上的自洽性，本书使用同一个利率模型来对这两个风险因子进行分析并建模。

首先，本书从时间维度上对国债即期利率进行了研究。图 5－5 和图 5－6 展示了短期利率（1 月）和长期利率（30 年）在过去 10 年随着时间的变动趋势。

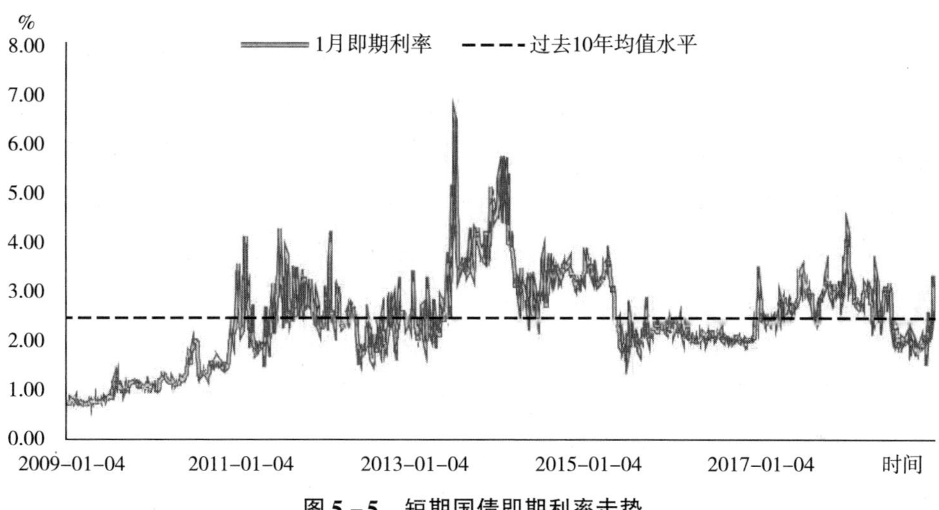

图 5－5　短期国债即期利率走势

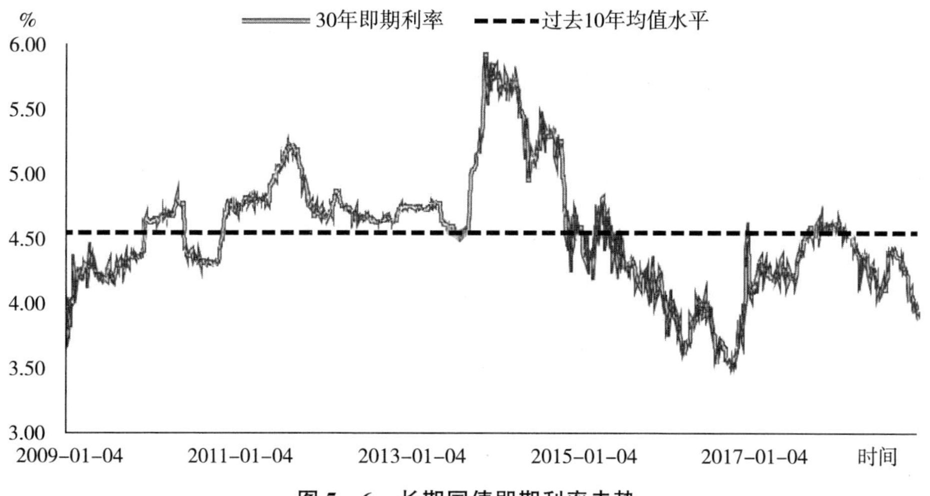

图 5－6　长期国债即期利率走势

将图 5－5 和图 5－6 的月度频率时间序列标准化之后，进行 ADF 检验，结果如表 5－1 所示。

表 5－1　　　　无风险利率因子 ADF 检验结果

	pValue	Stat	cValue
短期利率	0.0022	－3.1835	－1.9437
长期利率	0.0693	－1.7939	－1.9437

从图 5－5 和图 5－6 中可以观察到，对于短期利率存在显著的均值回复特性。对于长期利率，近几年均值回复特征有所减弱，中枢水平有下移的趋势。从表 5－1 也可以发现，在 10% 的置信水平下，短期利率和长期利率均为平稳的时间序列，存在均值回复的特征。其中，长期利率结果的 p 值高于短期利率，说明长期利率均值回复的特性弱于短期利率。本书认为存在以下几个可能的解释：

（1）长期国债一级发行量较小，且发行时间不连续。同时，投资机构多为寿险公司，且会计分类大多为 HTM，因此二级市场也鲜有成交价格。这样导致长期国债的即期利率存在估计偏差。

（2）经济高速增长时期已过，长期经济增长预期降低。

（3）近年来，寿险公司更注重资产负债管理，缩短资产负债久期缺口，对长期国债需求巨大，供给相对固定，利率出现中枢下移。

然后，本书从期限维度上对国债即期利率进行了研究。图 5－7 展示了 2009—2018 年每年年末的国债即期利率曲线。

从图 5－7 中可以发现，在过去十年：（1）利率曲线形状较为简单，总体都是倾斜向上；（2）某些曲线局部存在驼峰和碟形。

最后，本书对短期利率和长期利率时间序列的统计特征进行描述，并进行分布拟合，结果如表 5－2 和表 5－3 所示。

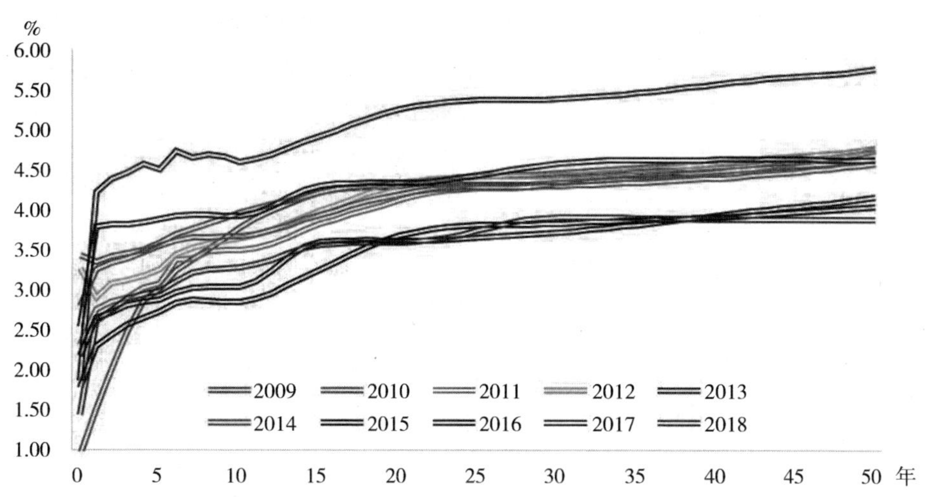

图5-7 2009—2018年每年年末即期利率曲线

表5-2 无风险利率因子统计特征描述

	均值	标准差	偏度	峰度
短期利率（日频数据）	2.4172%	0.8977%	0.3971	3.5938
长期利率（日频数据）	4.3402%	0.4045%	0.0913	4.0494
短期利率（月频数据）	2.4693%	0.8781%	0.0679	2.9204
长期利率（月频数据）	4.3339%	0.4057%	0.0346	4.0437

表5-3 无风险利率因子分布拟合AIC

	对照拟合分布		最优拟合分布		对照/最优
短期利率（日频数据）	Normal	6555	Weibull	6481	1.01
长期利率（日频数据）	Normal	2571	Laplace	2095	1.23
短期利率（月频数据）	Normal	312	Normal	312	1.00
长期利率（月频数据）	Normal	127	Laplace	105	1.21

从表5-2和表5-3可以发现：

（1）短期利率和长期利率的峰度均在3附近，正态分布与最优拟合分布的AIC差距不大，尖峰厚尾的现象不严重。

（2）随着数据频率的降低，峰度向3靠近，正态分布与最优拟合分布的AIC差距缩小，短期利率和长期利率更逼近正态分布。

(3) 相对于长期利率，短期利率的分布形态更逼近正态分布。

综上所述，无风险利率因子和期限利差因子的行为特征和统计描述如下：

(1) 均值回复特征明显，形态多呈现倾斜向上，局部存在驼峰和碟形。

(2) 基本符合正态分布假设。

(3) 对于特征 (1) 和 (2)，短期利率较长期利率更为匹配。

(4) 较低频的数据可以更好地匹配特征 (1) 和 (2)。

5.3.4.2　信用利差因子

本书用信用债收益率减去同期限的国债收益率来表示信用利差因子的收益。首先，为了更好地理解信用债市场，本书回顾了 AA + 的信用债收益率的状况，如图 5 - 8 所示。

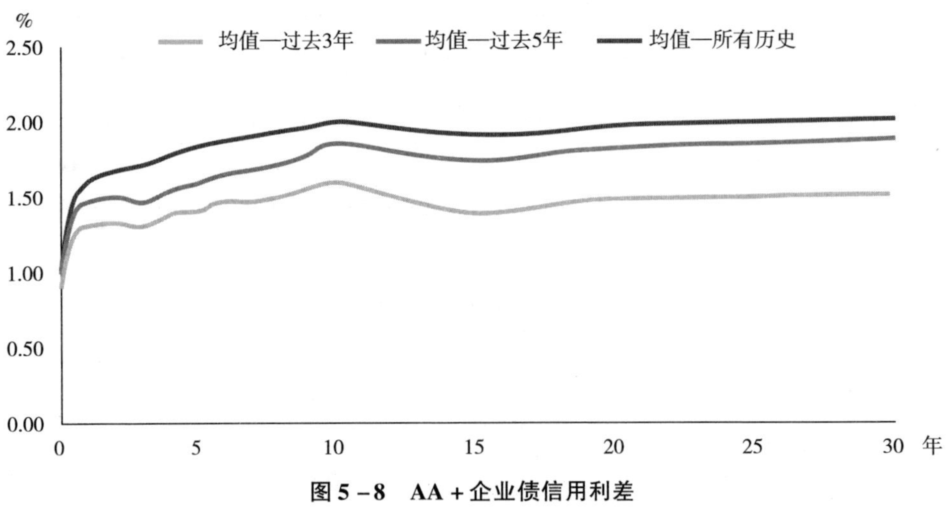

图 5 - 8　AA + 企业债信用利差

从图 5 - 8 的历史数据可以发现：

(1) 从时间维度：AA + 企业债的信用利差中枢水平不断下移，这与快速增长的理财资金对信用债的巨大需求密切相关。

(2) 期限越长，信用利差越大。期限越长，企业是否违约的不确定性越大，需要更多的风险补偿。

接下来，以 5 年期的 AA + 企业债为例，进行行为特征分析和统计描述。首先，本书考察了 2007 年 10 月底至 2018 年 12 月底，5 年 AA + 企业债的信用利差随时间的变动规律，结果如图 5 -9 所示。

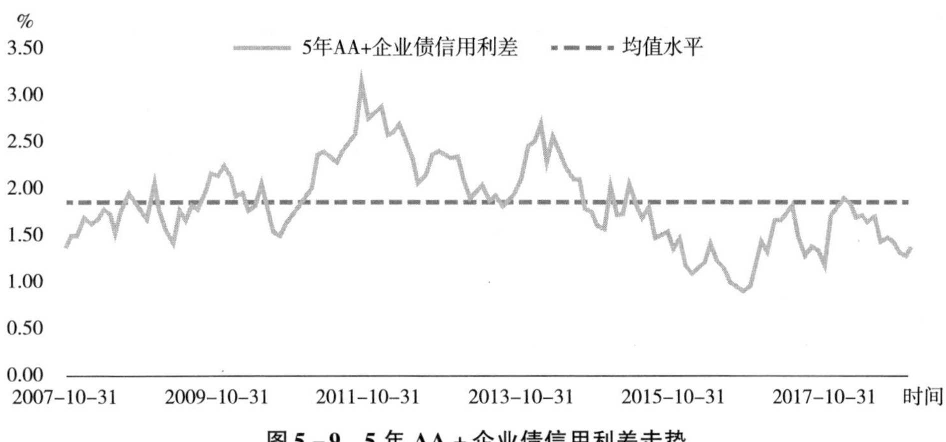

图 5 -9　5 年 AA + 企业债信用利差走势

将图 5 -9 的月度频率时间序列标准化之后，进行 ADF 检验，结果如表 5 -4 所示。

表 5 -4　　信用利差因子 ADF 检验结果

	pValue	Stat	cValue
5 年 AA + 信用债	0. 0108	-2. 5590	-1. 9431

从图 5 -9 中可以直观地发现，信用利差存在明显的均值回复的特性。从表 5 -4 的检验结果也可以发现，在 5% 的置信水平下，5 年 AA + 企业债的信用利差可以通过 ADF 检验，为平稳的时间序列，存在均值回复的特征。

最后，本书对 5 年 AA + 企业债的信用利差时间序列的统计特征进行描述，并进行分布拟合，结果如表 5 -5 和表 5 -6 所示。

表 5 -5　　信用利差因子统计特征描述

	均值	标准差	偏度	峰度
5 年 AA + 企业债	1. 8420%	0. 4481%	0. 3293	2. 8785

表 5－6　　信用利差因子分布拟合 AIC

	对照拟合分布		最优拟合分布		对照/最优
5 年 AA＋企业债	Normal	－1074	Weibull	－1076	1.00

从表 5－5 和表 5－6 可以发现：对于 5 年 AA＋企业债的信用利差时间序列的分布，峰度均在 3 附近，同时正态分布与最优拟合分布的 AIC 接近，尖峰厚尾的现象不严重。

综上所述，信用利差因子的行为特征和统计描述如下：

（1）均值回复特征明显。

（2）基本符合正态分布假设。

5.3.4.3　股票价格因子

本书用沪深 300 价格指数收益率超过无风险利率的部分来表示股票价格因子的收益率。对收益率的计算，有百分比收益率和对数收益率。为了克服股票价格变动导致的百分比收益率不对称的问题，本书选用对数收益率来进行研究分析。本书统计了沪深 300 从有指数信息以来至 2018 年 12 月末的股票价格因子对数收益率的月频数据，结果如图 5－10 所示。此外，为了观察股票价格因子在牛市和熊市的行为模式差异，本书截取了两个子样本：2006 年 1 月至 2017 年 12 月作为牛市样本（沪深 300 指数涨幅为 478.1%）；2011 年 1 月至 2012 年 12 月作为熊市样本（沪深 300 区间跌幅为 19.4%）分别研究。

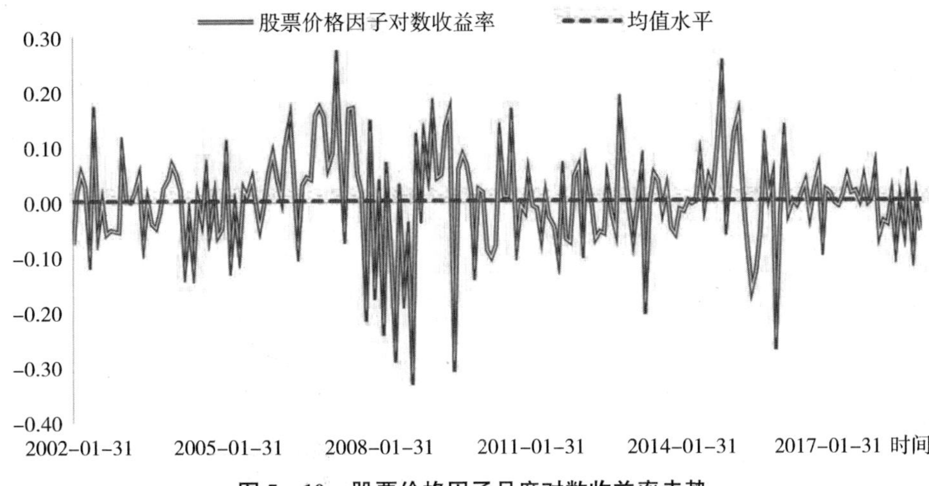

图 5-10 股票价格因子月度对数收益率走势

将全样本和牛熊子样本进行标准化后，进行 ADF 检验，结果如表 5-7 所示。

表 5-7 股票价格因子 ADF 检验结果

	pValue	Stat	cValue
全样本	0.0010	-12.6533	-1.9423
牛市样本	0.0010	-4.9650	-1.9507
熊市样本	0.0010	-5.1582	-1.9507

从图 5-10 中可以直观地发现，在穿越多个牛熊周期的较长时间维度上，股票价格因子的对数收益率存在明显的均值回复特性。从表 5-7 的检验结果也可以发现，在 1% 的置信水平下，全样本、牛市样本和熊市样本均可以通过 ADF 检验，为平稳的时间序列，存在均值回复的特征。

最后，本书对股票价格因子对数收益率的统计特征进行描述。为了更直观的观察，本书将月份分布和收益率分布合并展示，如图 5-11 所示。同时对研究对象的统计特征进行描述，并进行分布拟合，结果如表 5-8 和表 5-9 所示。

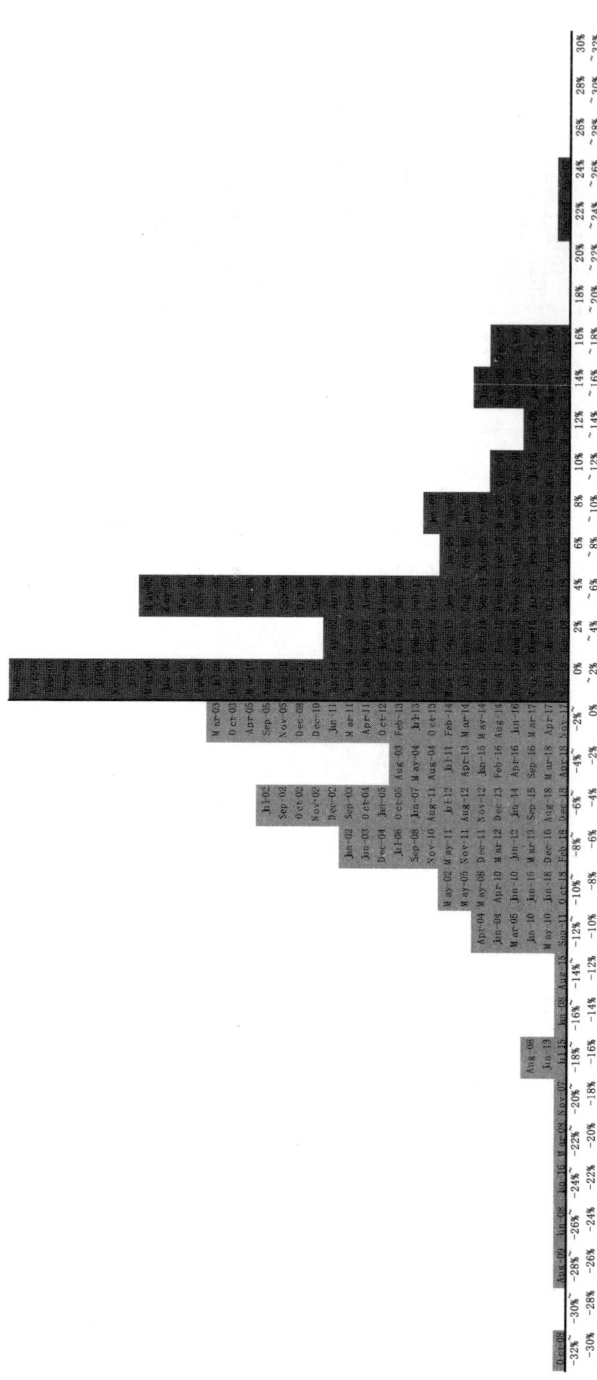

图 5－11　股票价格因子的对数收益率分布

表 5-8　　股票价格因子统计特征描述

	均值	标准差	偏度	峰度
全样本	0.2170%	8.4450%	-0.3797	4.5799
牛市样本	7.1510%	9.3070%	-0.7339	4.3514
熊市样本	-1.1040%	6.1580%	0.9582	4.0610

表 5-9　　股票价格因子分布拟合 AIC

	对照拟合分布		最优拟合分布		对照/最优
全样本	Normal	-426	Laplace	-443	0.96
牛市样本	Normal	-42	ExtValueMin	-43	0.98
熊市样本	Normal	-65	ExtValue	-66	0.98

从图 5-11 中可以发现两个直观的结论：

（1）左右两侧尾部附近均存在不连续的收益率区间，这就直观地说明了沪深 300 价格收益率分布存在厚尾现象。

（2）可以观察到，在月度收益率超过 +/-10% 的区间内，某些年份频繁出现（比如 2008 年），某些年份一次都未出现（比如 2003 年）。这意味着股票价格的大幅变动不是随着时间均匀发生的，它们似乎集中在市场剧烈波动的时间段。一个被广泛接受的解释就是股票回报的波动率会随着时间发生变化。

表 5-8 和表 5-9 的统计特征也进一步验证了上面的结论。从表 5-8 中可以发现，无论是全样本还是牛熊子样本，其时间序列的峰度值均在 4 以上，存在一定程度上的尖峰厚尾。特别的是，全样本的峰度值高于子样本，可能的解释是股市在牛熊间的切换强化了其尖峰厚尾的特征。从表 5-9 中可以发现，在牛熊子样本中，股票价格因子对数收益率的均值和标准差均有显著区别，牛市正收益大波动，熊市负收益小波动率（通俗来讲，即呈现急速上涨，缓慢下跌的特征）。此外相对于全样本，单一市场形态的子样本对应的时间序列更接近正态分布。

综上所述，股票价格因子的行为特征和统计描述如下：

（1）在全部时间序列上存在显著的均值回复特性，该结论在牛市和熊市中均成立；

（2）在全部时间序列上存在一定的尖峰厚尾现象，但在单一市场形态（牛市或者熊市）中尖峰厚尾的情况有所改善，且更接近正态分布；

（3）在不同的市场形态中，因子收益的均值水平和波动率存在显著差异。

5.3.4.4　股票分红因子

相对于国外股票市场，虽然 A 股的整体分红率并不高，但本书选择的股票标的为沪深 300 成分股，从历史数据看，其分红水平显著高于 Wind 全 A 水平，因此同样不可忽略，需要进行建模。本书用沪深 300 全收益指数超过沪深 300 价格指数的部分表示股票分红因子的收益。首先，本书回顾了沪深 300 分红率随时间变动的趋势情况，如图 5－12 所示。

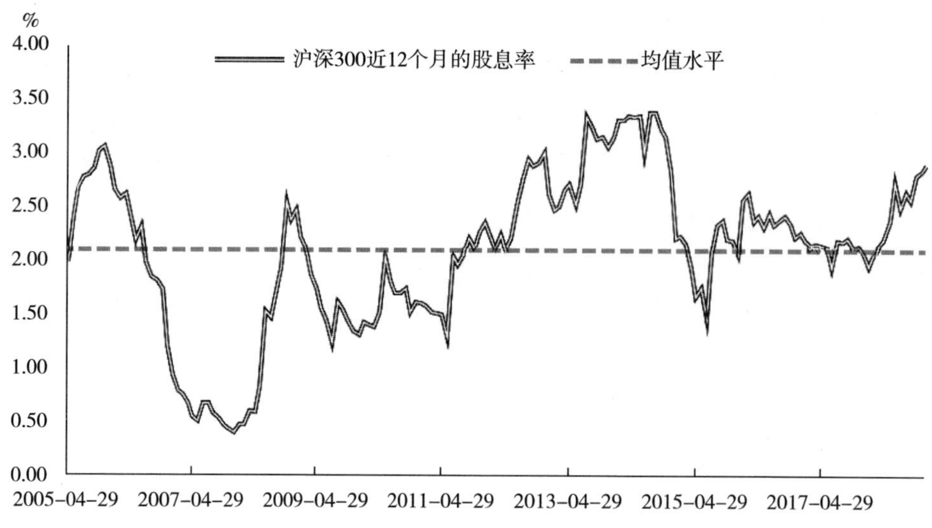

图 5－12　沪深 300 历史股息率

将图 5－12 中的时间序列标准化之后，进行 ADF 检验，结果如表 5－10 所示。

表 5－10　　股票分红因子 ADF 检验结果

	pValue	Stat	cValue
沪深 300	0.0936	－1.6489	－1.9424

从图 5－12 中可以直观地发现，沪深 300 的分红存在一定均值回复的特性。表 5－10 的检验结果也可以发现，在 10% 的置信水平下，沪深 300 的分红率可以通过 ADF 检验，为平稳的时间序列，存在均值回复的特征。沪深 300 分红率均值回复的特征不如其他因子明显，本书觉得存在以下几个可能的解释：

（1）由于 MSCI 纳入范围扩大，沪深 300 机构投资者占比提升，对上市公司进行分红的诉求越来越强。

（2）监管也鼓励优质的上市公司提高分红水平。

以上的原因会对沪深 300 的分红产生趋势性的影响，进而对均值回复的特性造成一定程度上的扰动。

然后，本书对股票分红因子收益率时间序列的统计特征进行了描述，并进行分布拟合，结果如表 5－11 和表 5－12 所示。

表 5－11　　股票分红因子统计特征描述

	均值	标准差	偏度	峰度
沪深 300	2.0802%	0.7385%	－0.4954	2.8239

表 5－12　　股票分红因子分布拟合 AIC

	对照拟合分布		最优拟合分布		对照/最优
沪深 300	Normal	－1148	Triang	－1164	0.99

从表 5－11 和表 5－12 可以发现，沪深 300 分红率的时间序列峰度值接近 3，尖峰厚尾的现象不严重。从 AIC 结果看，分布形态也逼近正态分布。

另外，一些研究表明，股票的分红水平与股票的价格波动存在一定的相关性。本书也针对该问题进行了分析。图 5－13 展示了沪深 300 过去 12 个月的价格波动和过去 12 个月的股息率的走势。从图 13 中可以发现，两者呈现较明显的负相关关系，相关系数为 －0.66，即存在牛市分红率低，熊市分红率高的现象。

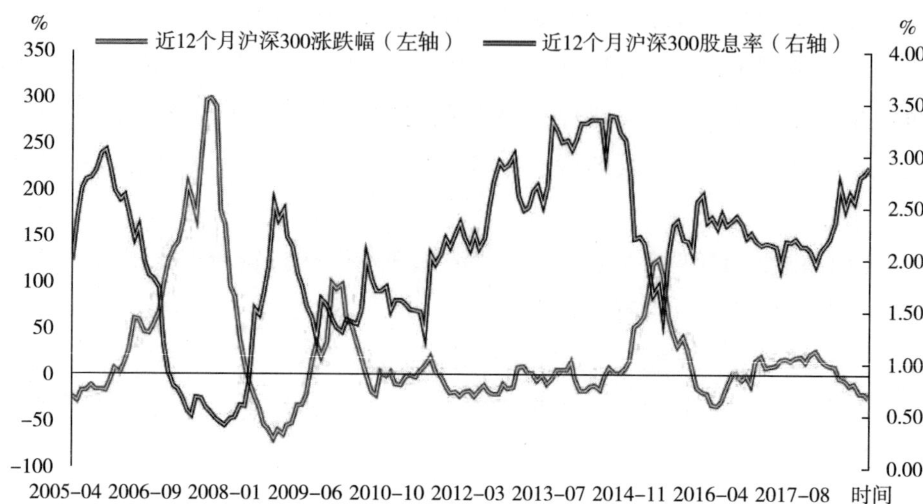

图 5－13　沪深 300 价格波动与股息率关系

最后，考虑到股票的分红不同于其他风险因子，其存在以下两个特征：

（1）不连续性。上市公司通常会在定期业绩披露之后宣布分红计划，以年度分红为主。对于持有其股票的投资人而言，只能在约定日期收到分红收益。

（2）滞后性。上市公司通常要在次年才能完成上一财年的业绩披露，然后执行分红计划。对于持有其股票的投资人而言，当年的分红收益只能在次年获取。

本书针对相应的特征也进行了数据分析，结果如图 5－14 所示。

从图 5－14 可以看出，沪深 300 的分红存在明显的季节性，通常发生在 4～9 月之间，并集中在 5 月、6 月、7 月三个月。

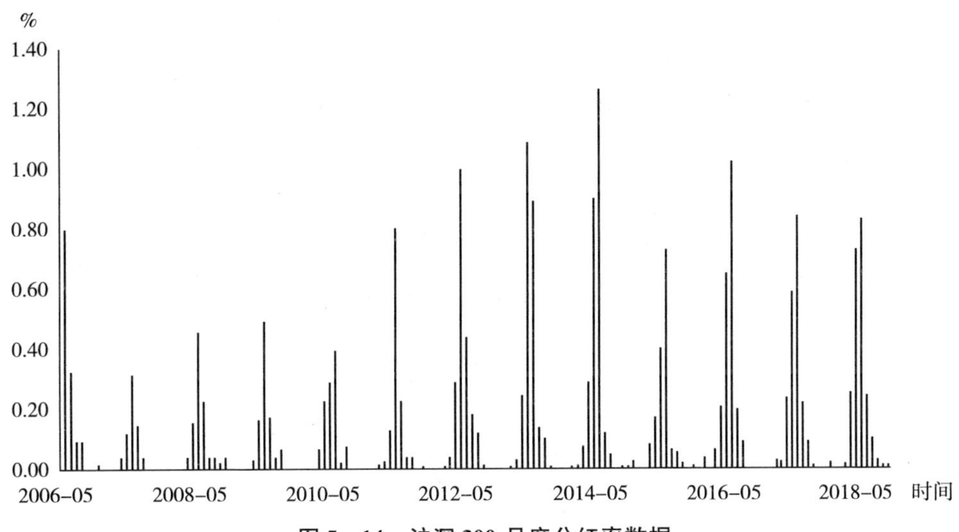

图 5-14　沪深 300 月度分红率数据

综上所述，股票分红因子的行为特征和统计描述如下：

（1）存在较显著的均值回复的特性；

（2）时间序列尖峰厚尾的特征不明显，符合正态分布假设；

（3）行为模式与股价价格因子存在负相关性；

（4）在实际情况中，股票的分红还存在时滞性和时间上不连续的问题。

5.3.4.5　流动性溢价因子

相对于传统的信用债，非标资产具有如下特征：

（1）非流动性。非标资产没有可供交易的二级市场，不能自由流通，因而没有合理的公允价值，所以保险公司配置了非标资产之后，会计分类通常为 LR 或 HTM。

（2）高收益率。一般来讲，同一主体发行的非标资产的收益率要高于其发行的标准债券票息水平。高出部分，可以理解为对缺乏流动性的收益补偿。

（3）安全性更高。从总体水平而言，非标资产的安全性要高于信用债。这是因为：其一，大部分非标资产的主体均为政府平台，存在一定的隐性担保；其二，地产项目的非标资产通常具有资产抵押，即使违约资金的回收率也更高。

保险行业平均配置比例较高的非标资产为信用评级为 AA + 的基础设施债权计划，用非标资产收益超过同信用等级、同期限的信用债收益的部分来表示流动性溢价因子的收益。为了与前面信用债研究保持一致，本书选择了期限为 5 年的非标资产，由于基础设施债权计划缺少公开数据，本书使用 Wind 公开的信托产品收益率作为代理变量，二者只是产品载体不同，底层资产差异不大。首先，本书回顾了信托产品的历史收益率状况，如图 5 – 15 所示。

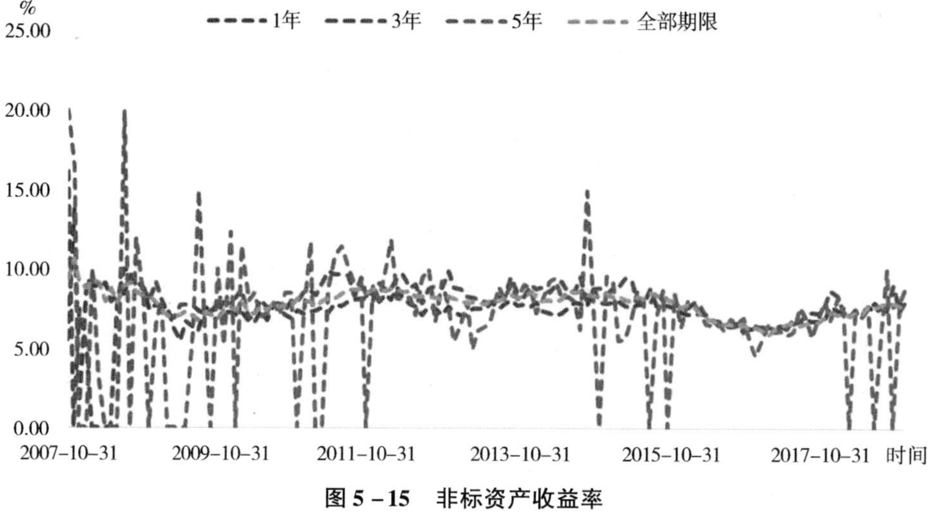

图 5 – 15　非标资产收益率

从图 5 – 15 的历史数据可以发现：

（1）1 年、3 年和 5 年的非标资产收益率差别不大，没有明显的期限溢价；

（2）5 年期的非标资产数据量较少。

由于没有明显的期限溢价，且 5 年期的非标数据量较少，分析不可用，本书使用全部期限的数据作为 5 年期非标收益率的代理数据。

接下来，本书考察了 5 年 AA + 的非标流动性溢价随时间的变动趋势，结果如图 5 – 16 所示。

将图 5 – 16 中的时间序列标准化之后，进行 ADF 检验，结果如表 5 – 13 所示。

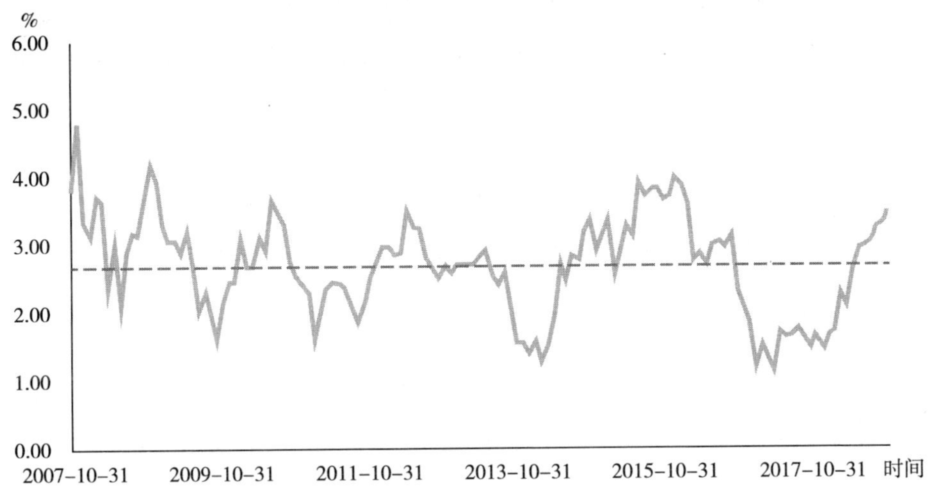

图5-16　5年AA+非标资产流动性溢价的变动趋势

表5-13　流动性溢价因子ADF检验结果

	pValue	Stat	cValue
5年AA+非标	0.0010	-3.4748	-1.9431

从图5-16中可以直观地发现，流动性溢价因子的收益率存在显著均值回复的特性。从表5-13的检验结果也可以发现，在1%的置信水平下，流动性溢价因子的收益率可以通过ADF检验，为平稳的时间序列，存在均值回复的特征。

最后，本书对流动性溢价因子收益率时间序列的统计特征进行了描述，并进行分布拟合，结果如表5-14和表5-15所示。

表5-14　流动性溢价因子统计特征描述

	均值	标准差	偏度	峰度
5年AA+非标	2.6786%	0.7316%	-0.0449	2.6487

表5-15　流动性溢价因子分布拟合AIC

	对照拟合分布		最优拟合分布		对照/最优
5年AA+非标	Normal	-942	Weibull	-942	1.00

从表 5 - 14 和表 5 - 15 可以发现，流动性溢价因子收益率的时间序列峰度值接近 3，尖峰厚尾的现象不严重。从 AIC 结果看，分布形态逼近正态分布。

综上所述，流动性溢价因子的行为特征和统计描述如下：

(1) 存在显著的均值回复的特性。

(2) 时间序列尖峰厚尾的特征不明显，符合正态分布假设。

5.3.5 资产随机模型建立

在上一部分，本书对选取的匹配偿二代风险划分的风险因子在中国资本市场的行为模式进行了分析，并对其统计特征进行了描述，对每一个风险因子均得出了具体的结论。在这部分，本书将根据这些结论，以 5.3.3 中的 4 条理想特征为准则，选择最适合的模型对每一个风险因子进行建模。

首先，本书收录了大类资产随机模型系统的主要数学符号的信息，如表 5 - 16 所示。

表 5 - 16　　大类资产随机模型系统符号

适用模型	符号	定义	假设
无风险利率因子和期限利差因子	$r_1(t)$	短期利率	
	$r_2(t)$	短期利率的期望	
	α_{r_1}	$r_1(t)$ 的自回归系数	
	α_{r_2}	$r_2(t)$ 的自回归系数	
	σ_{r_1}	$r_1(t)$ 的年化波动率	
	σ_{r_2}	$r_2(t)$ 的年化波动率	
	μ_r	$r_2(t)$ 的期望	
	$dZ_{r_1}(t)$	$r_1(t)$ 的噪音项	服从正态分布 N（0，dt）
	$dZ_{r_2}(t)$	$r_2(t)$ 的噪音项	服从正态分布 N（0，dt）
期限利差因子	g_r	期限溢价控制参数率	
信用利差因子	$Cs(t)$	信用利差因子收益	
	α_c	$Cs(t)$ 的自回归系数	

续表

适用模型	符号	定义	假设
信用利差因子	σ_c	Cs(t) 的年化波动率	
	μ_c	Cs(t) 的期望	
	dZc(t)	Cs(t) 的噪音项	服从正态分布 N(0, dt)
股票价格因子	Eq(t)	股票价格因子对数收益率	
	S_t	Eq(t) 的区制变量	服从 Markov 链
	$\mu_{e,St}$	Eq(t) 的期望	与 S_t的取值相关
	$\sigma_{e,St}$	Eq(t) 的标准差	与 S_t的取值相关
	P	区制转移的概率矩阵	
	Ze(t)	Eq(t) 的随机扰动项	服从正态分布 N(0, 1)
股票分红因子	Div(t)	股票分红因子的收益率	
	α_d	Div(t) 的自回归系数	
	μ_d	Div(t) 的期望	
	σ_d	Div(t) 的年化波动率	与 Eq(t) 的区制相关
	dZd(t)	Div(t) 的噪声项	服从正态分布 N(0, dt)
流动性溢价因子	Liq(t)	流动性溢价因子的收益率	
	α_l	Liq(t) 的自回归系数	
	σ_l	Liq(t) 的年化波动率	
	μ_l	Liq(t) 的期望	
	$dZ_l(t)$	Liq(t) 的噪声项	服从正态分布 N(0, dt)

5.3.5.1 无风险利率因子和期限利差因子

将无风险利率因子和期限利差因子结合起来就可以得到利率模型。考虑模型的自洽性，本书采用同一个利率模型对这两个风险因子进行建模。

利率期限结构理论分为传统理论和现代理论。

传统理论侧重定性分析，主要研究利率曲线的形状及其形成原因，主要有三种：①纯粹预期理论；②市场分割理论；③流动性溢价理论。需要注意的是，这三种理论不应被视为相互排斥的。大多数结论认为，这些不同理论背后的因素都会在决定利率曲线变动的过程中发挥作用。

现代理论可分为均衡模型（源于计量经济学）和无套利模型（源于现代金融学）。①均衡模型的基本思想是均值回归，它假设在较长的时间内，利率都会由失衡状态回复到均衡水平。均衡模型可分为单因素模型和多因素模型。其中，单因素模型假设利率的变动来源于一个风险源，而多因素模型假设利率的变动可以由多个风险源共同决定。单因素模型构造出的利率曲线形态单一，不能精确地拟合实际利率曲线。所以在实际中，一般多使用多因素模型。常见的均衡模型包括单因素模型——GET 模型（1973），Vasicek 模型（1977），CIR 模型（1981）；多因素模型——Richard 模型（1978），Brennan-Schwartz 模型（1979）和 Longstaff-Schwartz 模型（1992）等。均衡模型的缺点在于以经济学原理为基础构建缺少市场实证基础。②无套利模型的基本思想是债券当前的市场价格已经包含了所有信息，市场交易者无法通过已知的信息进行套利。它的基本建模过程是根据市场上已知的债券价格构造利率曲线，再利用得到的利率曲线对其他利率衍生品进行定价。此外，无套利模型并没有对利率变动的形态有具体的要求，可拓展性较好。常见的无套利模型包括 Ho-Lee 模型（1986），Hull-Vasicek 模型（1991，1992a，1992b），Hull-White 模型（1993），BDT 模型（1991）和 HJM 模型（1992）等。无套利模型的缺点在于主观性较强，对模型的参数估计依赖于历史数据。

本书认为，利率模型需要按照市场的实际情况来选取，且需要满足以下条件：①模型应该是无套利的，即不应该出现负利率；②利率应该具备均值回复的特性，利率围绕均值水平上下波动；③模型能够动态变化，充分反映市场状况；④参数容易估计，且模型能够较好地拟合历史；⑤有直观的经济含义。

结合前面对中国资本市场的分析，本书选择以单因素 Vasicek 模型为基础进行拓展。Vasicek 模型给出短期利率在连续时间上的均值回复随机过程，进而可以根据短期利率未来的路径，推导出远期利率和即期利率，同时考虑投资人会对更长期限要求的风险溢价。具体拓展路径如下。

第一步，建立风险中性测度下的利率模型，在单因素模型的基础上加入如下假设：

（1）短期利率的均值不再是常量，而是一个时变随机变量；

（2）短期利率的均值也满足一个均值回复的随机过程，且其均值为常量；

（3）利率曲线由上述两个均值回复随机过程共同决定，且短期利率和短期利率的期望随机扰动项相互独立。

第二步，考虑期限溢价，将风险中性测度下的模型转换为风险客观测度下的模型。

首先，看第一步。经过拓展之后，本书选择的随机利率模型在风险中性测度下的微分方程如下

$$\begin{aligned} dr_1(t) &= \alpha_{r_1}[r_2(t) - r_1(t)]dt + \sigma_{r_1}dZ_{r_1}(t) \\ dr_2(t) &= \alpha_{r_2}[\mu_r - r_2(t)]dt + \sigma_{r_2}dZ_{r_2}(t) \end{aligned} \tag{5-1}$$

由于是在 Vasicek 模型的基础上拓展而来，本书选择的这个模型通常也被称为双因素 Vasicek 模型。与式（5－2）的双因素 Hull-White 模型（1994）对比可以发现，本书选择的模型本质上为 Hull-White 双因素模型的一种特殊情况，区别在于 Hull-White 双因素模型假定 $dZ_{r_1}(t)$和$dZ_{r_2}(t)$存在恒定的相关系数，而本书选择的模型假设 $dZ_{r_1}(t)$和 $dZ_{r_2}(t)$相互独立。

$$\begin{aligned} dr_1(t) &= [\theta(t) + r_2(t) - \alpha_{r_1} r_1(t)]dt + s_{r_1}dZ_{r_1}(t) \\ dr_2(t) &= -\alpha_{r_2} r_2(t)dt + s_{r_2}dZ_{r_2}(t) \end{aligned} \tag{5-2}$$

式（5－1）从数学形式上看起来很复杂，但实质上就是两个连续时间的自回归，属于 Ornstein－Uhlenbeck 过程。整个利率曲线结构都包含在了式（5－1）的两个公式中，它可以计算未来短期利率的路径，而这个路径和当前的远期利率相关。该模型虽然是一个连续时间模型，但是可以不加任何假设地使用在离散时间模型中。

式（5－1）的微分方程组对任意期限的即期利率存在解析解。对于一只在时刻 T 支付 1 单位本金的零息债券，在时刻 t 的价格如下：

$$P(t,T) = \text{Exp}[A(T-t) - B_1(T-t)r_1(t) - B_2(T-t)r_2(t)] \tag{5-3}$$

其中，

$$B_1(s)=\left[\frac{1-e^{-\alpha_{r_1}s}}{\alpha_{r_1}}\right]$$

$$B_2(s)=\frac{\alpha_{r_1}}{\alpha_{r_1}-\alpha_{r_2}}\left[\frac{1-e^{-\alpha_{r_2}s}}{\alpha_{r_2}}-\frac{1-e^{-\alpha_{r_1}s}}{\alpha_{r_1}}\right]$$

$$A(s)=[B_1(s)-s]\left(\mu-\frac{\sigma_{r_1}^2}{2\,\alpha_{r_1}^2}\right)+B_2(s)\mu-\frac{\sigma_{r_1}^2B_1(s)^2}{4\,\alpha_{r_1}}+ \tag{5-4}$$

$$\frac{\sigma_{r_2}^2}{2}\left\{\begin{array}{l}\dfrac{s}{\alpha_{r_2}^2}-2\,\dfrac{[B_1(s)+B_2(s)]}{\alpha_{r_2}^2}+\dfrac{1}{(\alpha_{r_1}-\alpha_{r_2})^2}\,\dfrac{(1-e^{-2\alpha_{r_1}s})}{2\,\alpha_{r_1}}-\\ \dfrac{2\,\alpha_{r_1}}{\alpha_{r_2}(\alpha_{r_1}-\alpha_{r_2})^2}\,\dfrac{(1-e^{-(\alpha_{r_1}+\alpha_{r_2})s})}{(\alpha_{r_1}+\alpha_{r_2})}+\dfrac{\alpha_{r_1}^2}{\alpha_{r_2}^2(\alpha_{r_1}-\alpha_{r_2})^2}\,\dfrac{(1-e^{-2\alpha_{r_2}s})}{2\,\alpha_{r_2}}\end{array}\right\}$$

得到任意零息债券的价格之后，理论上就可以对所有的债券进行定价。同时，也可以计算从时刻 t 到时刻 T 的连续复合年化收益率，计算公式如下：

$$R(t,T)=-\ln[P(t,T)]/(T-t) \tag{5-5}$$

在时刻 t，当期限 T 趋于无穷大时，根据式（5－3）、式（5－4）和式（5－5）可以计算得到期限无穷大的零息债券的连续复合年化收益（对零息债券而言，等于连续时间上的即期利率），结果如下

$$\lim_{T\to\infty}R(t,T)=\mu_r-\frac{1}{2}\left(\frac{\sigma_{r_1}^2}{\alpha_{r_1}^2}+\frac{\sigma_{r_2}^2}{\alpha_{r_2}^2}\right) \tag{5-6}$$

在完成第一步之后，本书接下来进行第二步的测度转换。根据双因素 Hull-White 测度转换的结论：风险中性测度下的双因素 Hull-White 模型结果与风险客观测度下的双因素 Hull-White 模型结果的唯一区别就是μ_r的取值不同，其他参数均保持不变。双因素 Vasicek 模型作为其中的一个特例，也满足这个结论。在风险中性测度中，所有资产的收益都等于无风险收益，即不存在期限溢价，这与客观世界中不同。本书目的是为了得到客观的利率曲线，而不是对利率衍生品进行定价，所以需要完成从风险中性测度到风险客观测度的转换。

先看一个示例。在风险中性测度下，假设选取表 5－17 所示的参数，那么在时刻 t，R（t，T）随着期限 T 变化的趋势，如图 5－17 所示。

表 5-17　　图 5-17 说明例子的参数选择

α_{r1}	α_{r2}	σ_{r1}	σ_{r2}	μ_r	$r_1(0)$	$r_2(0)$
0.50	0.25	5.00%	1.00%	4.00%	2.00%	2.50%

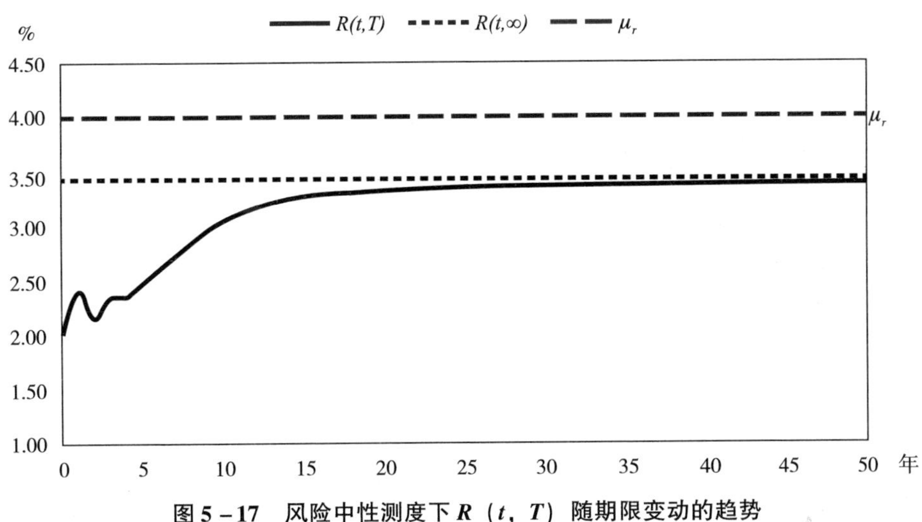

图 5-17　风险中性测度下 $R(t, T)$ 随期限变动的趋势

从图 5-17 中可以发现，在风险中性测度下，即期利率随着期限的增加趋近于 3.42%。在实际中，即使和 50 年国债即期利率比较，也会发现存在一定的差距。这个差距就是由期限的风险溢价导致的。

本书引入在实际债券价格中，控制期限风险溢价的参数g_r，假设 $dZ_{r_1}(t)$和 $dZ_{r_2}(t)$均服从正态分布 $N(g_r dt,\ dt)$，且相互独立。通过计算，可以得到

$$\lim_{T\to\infty} R(t,T) = \mu_r - g_r\left(\frac{\sigma_{r_1}}{\alpha_{r_1}} + \frac{\sigma_{r_2}}{\alpha_{r_2}}\right) - \frac{1}{2}\left(\frac{\sigma_{r_1}^2}{\alpha_{r_1}^2} + \frac{\sigma_{r_2}^2}{\alpha_{r_2}^2}\right) \tag{5-7}$$

如果把μ'_r定义为风险客观测度下的短期利率期望的长期均衡值，则有如式（5-8）的结果。本书将μ_r替换为μ'_r，同时 $dZ_{r_1}(t)$和 $dZ_{r_2}(t)$均服从正态分布 $N(g_r dt,\ dt)$，那么就完成了从风险中性测度结果到风险客观测度结果的转换。

$$\mu'_r = \mu_r - g_r\left(\frac{\sigma_{r_1}}{\alpha_{r_1}} + \frac{\sigma_{r_2}}{\alpha_{r_2}}\right) \tag{5-8}$$

模型是在 Vasicek 模型的基础上拓展而来，所以天然继承了 Vasicek 模型可能出现负利率的缺点。利率服从正态分布的模型假设也隐含着出现负利率的可能性。而对利率模型，负利率通常会带来诸多不便。对于负利率，本书的模型采取两种处理：①如果生成的经济情景中，负利率的占比较小（低于0.5%），则保留负利率情景，不进行任何处理；②如果生成的经济情景中，负利率的占比较大（高于0.5%），则引入短期利率和短期利率期望的下限约束来减少负利率的出现概率。

至此，本书完成了对无风险利率因子和期限利差因子的建模。

5.3.5.2 信用利差因子

国外对于信用利差的研究较为成熟，Merton（1974）提出了模型的初形，他认为违约率是内生变量，只有企业面临破产时才会发生。Jones 等（1984）使用 Merton 提出的模型，发现其预测的信用利差远低于现实中的国债和企业债的利差水平。之后，信用利差模型开始向外生模型转变，Litterman 和 Iben（1991），Jarrow 和 Turnbull（1995）以及 Duffie 和 Singleton（1999）提出的简约模型假定违约为外生变量。国内关于信用利差的研究还处于起步阶段，主要原因在于：

（1）我国信用债市场起步较晚；

（2）在之前刚性兑付的大环境下，信用债的违约尚未成为常态，可使用的市场数据少；

（3）缺少如信用违约互换等的资产品种，信用利差没有形成市场化的定价机制。

基于以上考虑，结合前面对中国资本市场的分析，本书最终选择了一阶自回归模型对信用利差因子进行建模，对应的微分方程如式（5－9）所示：

$$dCs(t) = \alpha_c[\mu_c - Cs(t)] + \sigma_c d Z_c(t) \qquad (5-9)$$

至此，本书完成了对信用利差因子的建模。

5.3.5.3 股票价格因子

在前一节中，通过对各个风险因子在中国资本市场的行为模式分析和统计特征描述，本书发现股票价格因子尖峰厚尾的现象最为明显。虽然长端利率时间序列的峰度值也较高，但在偿二代的框架下，最优资产配置通常会较好地进行资产负债匹配。因此，如果利率出现尾部风险，资产和负债会天然内部对冲，对股东价值的冲击相对较小。但是股票却不同，当股票的价格波动出现尾部风险时，负债端不会同步变动，从而会对股东价值产生较大的冲击。因此，为了匹配偿二代的风险测度，需要格外关注股票价格因子的尾部风险。

传统对数正态分布的方法只能解决股票收益率不对称的问题，改善分布的偏度。从前一节的研究中也发现，即使考虑股票价格因子的对数收益率，其峰值水平仍在 4.5 以上，存在较为显著的尖峰厚尾现象。对于股票收益率厚尾问题的研究历来已久。Fama 早在 20 世纪 60、70 年代，对早期的道琼斯成分股做了相应研究后就断言，所有的股票收益率都存在厚尾现象。Campbell、Lo 和 Mac Kinlay（1997）的研究还表明，高频收益率的厚尾现象比低频收益率更严重。Ho（2000）在研究了亚洲 6 个较大国家的股票市场指数后，发现所有的股票市场中均存在明显的厚尾现象。

本书认为，中国市场的股票价格波动尾部风险主要来自市场的周期变化。因此，为了刻画股票价格因子收益率的尾部形态，要求模型可以对类似的周期性进行模拟。从国内相关的文献中也发现，应用广泛的 Fama-French 三因子模型在刻画尾部形态时表现平平。

综上考虑，结合前面对中国资本市场的分析，为了模拟股票价格变动的周期性，本书最终选择了 Markov 区制转移模型对股票价格因子进行建模。Hamilton（1989）首次使用 Markov 区制转移模型来研究美国的经济周期，之后该模型逐渐扩展到对股票价格的研究。针对中国股票市场，王建军（2007）、唐晓彬（2010）和姜婷（2013）也利用 Markov 区制转移模型进行了研究。目前国内的文献大多集中在讨论选择几个区制变量的问题上，且是直接针对股票资产进行的研究。从这些文献的结果中可以发现，过多的区制状态持续的周期时间很短，实际意义并不大，两个区制状态已经足够模拟中国市场的特征。此外，针对股票价格风险因子，而不是股票资产的研究，目前尚较少涉及。基于以上考虑，最终本书选择了两个区制状态的模型。

在本书的模型中，假设股票价格因子的对数收益率服从正态分布，在单一区制内存在均值回复的特性，区制变量服从一阶 Markov 链，可以根据状态转移概率矩阵进行区制切换，具体如下：

股票价格因子的对数收益率 $Eq(t)$ 服从正态分布，定义区制变量为 S_t（=1，2）

其中：

当处于 $S_t=1$ 时，$Eq(t)$ 的期望为 $\mu_{e,1}$，标准差为 $\sigma_{e,1}$；

当处于 $S_t=2$ 时，$Eq(t)$ 的期望为 $\mu_{e,2}$，标准差为 $\sigma_{e,2}$；

所以，$Eq(t)$ 的期望为 μ_{e,S_t}，标准差为 σ_{e,S_t}。

决定在两种区制间转移概率的矩阵定义如下

$$P=\begin{bmatrix} P_{11} & 1-P_{11} \\ 1-P_{22} & P_{22} \end{bmatrix} \tag{5-10}$$

其中，

P_{11} 表示如下条件概率：在时间段 $(t-\Delta t,\ t)$ 处于区制 1 的条件下，在时间段 $(t,\ t+\Delta t)$ 仍处于区制 1 的概率。

P_{22} 表示如下条件概率：在时间段 $(t-\Delta t,\ t)$ 处于区制 2 的条件下，在时间段 $(t,\ t+\Delta t)$ 仍处于区制 2 的概率。

根据式（5-10），可以计算出无条件概率，计算公式如下

$$P_1=\frac{1-P_{22}}{2-P_{11}-P_{22}},P_2=\frac{1-P_{11}}{2-P_{11}-P_{22}} \tag{5-11}$$

最后，本书得到股票价格因子的方程为

$$Eq(t)=\mu_{e,S_t}+\sigma_{e,S_t}Z_e(t) \tag{5-12}$$

至此，本书完成了对股票价格因子的建模。

5.3.5.4　股票分红因子

在前一节的分析中，本书发现股票的分红水平与股票的价格波动存在负相关性，即分红水平和股票价格因子所处的区制状态相关。为了刻画尾部形态，相对于分红率的水平高低，本书更关注分红率的波动程度与股票价格因子所处区制状态的关系。根据相关文献的计算结果发现，根据区制状态和沪深 300 分红率的散点图，可以发现，当处于熊市时，分红率散点

集中，波动较小；当处于牛市时，分红率散点分散，波动较大。

基于以上考虑，结合前文对中国资本市场的分析，本书最终选择了一阶自回归模型对股票分红因子进行建模，对应的微分方程如式（5－13）所示。

$$\mathrm{d}Div(t) = \alpha_d[\mu_d - Div(t)] + \sigma_d \mathrm{d}Z_d(t) \qquad (5-13)$$

需要注意的是，与信用利差因子的一阶自回归模型不同，模型中股票分红因子收益率的年化波动率具备区制特征。当处于 $S_t = 1$ 时，$\sigma_d = \sigma_{d,1}$；且当处于 $S_t = 2$ 时，$\sigma_d = \sigma_{d,2}$。

至此，本书完成了对股票分红因子的建模。

5.3.5.5　流动性溢价因子

流动性溢价因子的行为模式和统计特征与信用利差因子差别不大，结合前面对中国资本市场的分析，本书同样选择了一阶自回归模型对流动性溢价因子进行建模，对应的微分方程如下

$$\mathrm{d}Liq(t) = \alpha_l[\mu_l - Liq(t)] + \sigma_l \mathrm{d}Z_l(t) \qquad (5-14)$$

需要注意的是，本书使用的信托产品的收益率高于本书选择的非标资产。根据行业经验数据，本书引入风险调整系数50%（基础设施债权计划的流动性溢价为信托产品流动性溢价的50%），将流动性溢价因子的收益调整至与本书所选标的匹配的水平。

至此，本书完成了对流动性溢价因子的建模。

5.3.5.6　大类资产随机模型的搭建

在完成对单一风险因子的建模之后，还需要把它们关联并组合起来，形成最终的大类资产随机模型系统。

关联方法。在现实世界中，资产间的收益率通常是相互影响的。本书的模型系统着眼于风险因子的维度，需要考虑风险因子收益率之间的相关性。对于风险因子收益率间的相关性，本书通过每个因子模型的噪音项或随机扰动项之间的相关性来进行表达。以离散的模型系统为例，本书将因子模型中的残差项转化为因子收益率时间序列的表达式，通过因子收益率的历史数据，设定模型中残差项对应的随机变量间的相关性，进而实现风险因子收益率之间的关联。

组合方法。本书进一步根据5.3.3中规定的大类资产收益与风险因子收益的映射关系，最终完成大类资产随机模型系统的搭建。

5.3.6 样本数据说明

在完成模型系统的搭建之后，需要根据样本数据进行参数估计。首先，对参数估计所使用的样本数据进行说明。本书进行参数估计时使用的样本数据摘要如表5－18所示。

表5－18　　参数估计数据样本摘要

数据名称	适用模型	数据性质	频率	开始时间	截止时间	数据容量
国债即期利率	利率	加工	月度	2006.03	2018.12	154×601
5年AA+信用利差	信用利差	直接	月度	2007.10	2018.12	135
沪深300指数收益率	股票价格	直接	月度	2002.01	2018.12	204
沪深300股息率	股票分红	直接	年度	2005	2018	14
信托产品流动性溢价	流动性溢价	直接	月度	2007.10	2018.12	135

5.3.6.1 加工样本数据说明

本书使用的样本数据分为可以直接获取的数据和不能满足本书模型需要的需要进行加工的数据。在本书的模型中，国债即期利率使用的是加工后的样本数据，具体说明如下。

对于国债即期利率，从Wind上只能获取20个关键期限的数据。虽然中债登为了保险公司偿二代评估方便，专门开辟了相应板块，可提供在期限上步长更小的即期利率数据下载。但该数据的步长为1/73年，通过这些数据，本书并不能得到步长为1/12年整数倍的数据。为了得到相应数据，本书根据中债登披露的插值方法复制了其插值模型，具体过程如下。

中债登的国债利率曲线在20个关键期限划分的19个区间内，采用Hermite三次样条函数分段插值。三次Hermite插值除了要求在节点上函数值相等之外，还要求一阶导数值相等，具有高度的保形性和光滑性。本书把20个关键期限记为x_1，x_2，…，x_{20}，对应的即期利率记为y_1，y_2，…，y_{20}，那么对于任意的x，当$x_i \leqslant x \leqslant x_{i+1}$时，$y(x)$对应插值公式如下

$$y(x) = y_i H_1 + y_{i+1} H_2 + d_i H_3 + d_{i+1} H_4 \tag{5-15}$$

其中，

$$H_1 = 3\left(\frac{x_{i+1} - x}{x_{i+1} - x_i}\right)^2 - 2\left(\frac{x_{i+1} - x}{x_{i+1} - x_i}\right)^3$$

$$H_2 = 3\left(\frac{x - x_i}{x_{i+1} - x_i}\right)^2 - 2\left(\frac{x - x_i}{x_{i+1} - x_i}\right)^3$$

$$H_3 = \frac{(x_{i+1} - x)^2}{x_{i+1} - x_i} - \frac{(x_{i+1} - x)^3}{(x_{i+1} - x)^2} \tag{5-16}$$

$$H_4 = \frac{(x - x_i)^3}{(x_{i+1} - x_i)^2} - \frac{(x - x_i)^2}{x_{i+1} - x_i}$$

$$d_i = y'(x_i), d_{i+1} = y'(x_{i+1})$$

由于已知节点处的函数值而缺少节点处的一阶导数值，所以本书使用中心差商来近似计算在节点处的一阶导数。

复制的中债曲线插值模型可以计算任意步长的即期利率，通过检验本书的模型可以完全复制中债国债即期利率曲线，以 2018 年 12 月 28 日的结果为例，如图 5－18 和图 5－19 所示。

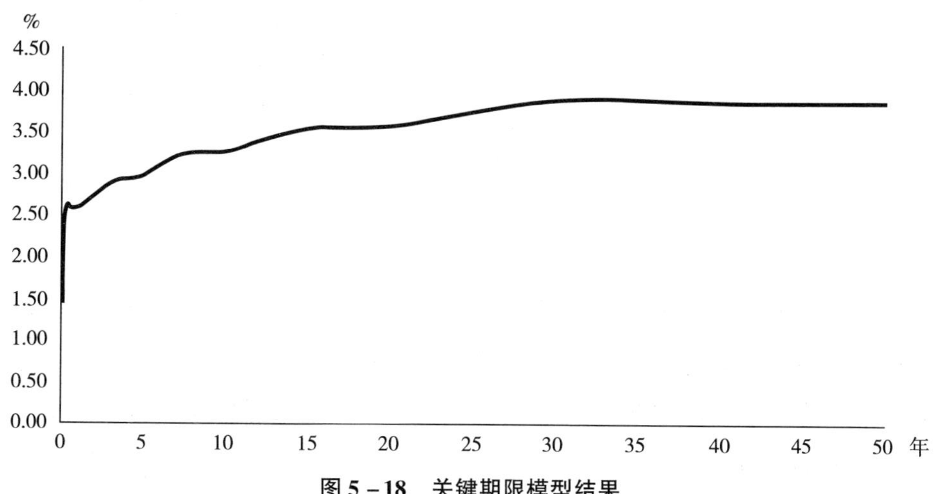

图 5－18　关键期限模型结果

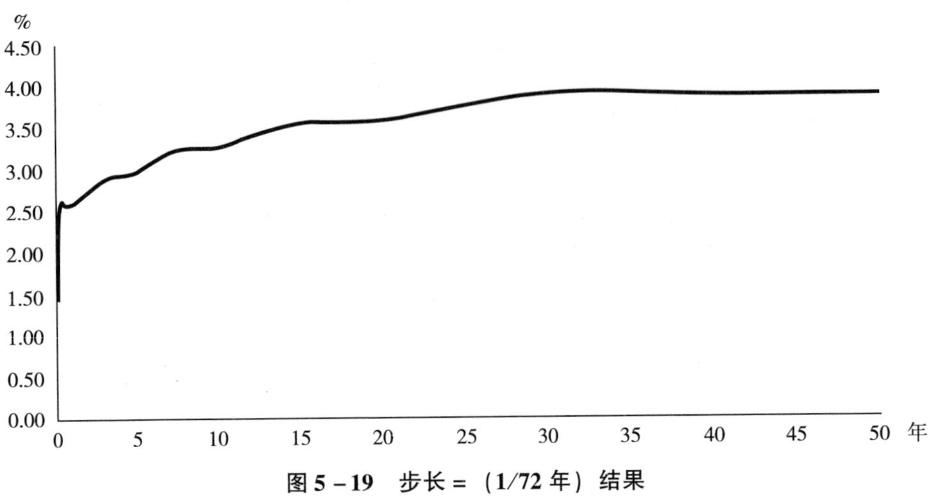

图 5－19　步长＝（1/72 年）结果

从图 5－18 可以看出，在关键期限上，模型结果和实际结果完全一致；从图 5－19 可以看出，在更小的步长精度上，模型结果和中债登的结果也高度重合。所以本书构造的插值模型可用。

5. 3. 6. 2　数据频度的选取

从 5. 3. 4 中的研究发现，使用低频的数据可以降低时间序列尖峰尾的情况，在本书的大类资产随机模型系统中，除了股票价格因子，其他因子都存在正态分布假设，因此本书需要选择恰当的数据频度去匹配模型假设。在此基础上，综合考虑数据的充足量，结合样本数据的起止日期，本书最终选择了月频数据。对于股票分红因子，由于实际情况中一般为年度分红，为了更准确地匹配现实状况，本书采用了年度频率的数据。

5. 3. 6. 3　起始日期的选取

对于样本数据起始日期的选择，需要考虑选择的时间段是否包含足够的数据可以反映对应因子的行为特征。对于股票价格因子而言，主要考虑是否包含足够的牛熊周期，对于其他因子而言，主要考虑是否包含足够的均值回复的过程。

对于利率（无风险利率因子和期限利差因子），在选择样本数据的起止日期时，本书额外考虑了在选取的样本数据内利率是否为市场化利率？作为所有资产定价的锚，利率变动对其他资产价格影响的传导机制是否顺畅？

对每个因子的具体考虑如下：

对于无风险利率因子和期限利差因子，在选取的时间节点内包含了至少4个均值回复的完整过程，信息量充足。

对于信用利差因子，在选取的时间节点内包含了至少3个均值回复的完整过程，信息量充足。

对于股票价格因子，在选取的时间节点内包含了至少2个完整的牛熊周期，信息量充足。

对于股票分红因子，由于年度频率的数据样本少，选取了可获取的全部数据。

对于流动性溢价因子，在选取的时间节点内包含了至少4个均值回复的完整过程，信息量充足。

5.3.7 模型参数估计

在选取了样本数据之后，本书对大类资产随机模型系统的参数逐一进行了估计，具体的方法和结果如下。

5.3.7.1 无风险利率因子和期限利差因子

双因素 Vasicek 模型的参数估计是一个较困难问题，国内也有相关文献（沈黎柯，2010；张龙，2014）对其进行了研究，但均采用 Kalman 滤波估计的方法。采用 Kalman 滤波器进行参数估计是一种高效的方法，但过程并不直观，同时对于可能出现的过度拟合却无法用经济学解释的问题不可控。经济模型的参数估计不仅是一种技术，更是一种艺术。相对于完美拟合却不能用经济学解释的最优结果，本书更偏向于表现稳定，同时也符合经济学常识的次优结果。由于模型服从正态分布，最小二乘估计与极大似然估计等价。基于以上考虑，本书创新性地提出了逐步收紧的最小二乘估计法来进行参数估计。

首先，对于时间 t（$t=1\sim154$），定义拟合误差计算公式如下

$$F[\alpha_{r_1},\alpha_{r_2},\sigma_{r_1},\sigma_{r_2},\mu_r,r_1(t),r_2(t)]=\sqrt{\sum_{i=1}^{601}(\widehat{R_{ti}}-R_{ti})^2/601} \tag{5-17}$$

其中，

$\widehat{R_{ti}}$表示根据式（5－5）计算的结果；

R_{ti}表示在 t 时刻，期限为 T 的实际即期利率。

同时，对所有样本定义了全局拟合误差测度 M，用 N（$N=154$）表示样本容量，则计算公式如下

$$M = \sqrt{\frac{1}{N}\sum_{j=1}^{N} F_j^2} \tag{5-18}$$

逐步收紧的最小二乘估计的思路是先将所有的变量均视为自由变量，根据经济含义的合理性确定最稳定的变量参数。接着降低问题的自由度，重复进行最小二乘估计。在最后一步的参数估计中，本书选定可满足正态分布假设和独立性假设的参数值完成剩余变量的参数估计。在此之后，确定与期限利差相关的参数，完成风险客观测度下的参数估计。最后检验负利率的问题，根据检验结果，考虑是否引入限制变量进行修正。具体方法如图 5－20 所示。

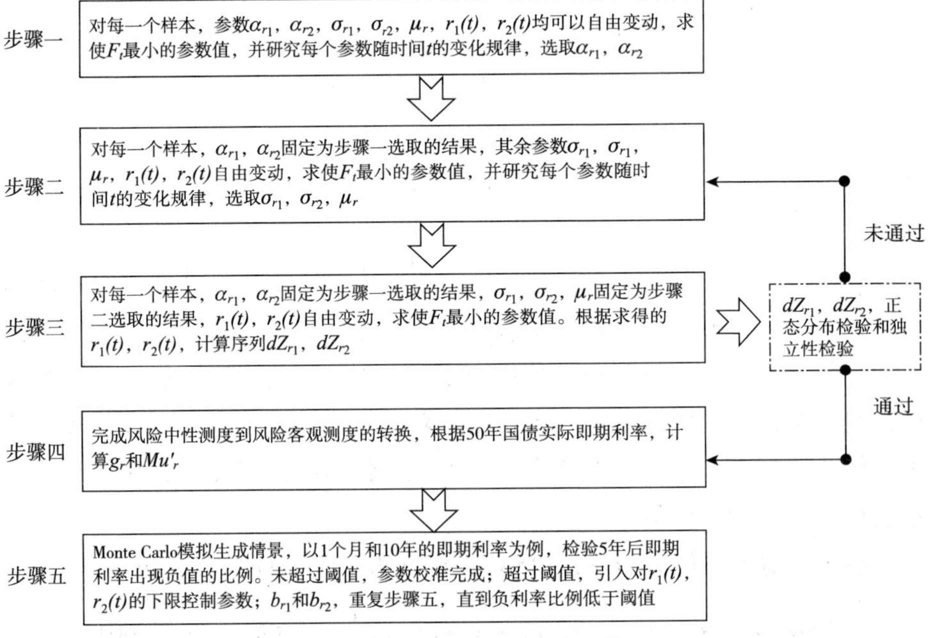

图 5－20　利率模型参数估计方法

下面，本书按照图 5 - 20 所示方法，逐步进行参数估计。

步骤一：估计与利率均值回复速度相关的参数。

在进行步骤一时，本书对参数的取值范围给定如表 5 - 19 所示。加入限制，是为了使参数的取值更符合经济学常理，防止模型过度拟合，出现无法用经济学逻辑解释的完美结果。此外，引入这些限制还能加快运算速度。

表 5 - 19　　参数取值约束——步骤一

参数	α_{r1}	α_{r2}	σ_{r1}	σ_{r2}	μ_r	g_r	r_1 (t)	r_2 (t)
下限	0.05	0.05	0.50%	0.05%	0.00%	n/a	0.00%	0.00%
上限	0.80	0.80	10.00%	5.00%	10.00%	n/a	20.00%	20.00%

通过计算发现，拟合结果如表 5 - 20 所示。

表 5 - 20　　拟合结果——步骤一

全局拟合误差	样本容量	约束边界结果数量	无效结果比例
0.0807%	154	16	10.00%

从表 5 - 20 可以发现，在 154 个样本中，有 16 个样本的最优结果参数取得了约束边界值，分别是 α_{r2}取得下限 3 个，σ_{r1}取得下限 2 个，σ_{r2}取得下限 11 个。比例较小，对步骤一的影响有限。全局拟合误差测度 $M = 0.0807\%$，意味着模型拟合结果对实际利率曲线的平均偏差为 8 个基点。

在步骤一中，所有参数都可自由变动，因此对每个样本利率曲线均能取得很好的拟合效果，以 2018 年 12 月底的数据为例，结果如图 5 - 21 所示。

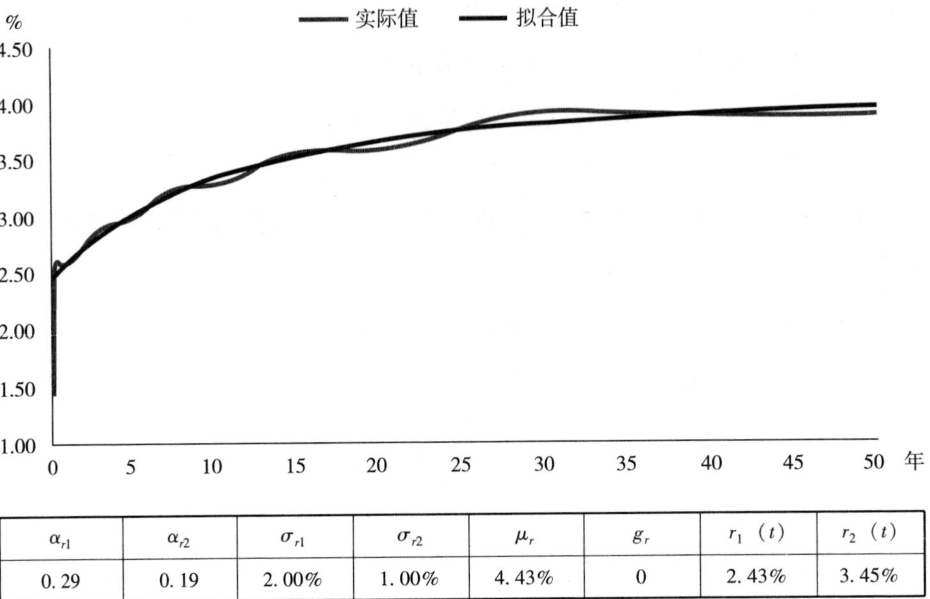

α_{r1}	α_{r2}	σ_{r1}	σ_{r2}	μ_r	g_r	$r_1\ (t)$	$r_2\ (t)$
0.29	0.19	2.00%	1.00%	4.43%	0	2.43%	3.45%

图 5－21　2018 年 12 月拟合结果——步骤一

在步骤一中，所有的参数均可以自由变动，参数估计的结果可以提供丰富的信息。为了把握利率的变动规律，更好地进行后面步骤的参数估计，本书需要对步骤一中所有参数的估计结果进行分析。

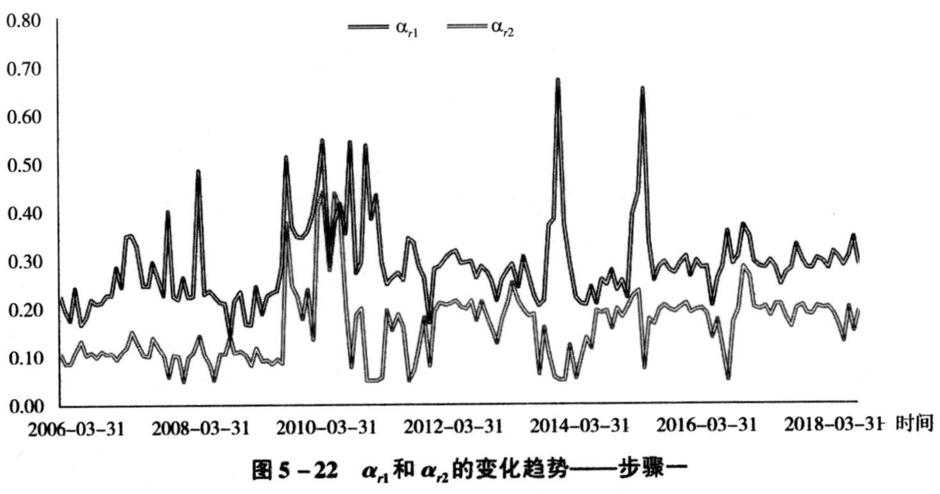

图 5－22　α_{r1} 和 α_{r2} 的变化趋势——步骤一

图 5－22 展示了从 2006 年 3 月至 2018 年 12 月最优拟合对应的 α_{r1} 和

α_{r2}的变化趋势。从图5－22中可以发现，α_{r1}的波动范围为0.15～0.67，均值水平为0.29。α_{r2}相对稳定，波动范围为0.05～0.44，均值水平为0.16。此外，从图中还可以发现，从2009年9月之后，α_{r1}和α_{r2}的水平明显抬升，可能的解释是金融危机之后央行的货币政策发生重大的变化，影响了利率传统机制，均值回复速度加快。此外，在当时时点，50年国债的正式发行，对利率曲线也存在影响。

图5－23展示了从2006年3月至2018年12月最优拟合对应的σ_{r1}和σ_{r2}的变化趋势。从图中可以发现，短期利率波动率的变化范围为0.50%～6.60%，均值水平为2.13%，均衡利率波动率的变化范围为0.05%～3.99%，均值水平为0.91%。在大部分时间内，短期利率的波动高于均衡利率，且脉冲式冲击时，两者波动率的变化存在明显的负相关。

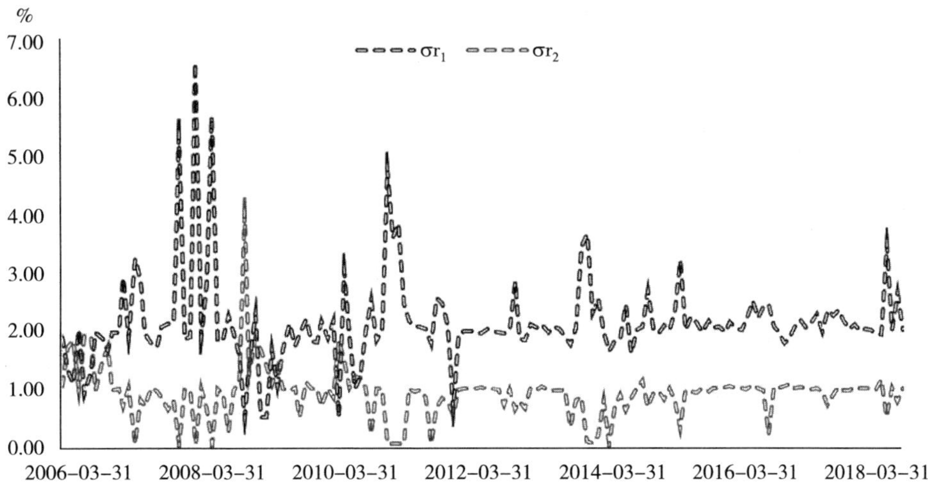

图5－23　σ_{r1}和σ_{r2}的变化趋势——步骤一

图5－24展示了从2006年3月至2018年12月，最优拟合对应的μ_r的变化趋势。从图5－24中可以发现，均衡利率的期望水平在4.07%～8.49%波动，均值水平为5.26%。

图5－25展示了从2006年3月至2018年12月最优拟合对应的r_1（t）和r_2（t）的变化趋势。从图中可以发现，短期利率r_1（t）的走势与国债的极短期利率走势高度同步。一般情况下r_2（t）也高于r_1（t）。

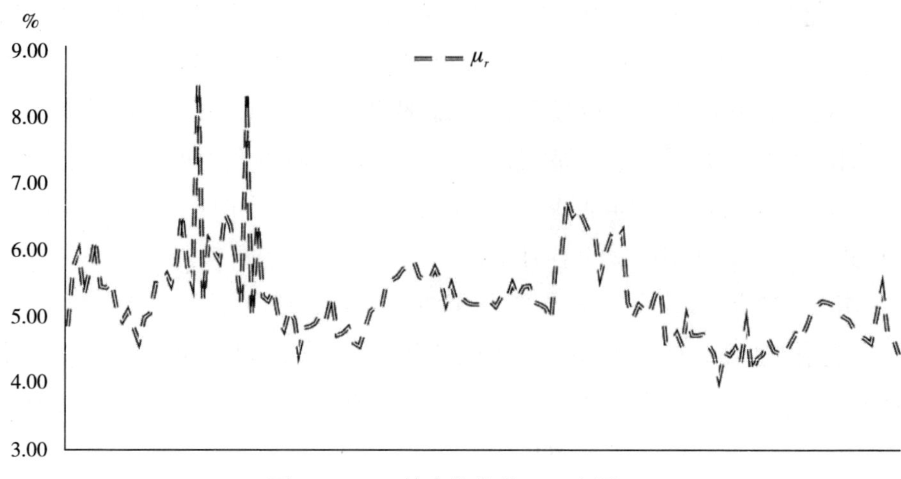

图 5－24　μ_r的变化趋势——步骤一

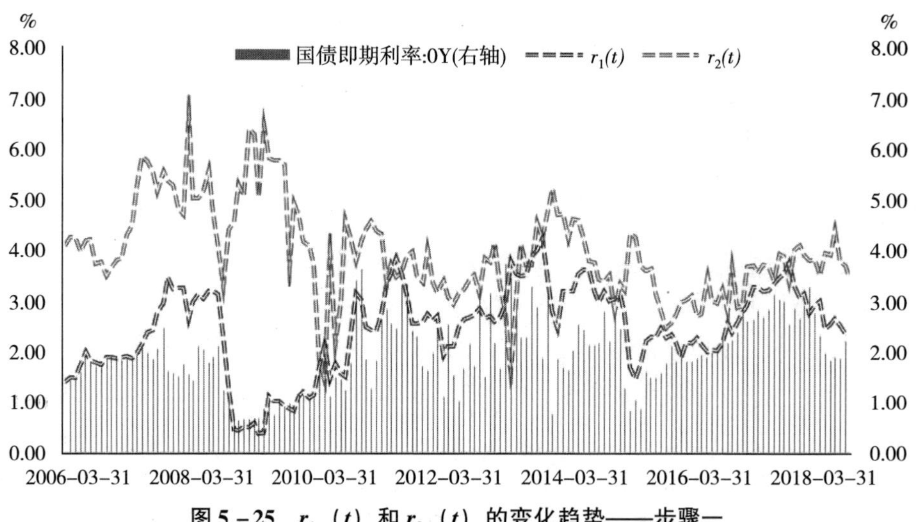

图 5－25　r_1（t）和r_2（t）的变化趋势——步骤一

此外，估计参数不是简单地选取历史平均水平，各个参数之间的勾稽关系以及拟合优度和参数的联系都可为后面步骤选取固定参数提供方向上的参考。所以，本书研究了步骤一中所有样本参数以及拟合误差测度之间的皮尔逊相关系数，结果如表 5－21 所示。

表 5－21　　参数间的相关系数——步骤一

	α_{r1}	α_{r2}	σ_{r1}	σ_{r2}	μ_r	r_1（t）	r_2（t）	F_t
α_{r1}	1.00	0.25	0.45	－0.40	－0.20	－0.06	－0.16	0.00
α_{r2}		1.00	－0.24	0.35	－0.49	－0.02	－0.62	0.10
σ_{r1}			1.00	－0.61	0.27	－0.38	－0.15	－0.06
σ_{r2}				1.00	－0.03	－0.38	－0.15	－0.06
μ_r					1.00	0.25	0.44	0.20
r_1（t）						1.00	－0.24	0.30
r_2（t）							1.00	－0.05
F_t								1.00

表 5－22　　α_{r1}和α_{r2}的结果——步骤一

全部样本			剔除取到约束边界的样本		
	α_{r1}	α_{r2}		α_{r1}	α_{r2}
当前值	0.29	0.19	当前值	0.29	0.19
过去 5 年均值	0.30	0.17	过去 5 年均值	0.30	0.18
上一个 5 年均值	0.30	0.18	上一个 5 年均值	0.29	0.19
所有历史均值	0.29	0.16	所有历史均值	0.28	0.17

根据表 5－22 所示的步骤一的结果可以发现，α_{r1}和α_{r2}的均值较为稳定。最终，本书选取的固定参数为$\alpha_{r1}=0.30$；$\alpha_{r2}=0.18$。

步骤二：确定与期望相关的参数。

根据步骤一选择的固定参数α_{r1}和α_{r2}进行步骤二，在不改变步骤一的其他参数约束条件的情况下，本书发现在大约 2/3 的样本拟合中，σ_{r1}和σ_{r2}会触碰到设置的上下限。由于步骤一的参数约束条件设置具有一定的随意性，这样的上下限取值对选取参数参考意义不大。我们需要了解参数长期的均衡水平就需要设置合理的上下限。因此，本书在步骤二中，将σ_{r1}和σ_{r2}的可行域收缩至步骤一的均值结果附近，即使最优结果取得上下限，依然可以作为设置参数的参考。此外，由于μ_r的取值波动不大，本书继续沿用步骤一的约束条件，所有参数的约束条件如表 5－23 所示。

表 5－23　　参数取值约束——步骤二

参数	α_{r1}	α_{r2}	σ_{r1}	σ_{r2}	μ_r	g_r	r_1 (t)	r_2 (t)
下限	0.30	0.18	1.00%	0.50%	0.00%	n/a	0.00%	0.00%
上限	0.30	0.18	3.00%	1.50%	10.00%	n/a	20.00%	20.00%

通过改变参数 σ_{r1}，σ_{r2}，μ_r，r_1（t）和 r_2（t）的取值，最小化每条样本曲线的 F_t，本书可以得到步骤二的结果。对于大部分样本结果均会取到约束边界，为保证样本量充足，仅考虑所有历史均值的情况。同时根据步骤一得到的 σ_{r1}、σ_{r2} 和 μ_r 均值，上述所有结果如表 5－24 所示。

表 5－24　　σ_{r1}、σ_{r2} 和 μ_r 的结果——步骤二

全部样本		剔除取到约束边界		步骤一均值	
	历史均值		历史均值		历史均值
σ_{r1}	2.44%	σ_{r1}	1.95%	σ_{r1}	2.13%
σ_{r2}	0.78%	σ_{r2}	0.99%	σ_{r2}	0.91%
μ_r	5.16%	μ_r	4.98%	μ_r	5.26%

步骤二的全局拟合误差测度 $M=0.0836\%$，和步骤一相比，变动不大，说明参数 α_{r1} 和 α_{r2} 的选取是恰当的。

由于步骤二和步骤三是一个循环反复的过程，在这里暂不确定 σ_{r1}、σ_{r2} 和 μ_r 选取表 5－24 中的哪组取值，用这三组数值分别进行步骤三，根据结果再选择。

步骤三：匹配当前利率，确定与当前时点相关的参数。

表 5－24 中的 3 组取值，结合步骤一中选取的 α_{r1} 和 α_{r2} 的取值，通过改变参数 r_1（t）和 r_2（t）的取值，最小化每条样本曲线的 F_t，可以得到步骤三的结果。同时针对三组数据进行噪音项的正态分布检验和独立性检验，所有结果摘要如表 5－25 所示。

表 5-25　　步骤三的结果摘要

	M	$dZ_{r_1}(t)$		$dZ_{r_2}(t)$		$dZ_{r_1}(t)$和 $dZ_{r_2}(t)$的相关性
		均值	标准差	均值	标准差	
数据组［1］	0.1502%	-0.01	0.11	-0.03	0.69	-0.30
数据组［2］	0.1508%	-0.02	0.14	-0.02	0.54	-0.29
数据组［3］	0.1600%	2-0.01	0.13	-0.04	0.59	-0.30
理论最优	0.0000%	0.00	0.08	0.00	0.08	0.00

从表5-25可以看出，步骤二中全部样本和剔除取到边界约束的样本结果差距不大。考虑它们的F_t序列，如图5-26所示。

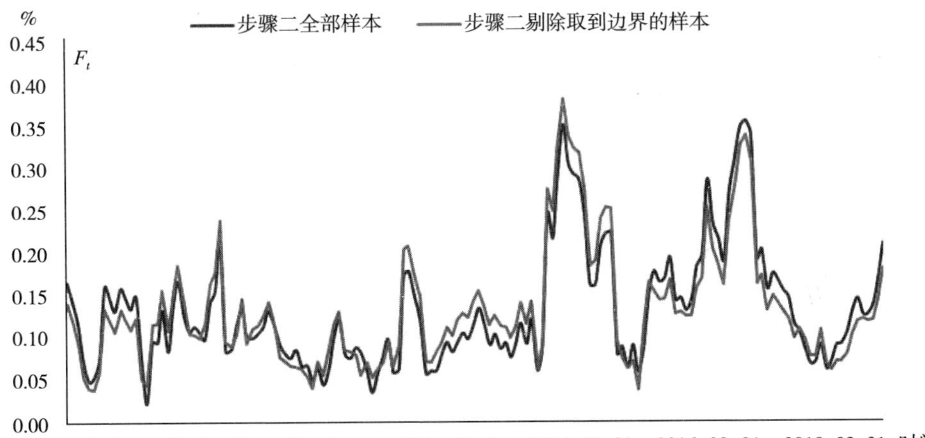

图5-26　数据组［1］和数据组［2］的结果比较——步骤三

从图5-26可以看出，步骤二中剔除取到边界约束的样本的参数在最近几年的拟合效果优于全部样本的参数。因此，本书选择步骤二中剔除取到边界约束的样本确定的参数作为模型参数。

选定参数后，本书进行正态分布和独立性检验。表5-25也展示了所选参数组产生的两个噪音序列dZ_{r_1}和dZ_{r_2}的均值和标准差，从统计特征值上看，与理论值相差不大。从分布形态上看，对两个序列做正态分布拟合，*AIC*情况较好，它们和同均值方差的正态分布概率密度对比如图5-27所示。

从dZ_{r_1}和dZ_{r_2}的相关系数上看，相关系数较小，不存在显著的相关性。dZ_{r_1}和dZ_{r_2}的散点图如图 5－28 所示。

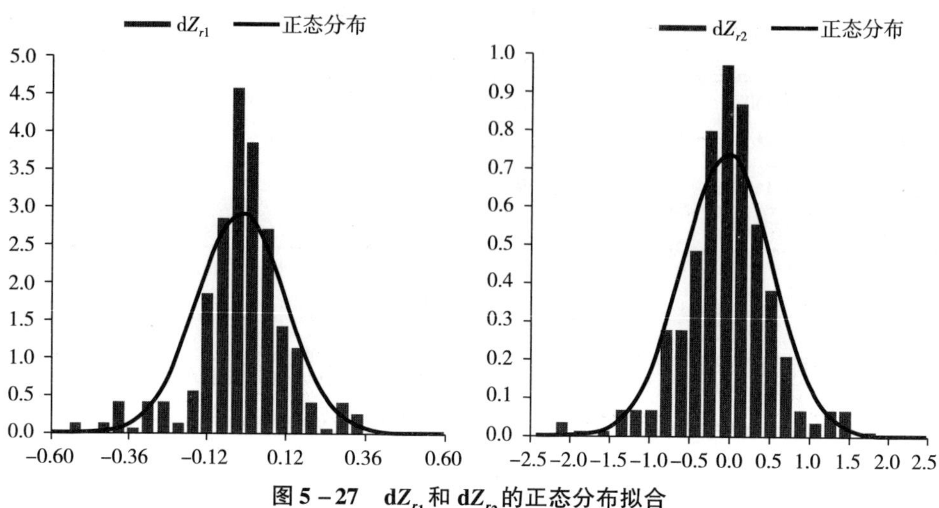

图 5－27　dZ_{r_1}和dZ_{r_2}的正态分布拟合

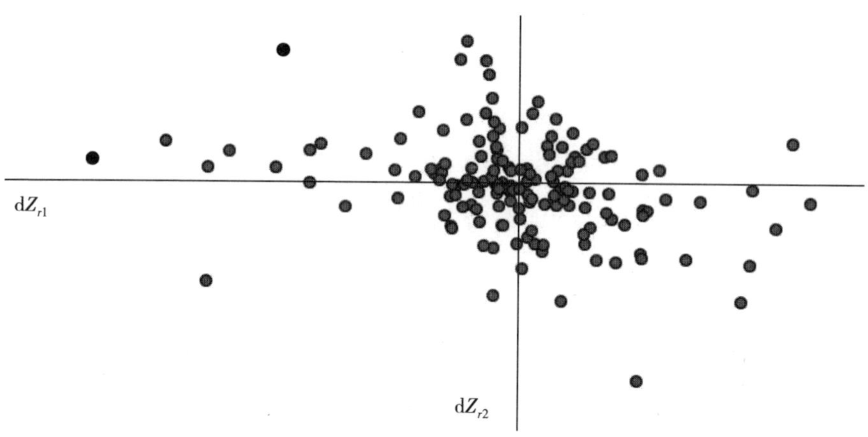

图 5－28　dZ_{r_1}和dZ_{r_2}的散点图

综上，选取的结果符合模型假设。

步骤四：期限利差控制参数估计，完成测度转换。

至步骤三，本书已经完成了风险中性测度下的参数估计，在步骤四中，本书将完成风险客观测度下的参数转换。根据历史数据，假设 50 年国债的即期利率均衡水平为 4.50%。需要注意的是 4.50% 是离散时间上的几何收益率，需要转化为连续时间上的几何收益率，即 ln（1 +

4.50%) =4.40%。本书假设如下关系成立。

$$\frac{R_{\text{风险中性}}(t,50)}{\lim\limits_{T\to\infty} R_{\text{风险中性}}(t,T)} \approx \frac{R_{\text{风险客观}}(t,50)}{\lim\limits_{T\to\infty} R_{\text{风险客观}}(t,T)} \tag{5-19}$$

根据式(5-5)、式(5-6)和式(5-19),本书可以计算出 g_r 的值为 -0.0107,以及风险客观测度下的 μ'_r =5.11%。

步骤五:负利率检验。

根据步骤一至步骤四选定的参数生成利率情景,考察出现负利率情景的占比。图5-29和图5-30分别展示了经过10万次Monte Carlo模拟,1个月国债即期利率和15年国债即期利率在未来5年每一时点左右两侧0.5%、10%、25%分位数水平以及均值水平。从图中可以直观地看到:①不管是短期利率还是长期利率均没有出现负利率;②相对于长期利率,短期利率出现负利率的概率更大。

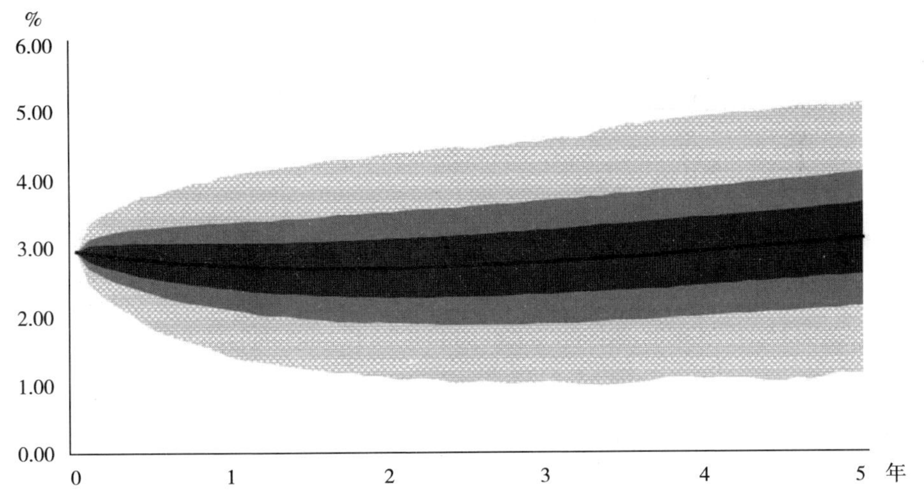

图5-29 1个月国债即期利率在未来5年的分布路径

所以,根据步骤五的检测结果,不需要引入利率下限的控制参数。当 t =2018年12月末时,本书最终选取的参数如表5-26所示。全局拟合误差 M =0.1508%,即模型平均偏离利率曲线15个基点。

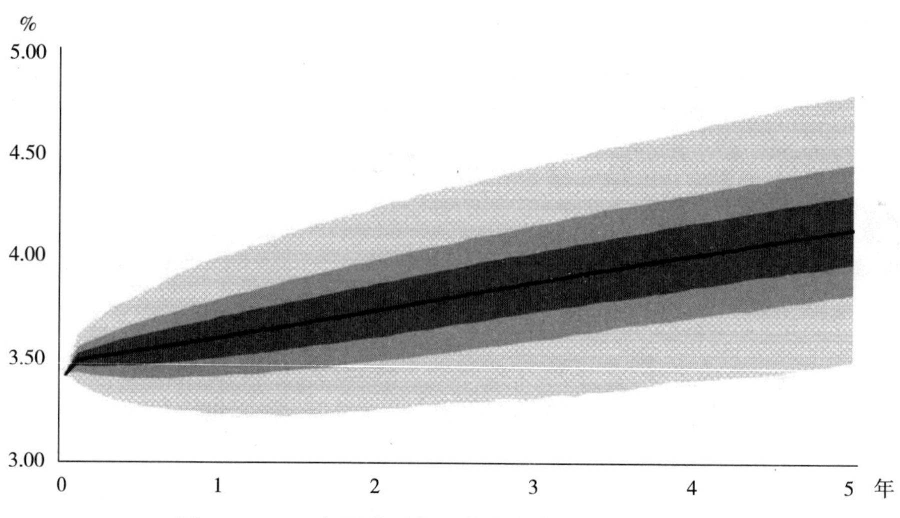

图 5－30　15 年国债即期利率在未来 5 年的分布路径

表 5－26　　利率模型参数（全局拟合误差 =0.1508%）

参数	α_{r1}	α_{r2}	σ_{r1}	σ_{r2}	μ_r	g_r	$r_1(t)$	$r_2(t)$
取值	0.30	0.18	1.95%	0.99%	5.11%	－0.0107	2.91%	1.87%

5.3.7.2　信用利差因子

信用利差因子使用简单的一阶自回归模型建模，参数估计较为简单。本书仍然采用最小二乘估计法，按照图 5－31 所示的方法进行参数估计。

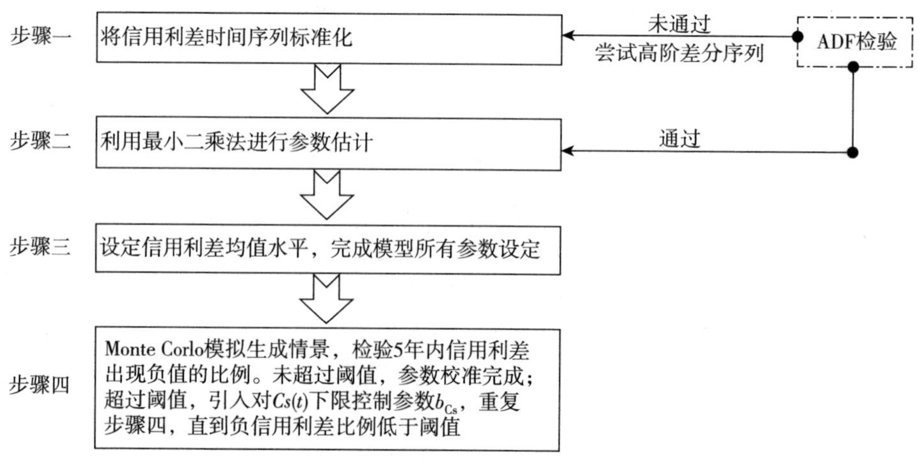

图 5－31　信用利差因子模型参数估计方法

步骤一：标准化时间序列的平稳性检验。

将信用利差时间序列标准化，样本均减去样本总体均值。记标准化后的信用利差为 $Cs'(t)$，根据式（5-9），则有：

$$Cs'(t+1) = (1-\alpha_c)Cs'(t) + \sigma_c \mathrm{d}Z_c(t) \tag{5-20}$$

使用 Matlab 软件中的 dfARTest 函数进行平稳性检验，返回值为 1，通过检验。全样本的平稳性检验已在 5.3.4 中列示过，此处不再展示详细结果。

步骤二：自回归系数和噪音项标准差的最小二乘估计。

使用 Matlab 软件编程进行参数估计，参数估计结果如表 5-27 所示。

表 5-27　　信用利差 AR 模型参数估计结果

	α_c	σ_c	*FPE*	*AIC*	*BIC*
取值	0.0928	0.65%	0.0000	-1678	-1678

步骤三：设定长期均值水平。

从图 5-32 可以发现，信用利差的中枢水平在不断下移，根据本书选择的数据样本，5 年 AA+企业债的信用利差：在过去 3 年内，均值水平为 1.41%；过去 5 年内，均值水平为 1.60%；在全样本区间内，均值水平为 1.84%。本书参考过去 5 年的均值水平，最终设定 $\mu_c = 1.60\%$。

步骤四：负信用利差检验。

本书仍以 0.5% 为检验阈值，图 5-32 展示了经过 10 万次 Monte Carlo 模拟，5 年 AA+企业债的信用利差在未来 5 年每一时点左右两侧 0.5%、10%、25% 分位数水平以及均值水平。从图 5-32 可以看到，不会出现负的信用利差。参数估计完成。

根据上面四个步骤的结果，当 $t = 2018$ 年 12 月末时，本书最终选取的参数如表 5-28 所示。

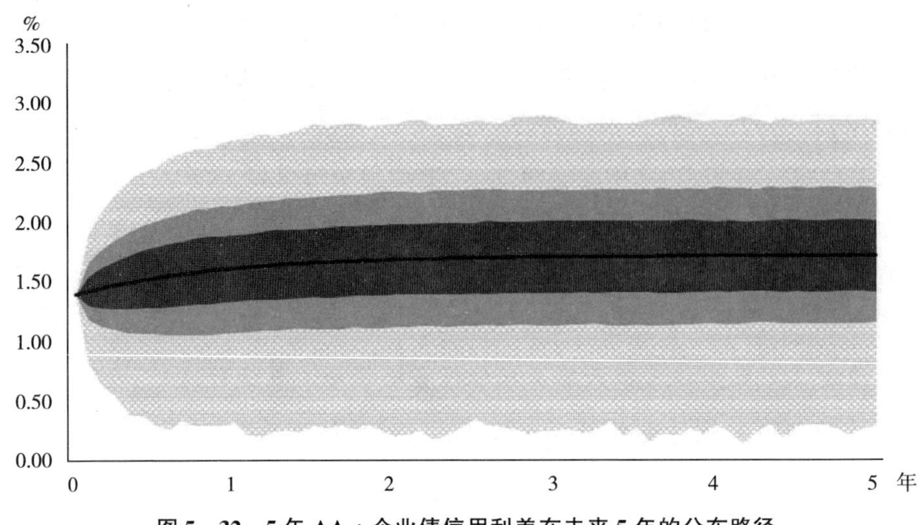

图 5－32　5 年 AA＋企业债信用利差在未来 5 年的分布路径

表 5－28　信用利差模型参数

α_c	σ_c	μ_c	$Cs\ (t)$
0.0928	0.65%	1.60%	1.39%

5.3.7.3　股票价格因子

Markov 区制转移模型的参数估计的难点在于区制变量定义未知。本书对该模型参数估计的方法主要参考了 Hamilton（1994）以及 Kim 和 Nelson（1999）的方法。参数估计的主要思路如下：首先构造相关问题的原始似然函数，该似然函数包含区制变量；然后对区制变量进行变形，得到用区制概率表达的新的似然函数；用 Hamilton 滤波法对区制概率进行估计，通过极大似然估计，得到相关的参数估计值。整个参数估计的方法如图 5－33 所示。

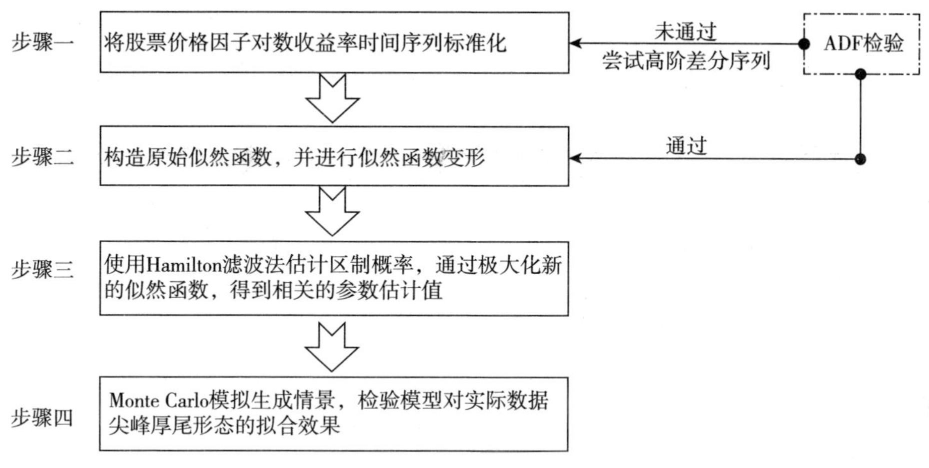

图 5－33　股票价格因子模型参数估计方法

步骤一：标准化时间序列的平稳性检验。

将股票价格因子对数收益率时间序列标准化，样本均减去样本总体均值。使用 Matlab 软件中的 dfARTest 函数进行平稳性检验，返回值为 1，通过检验。全样本的平稳性检验已在 5.3.4 中列示过，此处不再展示详细结果。

步骤二：构造似然函数并进行似然函数转换。

记股票价格因子模型对应的似然函数为 L，则有

$$\ln L = \sum_{t=1}^{T} \ln\left(\frac{1}{\sqrt{2\pi\sigma_{e,S_t}^2}} exp\left(-\frac{Eq(t)-\mu_{e,S_t}}{2\sigma_{e,S_t}^2}\right)\right) \qquad (5-21)$$

根据本书选择的样本，$T=204$。

如果在任一时刻 t，区制变量 S_t 的取值是已知的，那么式（5－21）为关于参数 $\mu_{e,1}$，$\mu_{e,2}$，$\sigma_{e,1}$ 和 $\sigma_{e,1}$ 的表达式只需要代入样本序列 Eq（t），最大化 ln$L$ 即可得到相关参数的估计值。但是，需要注意的是，在 Markov 区制转移模型中，区制变量 S_t 是未知的，这给参数估计带来了困难。

在区制变量 S_t 未知的情况下，为了对 Markov 区制转移模型的参数进行估计，本书考虑在区制为 j，以及系列信息集 θ 的条件下的似然函数 f（Eq（t）｜$St=j$，θ），则式（5－21）可变形如下：

$$\ln L = \sum_{t=1}^{T} \sum_{j=1}^{2} \{ f[Eq(t) \mid S_t = j, \theta] Pr(S_t = j) \} \tag{5-22}$$

从表达式可以看出，式（5－22）实际为各个区制下似然函数的加权求和，而权重由处于各区制的概率决定。

步骤三：使用 Hamilton 滤波法估计区制概率，通过极大似然估计得到参数估计结果。

为了可以运用式（5－22），需要知道处于各区制的概率，虽然这并不能直观得到，但是可以通过已知的信息推断。而根据新产生的信息，计算每个状态的滤波概率正是 Hamilton 滤波的基本原理。假设 Ψ_{t-1} 表示在 $t-1$ 时刻可获得的所有信息矩阵，则可使用 Hamilton 滤波法，按照如下步骤估计参数 $Pr(S_t = j)$。

（1）首先设定在初始时刻，区制变量 S_t 取到各数值的概率，即 $Pr(S_0 = j)$，其中 $j = 1$，2。初始值的设定可以随意，例如可以设定为 $Pr(S_0 = j) = 0.5$。

（2）设定 $t = 1$，根据截至时刻 $t-1$ 的所有信息，计算区制变量取到各数值的概率，计算公式如下

$$Pr(S_t = j \mid \Psi_{t-1}) = \sum_{i=1}^{2} P_{ji} [Pr(S_{t-1} = i \mid \Psi_{t-1})]$$

其中，P_{ji} 为式（5－10）矩阵中的元素。

（3）根据时刻 t 的最新信息，使用参数 $\mu_{e,1}$、$\mu_{e,2}$、$\sigma_{e,1}$、$\sigma_{e,2}$、P_{11} 和 P_{22}，计算 t 时刻的各似然函数 $f(Eq(t) \mid S_t = j, \Psi_{t-1})$，更新区制变量取到各数值的概率。然后根据如下公式，计算在最新的信息下区制变量取到各数值的概率

$$Pr(S_t = j \mid \Psi_t) = \frac{f(Eq(t) \mid S_t = j, \Psi_{t-1})\ Pr(S_t = j \mid \Psi_{t-1})}{\sum_{j=1}^{2} f(Eq(t) \mid S_t = j, \Psi_{t-1})\ Pr(S_t = j \mid \Psi_{t-1})}$$

（4）设定 $t = t + 1$，重复上述②和③，直到 $t = T$。自此，本书遍历了样本中的所有元素，因此可以计算从 $t = 1$ 到 $t = T$ 的每个时间点上的滤波平滑概率。

最后，通过极大化式（5－22）得到参数估计的结果。使用 Matlab 编程，遵循上面的步骤，得到的结果如表 5－29 所示。

表 5 - 29　　股票价格模型参数

$\mu_{e,1}$	$\sigma_{e,1}$	$\mu_{e,2}$	$\sigma_{e,1}$	P_{11}	P_{22}
-6.24%	18.91%	21.24%	42.17%	0.98	0.96

我国的股票市场价格并没有呈现牛市高收益低波动，熊市低收益高波动的传统股市的特征，而是表现出牛市高收益高波动，熊市低收益低波动的形态。也就是急速拉升，然后阴跌。可能的解释是：①A 股做空机制的缺乏；②市场交易者结构差异。

本书还计算出，对于沪深 300 处于区制 1 的平均期限为 50.71 个月，处于区制 2 的平均期限为 24.62 个月，牛短熊长。同时，图 5 - 34 展示了每个时点 t，模型处于每个区制的概率。该图基本和沪深 300 历史走势相同。此外，从图 5 - 34 还可以看出，在 2018 年底，$S_t=2$ 的平滑概率开始上升，牛市形态初显。

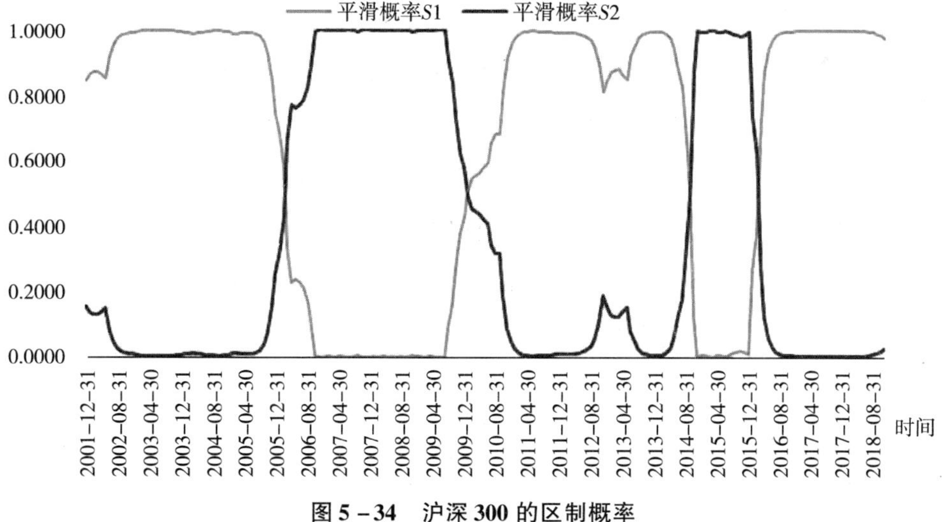

图 5 - 34　沪深 300 的区制概率

步骤四：厚尾特征检验。

通过 10 万次的 Monte Carlo 模拟，考察一个月超额对数收益率的分布，和样本数据比较，验证模型产生的股票价格收益率是否具备厚尾的特征。初始点概率选取无条件概率，结果如图 5 - 35 所示。

从图 5－35 可以看出，考虑左右两侧 0.5% 的分位数情况，模型产生的极端情况下的涨跌幅和历史数据高度接近，模型的确可以产生厚尾的股票价格收益率分布。

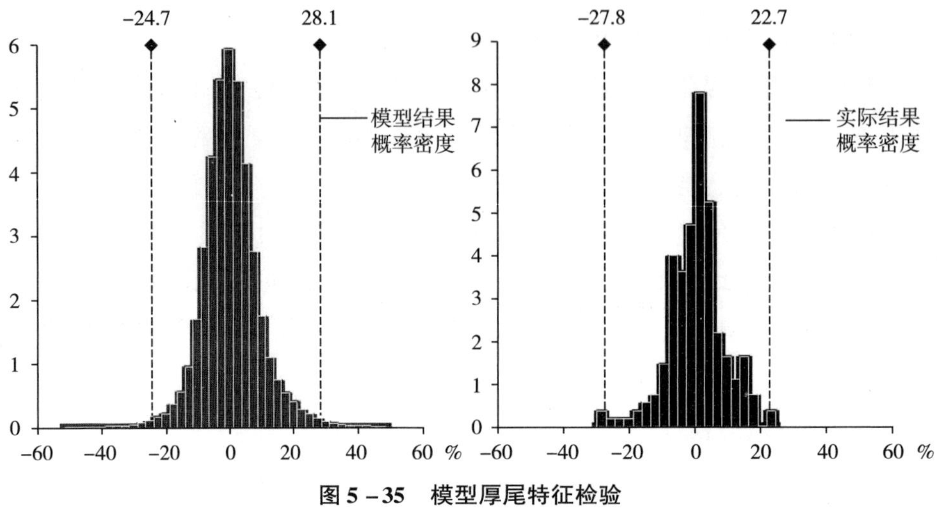

图 5－35　模型厚尾特征检验

最终，股票价格因子模型的参数估计结果如表 5－29 所示。

5.3.7.4　股票分红因子

股票分红因子模型的参数估计与信用利差类似，方法参考图 5－31。

步骤一：标准化时间序列的平稳性检验。

将分红率序列标准化，每个样本均减去样本的总体均值。记标准化后的分红率为 $Div'(t)$，根据式（5－13），则有

$$Div'(t+1) = (1-\alpha_d)\,Div'(t) + \sigma_d dZ_d(t) \qquad (5-23)$$

使用 Matlab 软件中的 dfARTest 函数进行平稳性检验，返回值为 1，通过检验。全样本的平稳性检验已在 5.3.4 中列示过，此处不再展示详细结果。

步骤二：自回归系数和噪音项标准差的最小二乘估计。

使用 Matlab 软件编程进行参数估计，求得参数估计结果如下：$\alpha_d = 0.5178$，$\sigma_d = 0.60\%$。同时结合股票价格模型中每年的平滑概率，对每年数据进行区制归类，再根据处于每个区制的无条件概率可以得到，$\sigma_{d,1} = 0.50\%$，$\sigma_{d,2} = 0.80\%$。

步骤三：设定长期均值水平。

沪深300的分红率存在明显的均值回复的特性，历史均值水平为2.08%，当前的分红率水平为2.55%。考虑到未来投资者结构以及监管政策的变化，由于MSCI纳入范围扩大，沪深300机构投资者占比提升，同时监管也鼓励优质的上市公司提高分红水平，因此本书认为未来5年沪深300的平均分红水平会略微上升，最终设定$\mu_d=2.50\%$。

步骤四：负分红率检验。

本书仍以0.5%为检验阈值，图5－36展示了经过10万次Monte Carlo模拟，沪深300分红率在未来5年每一时点左右两侧0.5%、10%、25%分位数水平以及均值水平。从图5－36可以看到，不会出现负的分红率。参数估计完成。

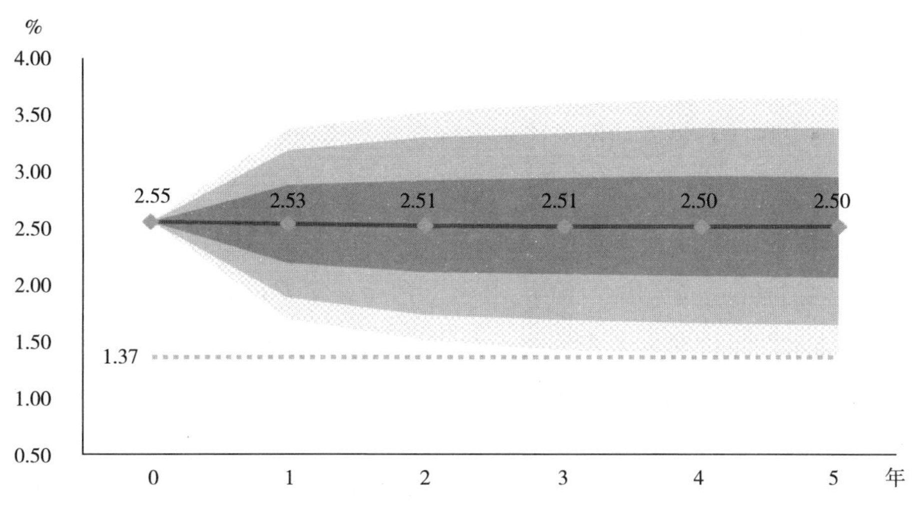

图5－36 沪深300分红率在未来5年的分布路径

根据上面四个步骤的结果，当$t=2018$年12月末时，本书最终选取的参数如表5－30所示。

表5－30 股票分红模型参数

α_d	$\sigma_{d,1}$	$\sigma_{d,2}$	μ_d	$Div(t)$
0.5178	0.50%	0.80%	2.50%	2.55%

5.3.7.5　流动性溢价因子

流动性溢价因子模型的参数估计与信用利差类似，方法参考图 5－31。

步骤一：标准化时间序列的平稳性检验。

将流动性溢价序列标准化，每个样本均减去样本的总体均值。记标准化后的流动性溢价为 $Liq'(t)$，根据式（5－14），则有：

$$Liq'(t+1) = (1-\alpha_l)\,Liq'(t) + \sigma_l dZ_l(t) \qquad (5-24)$$

使用 Matlab 软件中的 dfARTest 函数进行平稳性检验，返回值为 1，通过检验。全样本的平稳性检验已在 5.3.4 中列示过，此处不再展示详细结果。

步骤二：自回归系数和噪音项标准差的最小二乘估计。

使用 Matlab 软件进行参数估计，求得参数估计结果如下：$\alpha_l = 0.1624$，$\sigma_l = 0.39\%$。

步骤三：设定长期均值水平。

从历史数据看，流动性溢价中枢稳定，参考过去 5 年的均值水平最终设定 $\mu_l = 2.30\%$。

步骤四：负流动性溢价检验。

本书仍以 0.5% 为检验阈值，图 5－35 展示了经过 10 万次 Monte Carlo 模拟，流动性溢价在未来 5 年每一时点左右两侧 0.5%、10%、25% 分位数水平以及均值水平。从图 5－37 可以看到，不会出现负的流动性溢价。参数估计完成。

根据上面四个步骤的结果，当 $t = 2018$ 年 12 月末时，本书最终选取的参数如表 5－31 所示。

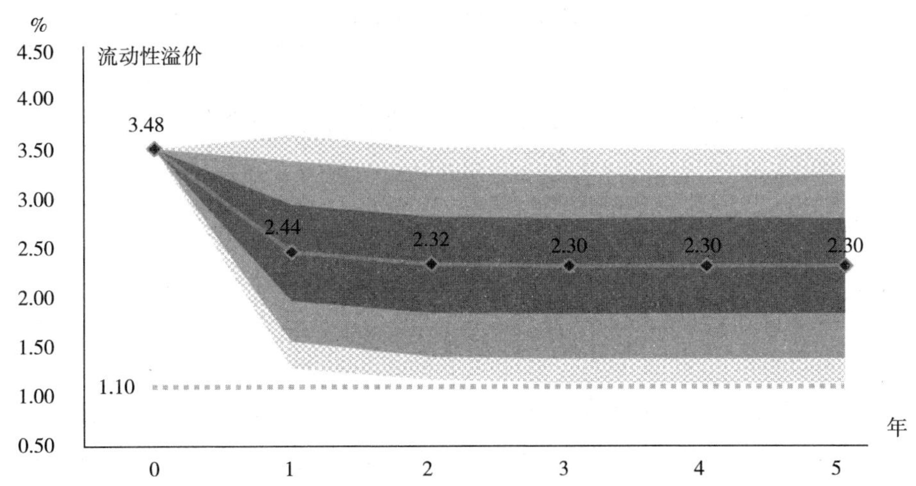

图 5－37　5 年 AA＋非标资产流动性溢价在未来 5 年的分布路径

表 5－31　流动性溢价模型参数

α_l	σ_l	μ_l	$Liq(t)$
0.1642	0.39%	2.30%	3.48%

5.3.7.6　相关系数

在实际情景中，各类资产的收益率往往表现出一定的相关性。对于这种重要的行为特征，模型系统也需要对此进行相应的模拟和刻画。目前，本书已经完成了各个风险因子模型的建立并进行了相应的参数估计。那么资产收益率相关性的问题便可以转化为因子模型噪音项的相关性问题。根据每个模型的微分方程以及估计好的参数结合样本数据，便可以计算出每个资产模型的噪音项时间序列，进而得到噪音项时间序列的历史相关系数。最后结合模型假设和经济学判断，本书在历史数据的基础上进行一定的调整，就能得到相关系数的最终估计结果。

根据 2007 年 10 月至 2018 年 12 月的数据，本书可以得到历史相关系数的结果，如表 5－32 所示。

表 5 – 32　　噪音项的历史相关系数

	Z_{r1}	Z_{r2}	Z_c	Z_e	Z_l
Z_{r1}	1.00	–0.29	–0.01	–0.04	–0.17
Z_{r2}	–0.29	1.00	0.20	0.23	–0.40
Z_c	–0.01	0.20	1.00	–0.10	–0.22
Z_e	–0.04	0.23	–0.10	1.00	–0.35
Z_l	–0.17	–0.40	–0.22	–0.35	1.00

本书基于以下几点考虑，对历史数据进行调整：

（1）模型系统只是为了刻画资产收益率间的主要相关性，因此本书设定如下规则：完全不相关则相关系数为 0；弱相关则相关系数为 0.25；中度相关则相关系数为 0.50；强相关则相关系数为 0.75；完全相关则相关系数为 1。

（2）利率模型假设 Z_{r1} 和 Z_{r2} 相互独立，因此相关系数调整为 0。

（3）股票分红率与股票价格收益高度负相关，相关系数设为 –0.75。同时，由于股票分红率只有年度数据，本书假设其噪音项与其他噪音项的相关系数等于股票价格收益噪音项与其他噪音项的相关系数乘以 –1。

最终，相关系数的估计结果如表 5 – 33 所示。

表 5 – 33　　相关系数估计值

	Z_{r1}	Z_{r2}	Z_c	Z_e	Z_d	Z_l
Z_{r1}	1.00	0.00	0.00	0.00	0.00	0.00
Z_{r2}	0.00	1.00	0.25	0.25	–0.25	–0.50
Z_c	0.00	0.25	1.00	0.00	0.00	–0.50
Z_e	0.00	0.25	0.00	1.00	–0.75	–0.25
Z_d	0.00	0.25	0.00	–0.75	1.00	–0.25
Z_l	0.00	–0.50	–0.50	–0.25	0.25	1.00

至此，本书完成了大类资产随机模型系统的参数估计。

5.4 实证分析

5.4.1 研究方法

在本章前面部分构建了一个基于风险因子的维度匹配偿二代风险划分规则的大类资产随机模型系统。为了研究本章建立的模型相对于静态模型在资产配置上的效用改善，本节进行了相应的实证研究。

根据本书的大类资产随机模型系统，除股票价格因子的收益率之外，其他风险因子的收益率均可以直接根据 Monte Carlo 模拟得出。对于股票价格因子收益率的预测方法，说明如下。

由于采用了 Markov 区制转移模型，假设区制变量服从一阶 Markov 链过程。需要注意的是，Markov 链具有无记忆性的特点，即下一期的状态只与当期状态有关，忽略了当期状态之前的信息。为了刻画股票价格的周期性特点，在预测股票价格未来变动时，需要考虑当期之前的信息。理论上最理想的做法：①根据估计的参数以及在初始时刻（T）的区制概率估计值，通过 Monte Carlo 模拟得出下一期（$T+1$）的股票价格因子收益率均值；②将该均值收益率加入已知的信息集，重新对所有参数进行估计；③根据重新估计的参数和重新得到的在 $T+1$ 时刻的区制概率估计值，通过 Monte Carlo 模拟，得出下一期（$T+2$）的股票价格因子收益率均值。如此重复，最终就可以得到股票价格因子收益率具有周期性的路径刻画。对于 Markov 区制转移模型，Monte Carlo 模拟通常需要 10 万次以上才能得到稳定的结果，同时本书采用的是月度模型，进行 3 年的预测时，需要进行 36 次参数估计，合计 3600 万次以上的 Monte Carlo 模拟，计算量巨大。

基于以上考虑，本书采用了简化近似处理。在只进行一次参数估计的基础上，通过选择恰当的初始区制概率，尽可能包含所有的已知信息。当使用 Markov 模型进行长期（例如 50 年）的股票价格因子收益率时，由于股市的周期（例如6年一个完整的牛熊周期）相对于预测时间很短，忽略已知信息对结果的影响不大，初始区制概率一般选择均衡无条件概率。当使用该模型进行较短时期（例如3年）的股票价格因子收益率时，忽略已知信息会对结果产生显著的影响。因此，需要让初始区制概率包含更多的已知信息。本书的做法如下：

（1）根据参数估计的结果，计算出每个区制的持续时间；

（2）根据每个区制的持续时间，在当前已知信息的基础上，对未来的区制变量取值进行简单线性外推；

（3）计算预测期内各区制状态的比例，将该比例作为各区制的初始概率。

为了研究使用建立的大类资产随机模型系统进行资产收益率和负债成本的预测，相对于静态模型在配置效果上的改善效果，本书将表5－18中的样本数据分拆为样本内数据和样本外数据。考虑资产配置时效期的假设为3年，本书选取2015年12月之前的数据为样本内数据，2016年1月至2018年12月的3年数据作为样本外数据。本书使用样本内的数据，重新估计大类资产随机模型系统在2015年底的参数，然后使用该模型预测每类资产和负债从2016年到2018年的3年年化收益率和成本率。同时，根据第4章的方法，重新得到静态模型在2015年底的各类资产和负债的收益率、成本率预测。然后仍以第4章中的典型寿险公司为例，根据静态和随机不同的收益率、成本率假设，考虑偿二代资本约束，得到两组最优资产配置，最后对其实际效果进行比较分析。

5.4.2 研究假设及数据说明

5.4.2.1 投资相关假设

在实证分析中，结合之前的分析，该寿险公司与投资相关的假设如下：

（1）不考虑交易成本，保险公司可以实时调整债券组合，保持国债组合和信用债组合的久期恒定。

（2）国债和信用债票息收入再投资，假设票息分别等于当时的15年国债即期利率和5年AA+的企业债即期利率。非标利息收入继续投资非标资产，再投资预期收益等于当时的非标资产收益率。

（3）不考虑非标资产的流动性，公司每年年底进行资产再平衡，回复到年初的资产比例。

（4）公司在起始点买入股票之后，一直持有。除了年底再平衡和分红再投资之外，其他时间没有交易操作。

（5）每年第三季度末一次性获得上一年的股票分红，股息分红用于股票再投资。

（6）用15年国债即期利率的变动和对应久期，近似估计持有国债的净价波动。用5年AA+企业债即期利率的变动和对应久期，近似估计持有信用债的净价波动。

（7）各类资产比例和杠杆率满足监管限制。

5.4.2.2　负债相关假设

在实证分析中，结合之前的分析，该寿险公司与负债相关的假设如下：

（1）考虑负债新业务，假设保险新业务现金流入和存量业务现金流出完全抵销，负债现金流形态保持不变，且久期恒定。

（2）负债成本率每年变动，等于10年国债即期利率过去750天的移动平均加上流动性溢价0.45%。

（3）用10年国债即期利率过去750天的移动平均值的变动和对应的负债久期，近似估计负债的公允价值变动。

（4）在未来3年内，保险风险的平均冲击幅度$\overline{RF}_{Agg,I}$保持不变。

5.4.2.3　数据说明

本书使用样本内数据，对大类资产随机模型系统重新进行了参数估计，结果如表5－34所示。

表 5－34　　大类资产随机模型参数估计结果（t＝2015 年底）

适用模型	符号	定义	参数估计值
无风险利率因子和期限利差因子	$r_1(t)$	短期利率	2.60%
	$r_2(t)$	短期利率的期望	1.49%
	α_{r_1}	$r_1(t)$ 的自回归系数	0.28
	α_{r_2}	$r_2(t)$ 的自回归系数	0.17
	σ_{r_1}	$r_1(t)$ 的年化波动率	1.71%
	σ_{r_2}	$r_2(t)$ 的年化波动率	1.16%
	μ_r	$r_2(t)$ 的期望	4.85%
	g_r	期限溢价控制参数率	0.02
信用利差因子	$Cs(t)$	信用利差因子收益	1.17%
	α_c	$Cs(t)$ 的自回归系数	0.12
	σ_c	$Cs(t)$ 的年化波动率	0.67%
	μ_c	$Cs(t)$ 的期望	2.00%
股票价格因子	$\mu_{e,1t}$	$Eq(t)$ 在区制＝1 时的期望	－6.24%
	$\sigma_{e,1}$	$Eq(t)$ 在区制＝1 时的年化波动率	27.24%
	$\mu_{e,2}$	$Eq(t)$ 在区制＝2 时的期望	20.79%
	$\sigma_{e,2}$	$Eq(t)$ 在区制＝2 时的年化波动率	42.50%
	P_{11}	区制状态从 1 到 1 的概率	0.98
	P_{22}	区制状态从 2 到 2 的概率	0.96
	$P_1(t)$	在时刻 t 区制状态为 1 的概率	1.00
股票分红因子	$Div(t)$	股票分红因子的收益率	2.37%
	α_d	$Div(t)$ 的自回归系数	0.52
	μ_d	$Div(t)$ 的期望	2.20%
	$\sigma_{d,1}$	$Div(t)$ 在区制＝1 时的年化波动率	0.60%
	$\sigma_{d,2}$	$Div(t)$ 在区制＝2 时的年化波动率	0.70%
流动性溢价因子	$Liq(t)$	流动性溢价因子的收益率	3.70%
	α_l	$Liq(t)$ 的自回归系数	0.22
	μ_l	$Liq(t)$ 的期望	2.70%
	σ_l	$Liq(t)$ 的年化波动率	1.43%

由于相关系数表示长期稳定的关系，仍然选取表 5－33 的结果。

此外，之前信用债和非标的违约假设信息在 2015 年底不可获知，考虑到在2015年前，债券违约的比例较低，重新设定违约率假设为0.10%。

根据上述参数，通过10万次Monte Carlo模拟可以得到随机模型的资产收益率和负债成本率的3年年化预测结果，如表5－35所示。

表5－35　　随机模型样本外预测结果

类别	符号	收益率或成本率
资产		
现金	A_0	2.99%
AFS国债	A_1	2.04%
AFS信用债	A_2	3.06%
股票	A_3	6.08%
HTM非标	A_6	6.16%
负债		
准备金负债	L_1	6.09%
其他负债	L_2	1.50%

同时，根据第4章4.4.2中使用的B－L方法，本书根据2015年的数据，重新设定了静态模型在2015年底关于资产收率和负债成本率的预测结果，结果如表5－36所示。其中，B－L模型中与股票主观预测模型的参数在2015年底选择如表5－37所示。

表5－36　　静态模型样本外预测结果

类别	符号	收益率或成本率
资产		
现金	A_0	2.32%
AFS国债	A_1	3.16%
AFS信用债	A_2	3.84%
股票	A_3	7.93%
HTM非标	A_6	5.73%
负债		
准备金负债	L_1	4.29%
其他负债	L_2	1.50%

表 5－37　　静态模型股票收益率预测主观模型在 2015 年底的参数

盈利增长	通货膨胀	股息率收	盈利稀释	当前 PE	历史 PE 均值	估值回复周期
8.00%	2.00%	2.41%	1.00%	13.67	10.94	3.00

最后，根据 2016—2018 年的实际市场数据，可以得到每类资产的实际收益率和负债的实际成本率。为了方便使用和比较，将表 5－35、表 5－36 和实际数据整合起来，如表 5－38 所示。

本小节剩余部分将依据表 5－38 进行实证分析。

表 5－38　　样本外模型预测数据和实际数据对比

类别	符号	实际结果	静态模型预测	随机模型预测
资产				
现金	A_0	3.06%	2.32%	2.99%
AFS 国债	A_1	2.49%	3.16%	2.04%
AFS 信用债	A_2	3.51%	3.84%	3.06%
股票	A_3	－5.68%	7.93%	6.08%
HTM 非标	A_6	6.07%	5.73%	6.16%
负债				
准备金负债	L_1	5.21%	4.29%	6.09%
其他负债	L_2	1.50%	1.50%	1.50%

5.4.3　对股东价值影响的对比分析

以最大化一年后的股东价值为目标，约束条件同第 4 章中的实证分析一致，考虑如下因素：①偿付能力充足率 224% 对应的最低总额资本；②各类资产比例和杠杆率满足监管限制。根据表 5－36 的假设，可以分别得到静态模型和随机模型下的最优资产配置比例，结果如表 5－39 所示。

表 5－39　　最优资产配置比例

类别	符号	静态模型结果	随机模型结果
现金	A_0	－20.00%	－20.00%
AFS 国债	A_1	25.05%	0.00%

续表

类别	符号	静态模型结果	随机模型结果
AFS 信用债	A_2	50.65%	81.43%
股票	A_3	19.30%	13.57%
HTM 非标	A_6	25.00%	25.00%

同时考虑到资产配置的时效性为3年，结合表5-38中资产收益率和负债成本率实际结果数据，得到静态模型配置和随机模型配置对应的2016—2018年的股东价值。摘要数据比较如表5-40所示，月度变动路径比较如图5-38所示。

表5-40　静态模型配置和随机模型配置的股东价值摘要结果

单位：百万元

类别	静态模型结果	随机模型结果
期间最大股东价值	2000	2000
期间最小股东价值	1139	1271
期间平均股东价值	1521	1639
第3年末股东价值	1633	1880

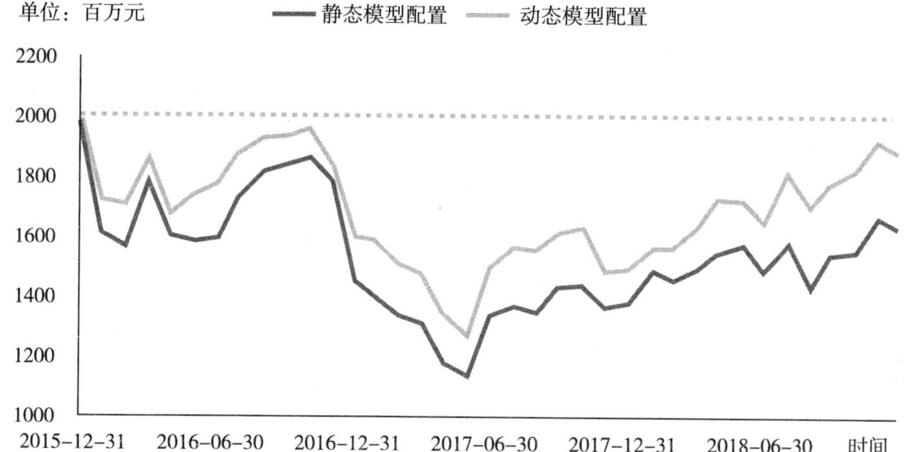

图5-38　静态模型配置和随机模型配置的股东价值路径比较

从表5-40中可以发现，无论是静态模型的配置还是随机模型的配置，在第 3 年末均未能实现股东价值的增长。为了更好地理解静态模型和随机模型在配置上的差异，本书首先回顾了 2016—2018 年 3 年的市场状况。

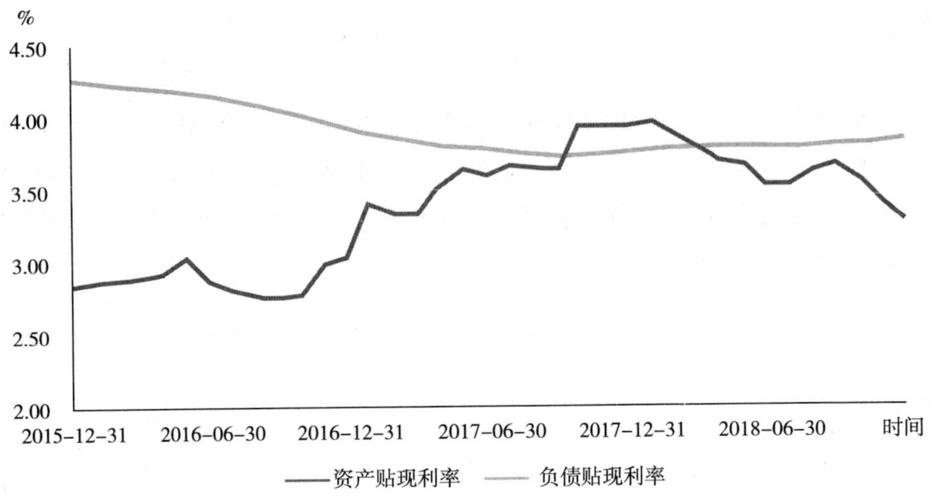

图 5－39　资产贴现利率和负债贴现利率走势

首先看利率的变动情况，以 10 年国债为例，图 5－39 展示了资产贴现利率和负债贴现利率在 2016—2018 年的变动情况。从图中可以发现，对于资产而言，从 2015 年底至 2018 年底利率是上升的，造成债券公允价值的损失，从而拉低了债券的总体收益率。对负债而言，从 2015 年底至 2018 年底贴现利率是下降的，造成负债公允价值变大，从而抬升了负债的总体成本率。

在偿二代框架下，虽然资产和负债公允价值的计量均采用了无风险利率进行贴现，但负债采用了 750 天移动平均的平滑贴现率曲线，存在一定时滞性，可能造成资产和负债贴现利率的反向变动。

接下来看股票市场的表现，沪深 300 指数在 2015 年底至 2018 年的走势如图 5－40 所示。在样本外数据对应的时间内，沪深 300 指数累计下跌 19.3%。

资产端，债券和股票均表现不佳，同时负债贴现利率的下行导致负债的上升，因而造成股东价值未能实现正增长。

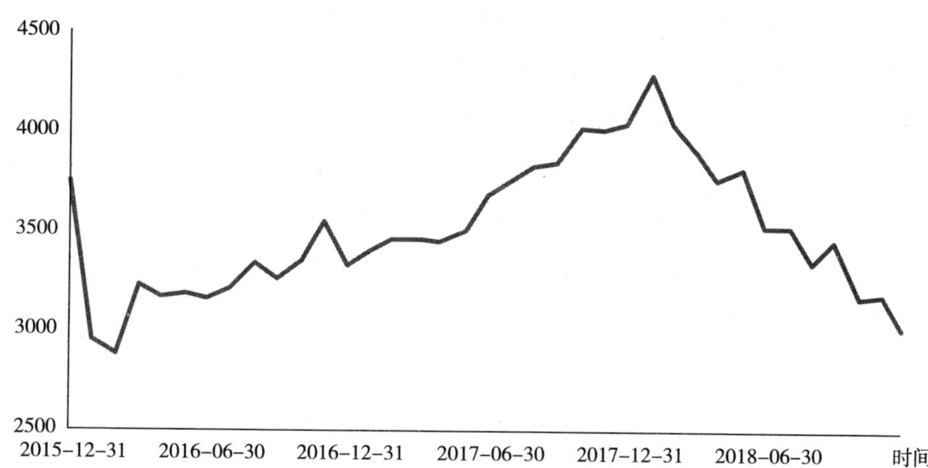

图 5－40　沪深 300 指数走势

尽管如此，在偿二代的资本约束下进行资产配置，随机模型相对于静态模型在股东价值的提升上结果依然是显著的。从表 5－40 中可以发现，使用随机模型在第 3 年末，股东价值提升了 2.47 亿元，并且从图 5－38 中也可以看出，在任意时间点，随机模型下的资产配置对应的股东价值均高于静态模型下的配置结果，对股东价值平均提升了 1.57 亿元。

对于随机模型是如何改善了配置效果，本书也进行了进一步分析。对比表 5－38 中的数据可以发现，随机模型的收益率和成本率预测相对于静态模型在方向上的变动如表 5－41 所示。

表 5－41　　随机模型对收益率和负债成本率的修正方向

类别	符号	静态模型预测	随机模型修正	实际变动方向
资产				
现金	A_0	2.32%	↑	↑
AFS 国债	A_1	3.16%	↓	↓
AFS 信用债	A_2	3.84%	↓	↓
股票	A_3	7.93%	↓	↓
HTM 非标	A_6	5.73%	↑	↑
负债				
准备金负债	L_1	4.29%	↑	↑
其他负债	L_2	1.50%	假设不变	假设不变

从表5－41中可以发现，随机模型预测的资产收益率和负债成本率，相对于静态模型的结果，在方向上的修正与实际的变动方向完全一致。这说明本书构建的大类资产随机模型系统在模拟金融资产的价格变动趋势时是有效的。

接下来，进一步考察各资产收益率和各负债成本率的排序。需要特别说明的是，对于股票而言静态模型中的假设已经通过B－L模型得到了部分修正。在静态模型中，股票收益率主观预测的模型考虑了盈利、通胀以及估值的均值回复且信度因子较高，因此股票的收益率结果相对于传统的均值估计已经有了很大的改善。在随机模型中，股票的收益率的预测进一步向正确的方向修正。相对于实际的股票收益率，随机模型中的股票收益率虽然识别了正确的方向（熊市，低收益率），但在其幅度上并没有特别剧烈。这与在5.4.1中提到的Markov区制转移模型的简化预测方法有关。本书采用修正初始区制概率的方法虽然可以进行一定程度的改善，但仍存在改善不足的问题。经过测算估计，如果严格按照每月重新修正参数的方法，随机模型预测的股票收益率在－1%～0%，可以进一步使结果改善。本书考虑股票收益率为最后改善后的结果，则按照升序排列（收益率最高的序数为1）的结果如表5－42所示。

从表5－42中可以发现，考虑股票修正后的收益率，随机模型预测的资产收益率排序和负债成本率排序，与实际结果完全吻合。

综上，相对于静态模型，随机模型在对收益率和成本率进行预测时，在对研究对象的变动方向和变动幅度的识别上都是有效的。构建合理的随机模型可以提高资产风险调整后收益的排序精度，从而改善配置效果，有效地提升股东价值。

表5－42　　　　收益率和负债成本率的排序

类别	符号	静态模型预测	随机模型预测	实际结果
资产				
现金	A_0	5	3	3
AFS国债	A_1	4	4	4
AFS信用债	A_2	3	2	2

续表

类别	符号	静态模型预测	随机模型预测	实际结果
股票	A_3	1	5	5
HTM 非标	A_6	2	1	1
负债				
准备金负债	L_1	1	1	1
其他负债	L_2	2	2	2

5.4.4 对偿付能力充足率影响的对比分析

本书也考察随机模型下的配置相对于静态模型，在偿付能力充足率方面是否存在改善。依然使用表 5－39 中的配置结果，结合表 5－38 中资产收益率和负债成本率的实际结果数据，得到静态模型配置和随机模型配置对应的 2016—2018 年的偿付能力充足率。摘要数据比较如表 5－43 所示，月度变动路径比较如图 5－41 所示。

表 5－43　　静态模型配置和随机模型配置的 SR 摘要结果

类别	静态模型结果	随机模型结果
期间最大偿付能力充足率	224%	224%
期间最小偿付能力充足率	126%	148%
期间平均偿付能力充足率	173%	192%
第 3 年末偿付能力充足率	200%	218%

在偿二代的资本约束下进行资产配置，随机模型相对于静态模型在偿付能力充足率稳定性的改善上效果依然是显著的。从表 5－43 中可以发现，使用随机模型，在第 3 年末偿付能力充足率提高了 18%。同时，在资本市场剧烈波动时，最低的偿付能力充足率也高于静态模型下的结果，提高了 22%，降低了保险公司被监管介入的风险。从图 5－41 中也可以看出，在任意时间点，随机模型下的资产配置对应的偿付能力充足率高于静态模型下的配置结果，对偿付能力充足率平均提升了 19%。

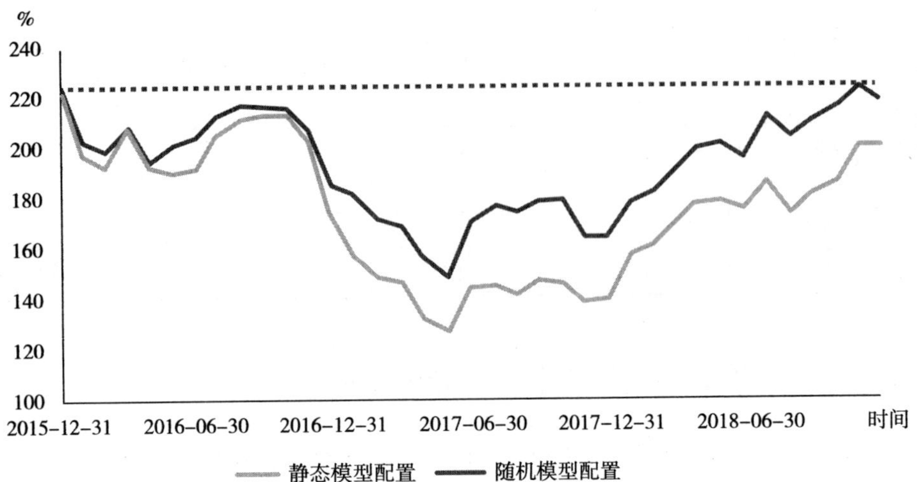

图 5-41　静态模型配置和随机模型配置的 SR 路径比较

进一步考察，对偿付能力稳定性的改善是来源于实际资本，还是最低资本，或者两者兼而有之。由于实际资本即为股东价值，在前面一个问题中已经详细讨论不再赘述，主要考察最低资本。以随机模型下资产配置的最低资本除以静态模型下资产配置的最低资本的比率为研究对象，结果如图 5-42 所示。该比率的平均值为 0.99，接近 1，说明随机模型下偿付能力充足的改善主要来源于对实际资本的改善。

本书进一步对两组组合最低资本的构成进行了对比，主要考察了一级风险和市场风险，结果如表 5-44 所示。

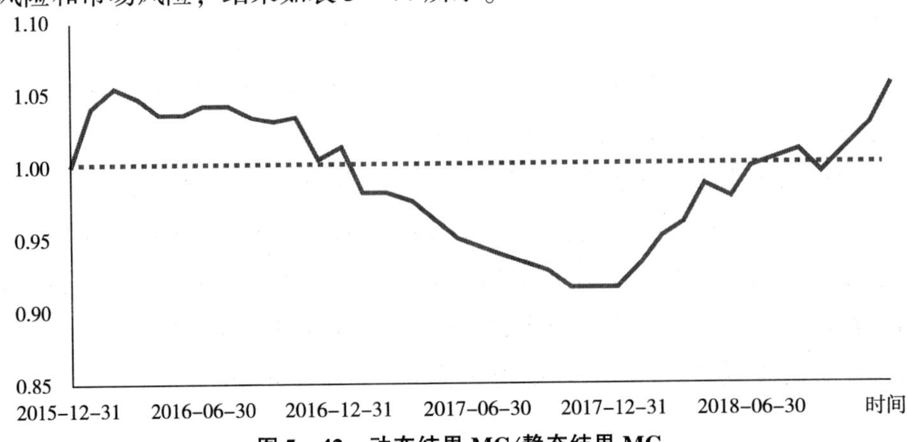

图 5-42　动态结果 MC/静态结果 MC

从表 5－44 容易看出，随机模型的资产配置在各个风险上的分布较静态模型下的资产配置更为均匀，更好地反映了分散效应。

表 5－44　　静态模型配置和随机模型配置的 MC 构造比较

	静态模型结果	随机模型结果
一级风险（考虑分散效应后的比例）		
保险风险	23%	22%
市场风险	60%	46%
信用风险	17%	32%
市场风险（考虑分散效应后的比例）		
利率风险	14%	42%
权益风险	86%	58%

综上分析，随机模型下的最优资产配置可以提高偿付能力充足率的稳定性，有效降低资本市场波动时保险公司偿付能力充足率触碰监管红线的风险。此外，从资产组合最低资本的分布上，也验证了本书建立的与偿二代风险测度匹配的风险因子层叠方法是合理有效的。

5.5　拓展分析

5.5.1　研究方法

利用随机模型系统构建情景发生器，模拟未来 5 年各种资产收益率的走势，在此基础上对第 4 章静态模型实证研究中没有完全解决的资本约束下的最优资产配置带来的效率损失问题，尾部风险等问题进行进一步的拓展分析。

5.5.2　研究假设及数据说明

为了使分析具有连续性，在本节中继续使用第 4 章对应问题中的数值例子。在第4章中，所有假设均为在2018年底的数据，保持一致，本书使用大类资产随机模型系统在2018年底的参数值，进行Monte Carlo模拟，生成经济情景。所有参数估计的工作在5.3.7中已经完成，为方便使用，汇总如表5-45所示。

表5-45　大类资产随机模型参数估计结果（t=2018年底）

适用模型	符号	定义	参数估计值
无风险利率因子和期限利差因子	$r_1(t)$	短期利率	2.91%
	$r_2(t)$	短期利率的期望	1.87%
	α_{r_1}	$r_1(t)$ 的自回归系数	0.30
	α_{r_2}	$r_2(t)$ 的自回归系数	0.18
	σ_{r_1}	$r_1(t)$ 的年化波动率	1.95%
	σ_{r_2}	$r_2(t)$ 的年化波动率	0.99%
	μ_r	$r_2(t)$ 的期望	5.11%
	g_r	期限溢价控制参数率	-0.01
信用利差因子	$Cs(t)$	信用利差因子收益	1.39%
	α_c	$Cs(t)$ 的自回归系数	0.09
	σ_c	$Cs(t)$ 的年化波动率	0.65%
	μ_c	$Cs(t)$ 的期望	1.60%
股票价格因子	$\mu_{e,1t}$	$Eq(t)$ 在区制=1时的期望	-6.24%
	$\sigma_{e,1}$	$Eq(t)$ 在区制=1时的年化波动率	18.91%
	$\mu_{e,2}$	$Eq(t)$ 在区制=2时的期望	21.24%
	$\sigma_{e,2}$	$Eq(t)$ 在区制=2时的年化波动率	42.17%
	P_{11}	区制状态从1到1的概率	0.98
	P_{22}	区制状态从2到2的概率	0.96
	$P_1(t)$	在时刻t区制状态为1的概率	0.97
股票分红因子	$Div(t)$	股票分红因子的收益率	2.55%
	α_d	$Div(t)$ 的自回归系数	0.52
	μ_d	$Div(t)$ 的期望	2.50%
	$\sigma_{d,1}$	$Div(t)$ 在区制=1时的年化波动率	0.50%
	$\sigma_{d,2}$	$Div(t)$ 在区制=2时的年化波动率	0.80%

续表

适用模型	符号	定义	参数估计值
流动性溢价因子	*Liq* (*t*)	流动性溢价因子的收益率	3.48%
	α_l	*Liq* (*t*) 的自回归系数	0.16
	σ_l	*Liq* (*t*) 的年化波动率	2.30%
	μ_l	*Liq* (*t*) 的期望	1.36%

相关系数假设同表5-33，其他假设同5.3.2。

5.5.3 资本约束下投资效率损失问题

在静态模型中，本书发现和Markowitz均值—方差模型比较，偿二代约束下的最优资产配置对股东价值增长存在效率损失的问题。首先回顾一下两者在资产配置上的区别。在Markowitz均值—方差模型的风险度量中，久期错配不被定义为风险，所以相较于偿二代约束下的最优配置，Markowitz均值—方差模型下的结果会保留久期缺口，选择配置夏普比率更高的信用债，而不配置利率债，同时配置更高比例的权益资产。股东价值，即实际资本是由认可资产和认可负债同时决定的，从直观上分析，偿二代约束下的最优资产配置是否存在效率损失取决于未来利率的走势，以及权益资产的收益率是否符合预期。

根据表5-45中的参数设置，进行10万次Monte Carlo模拟，可以得到如图5-43和图5-44的结果。从图5-43和图5-44可以看出，从当前的资产价格水平出发，按照历史规律去演变，那么未来5年，利率呈现上升趋势，同时权益资产的收益率也略高于静态模型中的假设。为了更全面地研究偿二代约束下资产配置的效率损失问题，同时还需要考虑未来5年利率下降趋势，同时权益资产的收益率低于预期的情况。虽然这与对未来5年的预测相反，但需要注意的是，这里提到的预测只是均值，而未来资产价格的变动是随机变量，任何情景都可能出现，区别只在于概率不同。此外，在这部分中，本书未考虑由于保险风险导致的股东价值损失。

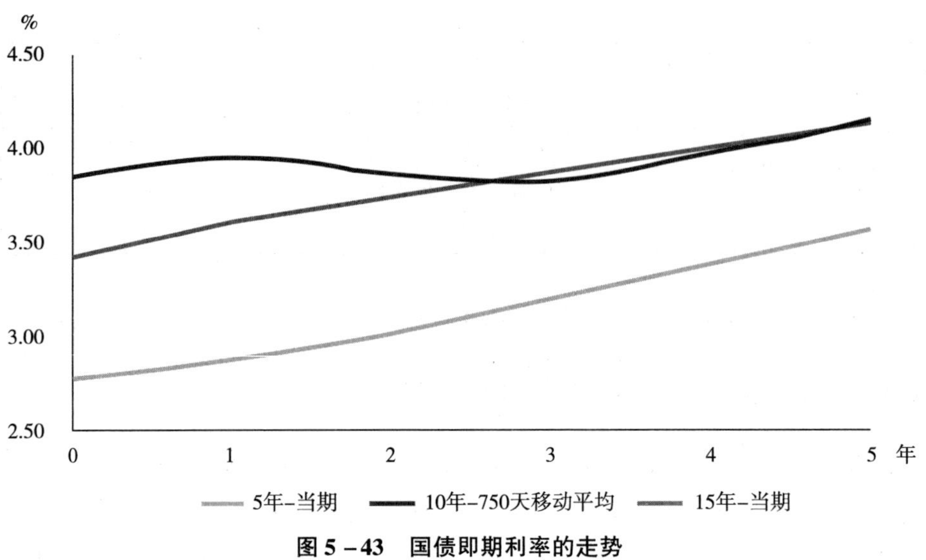

图 5-43 国债即期利率的走势

经济情景发生器为本书研究提供了极大的便利，只需要改变模型参数的取值，就可以生成期望的经济情景。如果将利率模型中的 μ_r 的取值从 5.11% 下调为 3.00%，同时将股票价格模型中，在 0 时刻处于区制 1 的概率 $Pr\ (S_t=1)$ 从 0.974 上调为 1，同样通过 10 万次 Monte Carlo 模拟，对应图 5-43 和图 5-44 的结果如图 5-45 和图 5-46 所示。

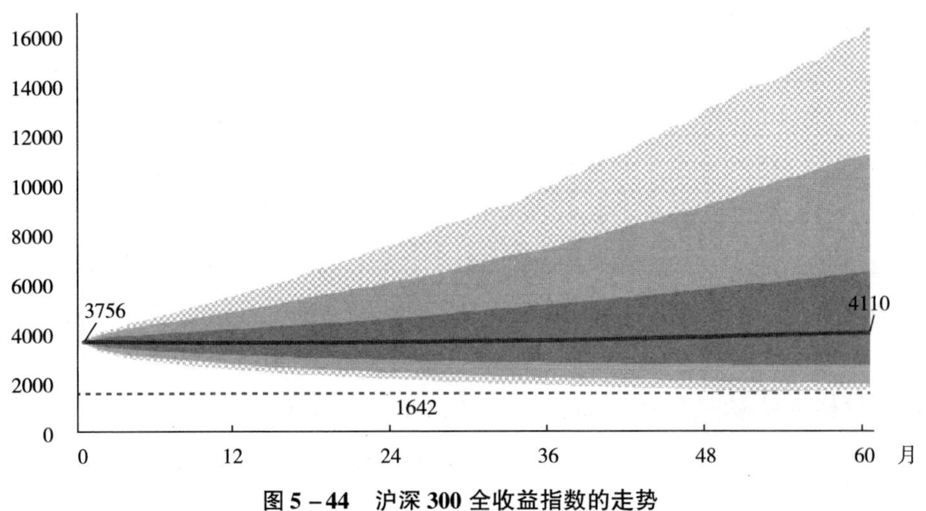

图 5-44 沪深 300 全收益指数的走势

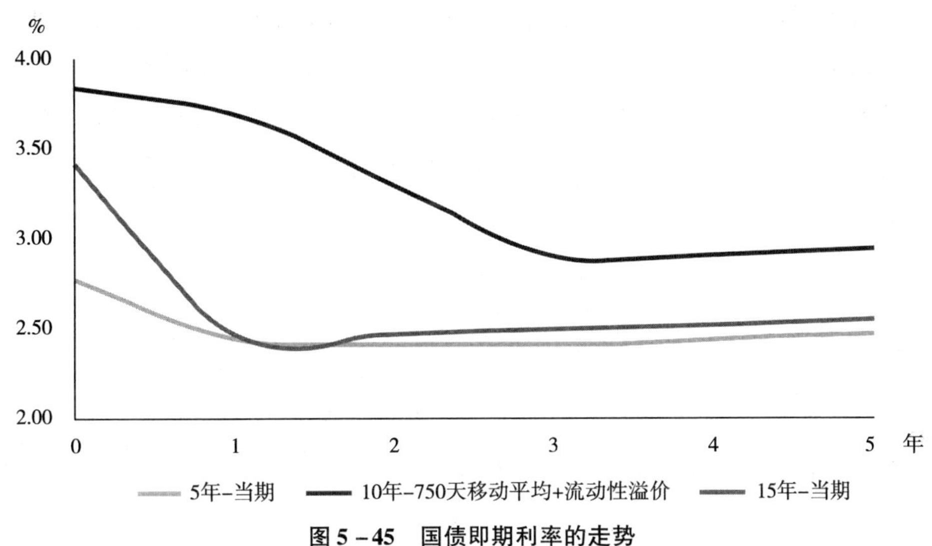

图 5－45　国债即期利率的走势

从图 5－45 和图 5－46 可以看出，在未来 5 年，利率呈现下降趋势，同时沪深 300 全收益指数在 5 年末的众数也低于之前的水平。

此外，本书还将区分利率变动的不利方向为上行还是下行，即资产久期是大于负债久期还是小于负债久期，对该问题分别进行考察。

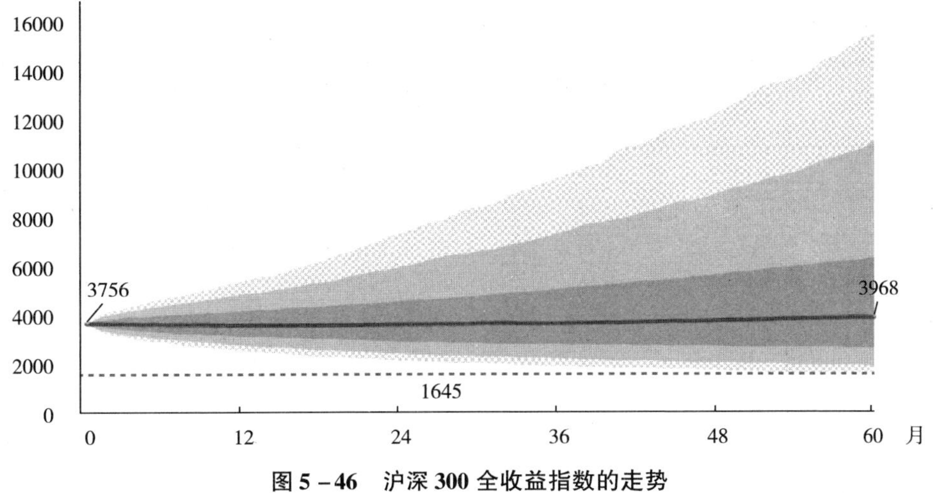

图 5－46　沪深 300 全收益指数的走势

综上考虑，本书考虑 4 个组合在上述的两种情形下，对该问题进行研究。具体情况如表 5－46 所示。

对于固定的参数μ_r以及Pr（$S_t=1$）进行10万次Monte Carlo模拟。本书以第5年末的股东价值为研究对象，考察相关的效率损失问题。需要注意的是，表5-46中的组合1和组合2，以及组合3和组合4的波动率相等，属于第4章本书定义的风险等价组合。相关的结果如表5-47所示。

表5-46　　　　效率损失研究选取对象

μ_r	Pr（$S_t=1$）	SR约束	波动率约束	利率不利方向	组合编号	A_0	A_1	A_2	A_3	A_6
5.11%	0.974	200%	n/a	下行	1	-20%	30%	40%	25%	25%
		n/a	4.13%	下行	2	-20%	0%	69%	26%	25%
		320%	n/a	上行	3	-20%	49%	35%	11%	25%
		n/a	3.00%	上行	4	-20%	0%	80%	15%	25%
3.00%	1.000	200%	n/a	下行	1	-20%	30%	40%	25%	25%
		n/a	4.13%	下行	2	-20%	0%	69%	26%	25%
		320%	n/a	上行	3	-20%	49%	35%	11%	25%
		n/a	3.00%	上行	4	-20%	0%	80%	15%	25%

表5-47　　　　效率损失研究结果摘要

μ_r	Pr（$S_t=1$）	利率变动不利方向	组合编号	AC预期值（M）	AC实际值（M）	预期偏差（%）
5.11%	0.973	下行	1	3895	3795	-2.6
		下行	2	4020	4100	2.0
		上行	3	3292	2949	-10.4
		上行	4	3613	3576	-1.0
3.00	1.000	下行	1	3895	3715	-4.6
		下行	2	4020	3573	-11.1
		上行	3	3292	3152	-4.3
		上行	4	3613	3087	-14.6

（1）对于组合1和组合2，偿付能力充足率约束适中，风险偏好适中，利率下行为不利方向。组合1和组合2的久期均较短，组合2的久期

短于组合 1，且均小于负债久期。同时相对于组合 1，组合 2 配置了略微多的权益资产。①如果未来利率趋势向上，对股东价值而言是有利方向。此时资产和负债的公允价值同时下降，由于组合 2 的久期短于组合 1，资产的公允价值下降较少，所以组合 2 的股东价值增加更多。此外，配置略多的权益资产，而权益资产的收益率高于预期，也导致组合 2 的股东价值增加略微高于预期值。在这种情况下，偿二代约束下的最优资产配置相对于 Markowitz 均值—方差的配置结果，在静态模型中预期存在效率损失（ –125M），且在随机模型中实际效率损失略微大于预期值（ –305M）。②如果未来利率趋势向下，对股东价值而言是不利方向。此时资产和负债的公允价值同时上升，由于组合 2 的久期短于组合 1，资产的公允价值上升较少，所以组合 2 的股东价值减少更多。此外，配置略微多的权益资产，而权益资产的收益率低于预期，也导致组合 2 的股东价值增加略微低于预期值。在这种情况下，偿二代约束下的最优资产配置相对于 Markowitz 均值—方差的配置结果，在静态模型中预期存在效率损失（ –125M），但在随机模型中不存在效率损失（ +142M），偿二代约束下的结果带来的长期股东价值增长大于 Markowitz 均值—方差的结果。

（2）对于组合 3 和组合 4，偿付能力充足率约束较高，风险偏好较低，利率上行为不利方向。组合 3 久期较长，而组合 4 的久期依然较短，且组合 4 的久期短于负债，同时相对于组合 3，组合 4 配置了显著多的权益资产。①如果未来利率趋势向上，对于股东价值而言是不利方向。此时资产和负债的公允价值同时下降，由于组合 4 的久期短于组合 3，并且短于负债久期，资产的公允价值下降幅度小于负债公允价值下降幅度，组合 4 在不利情景中，股东价值反而增加。此外，配置显著多的权益资产，而权益资产的收益率高于预期，又导致组合 4 的股东价值增长进一步显著高于预期。在这种情况下，偿二代约束下的最优资产配置相对于 Markowitz 均值—方差的配置结果，在静态模型中预期存在效率损失（ –321M），且在随机模型中实际效率损失显著大于预期值（ –627M）。②如果未来利率趋势向下，对于股东价值而言是有利方向，此时资产和负债的公允价值同时上升，由于组合 4 的久期短于组合 3，资产的公允价值上升较少，所以组合 4 的股东价值增加更少。此外，配置显著多的权益资产，而权益资产的收益率低于预期，也导致组合 4 的股东价值增加显著低于预期值。在这种情况下，偿二代约束下的最优资产配置相对于 Markowitz 均值—方差的配置结果，在静态模型中预期存在效率损失（-321M），但在随机模型中不存在效率损失（+65M），偿二代约束下的结果带来的长期股东价值增长大于 Markowitz 均值—方差的结果。

因此，偿二代约束下的最优资产配置在静态模型中存在效率损失，但该结论在随机模型中却未必成立，这取决于保险公司的风险偏好以及未来的资产走势。从表 5-47 也可以看出，当风险偏好适中时，偿二代约束下的最优资产配置，即组合 1，在面对各种经济情景时，带来的实际股东价值增长和预期偏差最小，表现最稳定，而其他组合都可能出现较大的波动。

5.5.4 尾部风险问题

偿二代作为一种尾部风险度量框架，在偿二代的约束下进行资产配置是否可以显著地降低尾部风险也是保险公司和监管机构关注的问题。为了考察该问题，本书摘取了第 5 年末，股东价值小于 0 的概率。需要注意的是，一般的保险公司均为有限责任公司，只会使用实际资本来完成对保单持有人的负债义务。一旦保险公司出现资不抵债的情况，必然触发监管介入。本书用 *CVar* 来度量一旦保险公司破产，为了满足对保单持有人的全部负债义务，监管需要额外付出的平均成本。结果如表 5-48 所示。

表 5-48　　尾部风险研究结果摘要

μ_r	$Pr\ (S_t=1)$	利率变动不利方向	组合编号	$Pr\ (AC<0)$	$CVar\ (AC<0)$
5.11	0.973	下行	1	1.8	-298
		下行	2	1.2	-302
		上行	3	0.0	0
		上行	4	0.0	-30

续表

μ_r	Pr（$S_t=1$）	利率变动不利方向	组合编号	Pr（$AC<0$）	$CVar$（$AC<0$）
3.00	1.000	下行	1	2.7	-353
		下行	2	3.9	-379
		上行	3	0.0	0
		上行	4	0.2	-141

从表5-48可以看出：

（1）从破产概率看，在大部分情况下，偿二代约束下的最优资本配置结果优于Markowitz均值—方差的结果。

（2）从尾部条件期望看，在所有情况下，偿二代约束下的最优资产配置的结果均优于Markowitz均值—方差的结果。这意味着，如果保险公司基于偿二代的约束框架进行最优资产配置，一旦出现破产，为了完成对保单持有人的负债义务，那么监管的介入成本将会显著降低。

综上分析，在偿二代的约束下进行资产配置，对保险公司而言，大部分情况下均能减少公司破产概率，从而控制尾部风险；对监管机构而言，一旦保险公司出现破产，那么偿二代约束下的资产配置可以显著地降低监管的介入成本。

5.6 本章结论

本章继续以最大化股东价值为目标，针对静态模型的局限性，创新性地构建了与研究问题相适应的大类资产随机模型。该模型在层叠结构的基础上进行扩展，选取了与偿二代风险划分匹配的风险因子，并根据中国资本市场行为模式和统计特征对选取的因子进行时间序列建模，然后在对因子风险和收益进行随机预测的基础上完成各类资产收益的预测。

在建立的随机大类资产模型系统的基础上，本章主要进行了两方面的实证研究。第一，验证随机模型对于改善大类资产配置的有效性。通过对比分析随机模型和静态模型下的最优资产配置，本章发现，匹配偿二代风险划分的大类资产随机模型可以有效识别资产价格波动的方向和幅度，相对于静态模型可以显著提升配置效果，增加股东价值，并且随机模型下的最优资产配置在大类风险的分布上更为均衡，可以有效提高保险公司偿付能力的稳定性。第二，利用随机模型作为经济情景发生器，继续研究第4章提到的投资效率损失问题以及尾部风险问题。本章发现，资本约束下的最优资产配置在静态模型中存在投资效率损失，但在随机模型中该结论并不是确定的，取决于保险公司的风险偏好以及未来利率变动方向是否有利；资本约束下的最优资产配置确实能够有效降低尾部风险，降低保险公司的破产概率，降低监管机构的接管成本。

本章主要创新点如下：

第一，本章构建了与偿二代风险测度相匹配的大类资产随机模型框架。偿二代是从资产和负债实际承担的底层风险维度来确定最低资本计量规则的，而资本约束下的资产配置又是以最低资本来衡量风险的，因此，风险因子本质上是连接投资资产和偿二代资本要求的枢纽。为从根本上实现资产风险和收益衡量方式的统一，本书借鉴因子预测法将投资资产收益的预测转化为对于 return - drivers 的风险因子回报率的预测，创造性地构建了与偿二代风险测度相匹配的大类资产随机模型框架。在随机模型构建中，主要创新有两点，首先结合偿二代风险分类和保险资金大类资产配置范围，原创性地将现金、利率债、信用债、股票和非标五大类资产组合收益分解为无风险利率、期限利差、信用利差、股票价格、股票分红和流动性溢价6个底层风险因子；其次，借鉴 Wilkie 模型的构建思路将各类因子叠加构建大类资产随机模型，通过考虑风险因子随机项之间的相关性，改善层叠模型单向影响的缺点。

第二，本章建立了有效刻画中国金融市场资产统计特征的风险因子时间序列模型。一是构建了双因素 Vasicek 模型，来刻画利率市场化之后更为复杂的利率曲线形状，并且实现了国内文献忽略的从风险中性测度到风险客观测度转化的问题，同时，考虑到传统的滤波法可能导致的过度拟合和参数脱离经济学含义问题，本书创新性地提出了多阶段逐步收紧最小二乘估计的参数估计方法；二是对股票价格因子进行建模时，为了匹配偿二代对尾部风险的度量，本章摒弃了国内文献常用的多因子模型，选择了对尾部收益形态有更好刻画的 Markov 区制转移模型，同时，在使用 Markov 区制转移模型进行收益率预测时，本书创新性地提出了根据区制持续时间，通过外推区制变量分布来设定初始区制概率方法，该方法能够在只进行一次参数估计的前提下有效改善模型对股市周期的刻画程度。

第 6 章

偿二代对保险公司资产配置策略的宏观影响机制

6.1 本章引论

之前的研究从保险公司出发，探讨了即有的偿二代体系下保险公司的资产配置策略，接下来，本书试图从监管的角度分析偿二代监管政策对于保险公司整体经营策略的政策影响机制，既包括资产配置，也包括由其带来的收益和风险。本书需要着重研究的是监管政策的确定逻辑以及保险公司的应对措施。新的监管体系对保险公司和监管机构都提出了较大挑战。保险公司如何充分利用和管理好资本，在控制风险的前提下提高股东回报水平，监管机构如何科学有效地评估和计量保险公司各项业务风险，通过建立资本约束下的全面风险管理体系，有效制约保险公司的非理性经营行为和保障行业的健康长远发展是学界和业界都十分关心的问题。因此，不论从保险公司视角还是从监管视角，本书的研究都具有很大的价值。

从以往的研究来看，大多数学者只是将偿二代要求作为约束条件代入原有的资产配置模型当中，从而得到新的有效前沿曲线，没有考虑到负债端对资产配置的影响。保险负债端随着保险产品费率市场化改革，传统险和分红险的预定利率，以及万能险的最低保证利率相继放开，保险公司可通过提高负债端定价销售高收益类理财功能的保险产品快速获取市场规模，本书认为，保险资产负债存在联动效应，偿二代计量规则下保险公司的资产负债管理会对保险公司的偿付能力充足率产生深刻影响。同时，本书认为，在考虑破产可能的情形下，原有的最大化资产收益目标也需要进行变动，本书的文章需要探讨的是监管要求对保险公司资产配置以及由此带来的风险的影响，所以本书需要将最大化目标改变为有限责任下的保险公司股东收益。在新的前提假设下，本书需要建立新的模型来探讨监管要求的最终影响。

对于监管机构而言，偿二代监管的核心目标是保证保险公司具有偿还债务的能力，也可以理解为将保险公司的破产概率控制在一定范围内。在理性人假设下，保险公司的首要目标是最大化预期股东收益，因此，研究偿二代监管体系，例如，研究资产端风险因子、负债端风险因子、资产负债相关系数等重要参数设置如何影响保险公司的资产配置风险选择，进而影响股东收益和破产概率，对于监管机构目前正在进行的偿二代二期工程建设具有重要的理论分析意义。提高风险因子是否一定能约束保险公司对风险资产的配置，降低保险公司破产风险，如何差别化管理财险公司和寿险公司，这些都是本章建立的模型试图回答的问题。

总体来看，本章建立了一个综合考虑资本、资产、负债的最优化模型分析框架，并利用期权定价理论评估保险公司破产下的违约风险价值，最后在此基础上进行数值模拟，分析偿二代监管体系下相关参数的设置值改变对财险公司和寿险公司的风险资产选择、股东收益和破产概率等分别产生的具体影响及相关关系。本章的价值在于采用了新的视角研究保险公司资产配置问题，并提出了考虑破产风险和资产负债风险下的分析框架，进而对监管政策的前瞻性监管效力进行实证分析。

本章余下部分的安排：第二部分是文献综述，第三部分是考虑破产可能与资产负债风险相关性后建立模型进行理论研究，第四部分是通过数值模拟进行实证研究，第五部分是本章结论。

6.2 相关文献总结

偿二代监管体系建立全面风险管理下的资本约束体系，偿付能力指标成为保险公司最优化资产配置面临的重要约束。本书希望通过建立模型，考察了在以最大化股东收益为目标、偿付能力充足率满足监管要求为约束，资产负债的风险相关性和最优化资产配置问题，并说明了偿二代监管规则下重要风险参数值的设置对保险公司资产配置、股东收益以及破产概率的影响，因此本书将从资本要求影响、资产负债相关性、利用期权定价理论的资产配置等方面出发，分析总结已有文献，并提出本书针对已有文献的改进之处。

6.2.1 资本要求影响

国外的研究针对资本要求对保险公司资产配置的影响做了深入分析。Van Bragt 等（2010）分析了 Solvency II 标准公式的资本要求如何影响寿险公司的风险和收益情况。作者研究了不同投资策略导致的资本需求，并证明了 Solvency II 标准公式可以降低短期风险，从而降低长期预期收益。Bec 和 Golliver（2009）研究认为，尽管股票短期内具有较高风险，但是长期来看其价格是均值回归的，然而债券的回报率却是均值偏离的。因此，如果将投资期限拉长，那么股票的投资风险将会降低，而以年为周期的资本考核会使保险公司过于关注短期风险，因此降低股票投资，但是从长期来看股票投资是具有优势的。Filipović等（2014）的理论研究表明，资本要求降低了保险公司的风险投资。其研究认为，风险投资导致保险公司和股东之间的承诺问题，而资本要求有助于缓解这一问题。总结来看，国外的研究从理论和实证两方面证实了在 Solvency II 下资本要求建立保险公司的风险资产配置比例，从而降低了长期收益。

本书看到，以往的研究多从既有框架出发，研究偿二代下保险公司的资产配置策略，但是针对监管系数如何具体影响保险公司风险承担和破产概率的研究十分缺乏。Wiehenkamp（2010）通过多期数值模拟研究，分析了寿险公司如何根据监管制度调整投资策略。其研究指出，Solvency II 下的保险公司标准模型降低了最优风险资产配置，从而也降低了资不抵债的风险，同时，标准公式中参数的设定实际中可能无法将违约概率限制在 99.5%的期望水平。Mittnik（2011）的研究聚焦于股票风险，其指出了 Solvency II 标准模型的不足之处。其研究认为，风险价值估算是 Solvency II标准模型的基础，但是以年化日回报率计算一年期风险价值，会使风险价值的估算变得十分不稳定，此外，即使数据表面是相互独立的，也可能具有隐含相关性，历史数据中真正隐含的决定性关系可能会因此丢失。针对 QIS5（the Fifth Quantitative Impact Study），Hampel 和 Pfeifer（2011）研究认为，关于保费和准备金风险的分位数估计存在偏差，这种偏差来自 QIS5 假设的预期损失率为 1，作者继而提出了计算企业特定标准偏差的公式，可用于偿付能力资本要求的度量，以此来克服这种偏差。Schmeiser 和 Schreiber（2015）进一步批判了 Solvency II 下 VaR 的计算方法，他们指出，标准模型的资本要求可能不能够真的导致保险公司破产概率低于 0.5%。本书认为，在中国的市场条件下，更需要对监管系数精确测定，这是以深入研究监管系数对保险行业风险和收益的影响为基础的。

从国内研究来看，考虑偿二代监管要求或者加入投资约束后，研究最优化资产配置的文章较少。段国圣（2012）在 Markowitz 基础上将偿付能力引入资产配置优化模型中，最终论证了在资产配置模型中加入偿付能力要素将改善保险公司偿付能力充足率并且提高资本使用效率。王灵芝（2016）研究指出，负债成本的增加会导致资产配置预期收益率的增加，此时高风险资产的配置比例增加，组合风险也相应增加。朱日峰（2017）研究了偿二代下财险公司的资产负债管理工作，文章将资本约束、监管约束、评级要求、流动性约束及风险容忍度等纳入资产配置模型中作为约束条件综合考量，构建资产负债管理模型框架。

6.2.2 资产负债相关性

在研究资本要求对保险公司资产配置影响的同时，不少研究也开始关注保险公司资产负债相关性对其资产配置的影响。Gatzert 和 Schmeiser（2010）的研究将保险公司资产负债相关性考虑在资产配置模型当中，以最大化股东收益为目标，探讨了资本约束下保险公司的资产配置问题。Yow 和 Sherris（2008）研究认为，保险公司的资产负债相关性是其进行资产配置时需要重点考虑的问题。在传统的资产配置模型中，以最大化资产组合收益为目标，此时无须考虑负债端的影响，但是如果将最大化目标改为股东收益，那么资产端和负债端就要进行匹配管理以使股东收益最大化，此时资产负债相关性就尤为重要。

国内对于偿二代体系下保险公司资产配置的研究大多采用均值方差模型，没有考虑到保险公司的破产风险，同时也没有将保险公司的资产负债相关性纳入模型。本书认为，偿二代的影响不仅体现在对资产端风险的约束，更体现在资产配置时对资产负债匹配的关注。在加入资产负债相关性的情况下，保险公司进行资产配置时需要考虑的是最大化股东收益，而在允许破产的条件下，股东收益是具有下限的，即初始投入资本的负值，因此在这样的设定下，保险公司最优化资产配置必然和原来的均值方差模型有很大区别。本书的研究试图从最大化保险公司股东收益角度出发，探讨偿二代体系对保险公司最优化配置下最终收益和风险的影响，同时，本书也希望从监管的视角，探讨监管系数变化对保险公司收益和风险的影响，从而为进一步确定合理的监管系数作出贡献。

6.2.3 利用期权定价理论的资产配置

国外的研究也有使用期权定价理论考虑保险公司的资产配置问题，这为本书的模型研究提供了基础。Myers 和 Read（2001）研究认为，保险合同不能够百分之百保证投保人利益，其中存在违约风险，基于此，他们利用期权模型提出了违约风险的度量方法，同时考虑了在违约风险存在的条件下，提出保险公司为每一类资产的配置需要匹配其违约风险成本。Sherris（2006）利用期权定价模型，提出了一个完全市场的无套利模型来确定保险公司资产配置，此模型具有相对理想的属性，例如所分配的资本具有可加性，并与资产负债表上资产和负债的经济价值相一致。Grundl 和 Schmeiser（2007）进一步研究了 Myers 和 Read（2001）的模型，其认为在必须支付摩擦成本的情况下，之前模型建议的分配方法可能导致不适当的保险定价，其认为净现值分析比一般的资本配置提供了更好的资本预算决策。Sherris 和 Hoek（2006）研究了保险业务中经济资本的配置问题。其研究展示了如何从保险公司的资产负债表推导出完全市场中违约期权价值的无套利分配，其假定个别业务线和盈余比率是对数正态的，在多线保险公司中，为了公平定价需要分配默认期权值。

可以看到，当使用股东收益作为模型的最优化目标时，原有的马柯维茨模型框架并不能很好适用，此时最优化目标可以被视为一个期权价值，必须用到期权定价模型，而在此基础之上的资产配置也会发生变化。总的来看，对于风险资产来说，其配置比例需要匹配其违约风险成本，这也是偿二代体系对于保险公司的本质要求。本书希望进一步借助期权定价公式对保险公司资产配置实务和监管政策制定给出有意义的参考。

6.3 理论模型

6.3.1 研究方法

本书希望建立一个综合考虑资本、资产、负债的最优化模型分析框架，并利用期权定价理论评估保险公司破产下的违约风险价值，最后在此基础上进行数值模拟，分析偿二代监管体系下相关参数的设置值改变对财险公司和寿险公司的风险资产选择、股东收益和破产概率等分别产生的具体影响及相关关系。

本书首先考虑最优化目标，与以往模型中资产组合收益最优化不同的是，本书考虑的是整体保险公司股东收益的最大化。此时最优化函数就必须考虑负债端的影响，这也是本书考虑资产负债相关性的基础。

接下来本书需要确立约束条件，根据中国市场的偿二代体系约束，本书建立了以风险资本为基础的约束条件。在约束中，本书综合考虑了资产端和负债端的交互作用，具体体现在监管规定的最低资本相关系数。

随后，本书使用期权定价模型确定了股东收益的具体数学表达形式，本书将其表示为实际资本与风险资产配置比例的函数，以此来根据约束条件取最优解。

最后，本书根据模型得到相应推论希望知道股东收益和最终风险随着监管约束系数的变化路径，以此来判断合理监管系数的选取。需要注意的是，对于寿险公司和财险公司来说，监管政策的影响可能存在不同，因此本书也将其分别进行讨论。

6.3.2 研究假设

在理论部分，本书有如下的研究假设：

为了简化研究，本书假设市场上存在两类资产，一类是风险资产 S（可以视为市场上所有类型风险资产的最优组合），另一类是无风险资产，无风险利率为r_f。

同时，本书假设现实市场当中风险资产的价值和保险公司负债价值均服从几何布朗运动。

最后，本书假设保险公司资产负债具有相关性，即两个几何布朗运动的波动部分具有非零的相关系数。

6.3.3 模型建立

参考 Gatzert 和 Schmeiser（2008）、Fischer 和 Schlütter（2015），本书考虑保险公司面临的两期模型。在 $T=0$ 时刻，保险公司收到保费 Π，同时公司股东投入原始资本金 K，故公司拥有初始资产为

$$A_0 = \Pi + K \tag{6-1}$$

本书设定保险公司持有风险资产的比例为 α，持有无风险资产的比例为 $1-\alpha$。本书最终需要求解的是在偿二代体系约束下最大化保险公司股东收益时的资产配置，即最优化时 α 的取值。在负债端，本书记保险公司在 $T=0$ 时刻负债为 L_0。

根据偿二代体系要求，保险公司需要满足的最低资本是负债端和资产端最低资本的组合。保险公司资产端风险要求最低资本 MC_A为

$$MC_A = RF_A \cdot EX_A = RF_A \cdot \alpha \cdot A_0 \tag{6-2}$$

其中，RF_A为资产的风险因子，EX_A为资产的风险暴露。

保险公司负债端风险要求最低资本 MC_L为

$$MC_L = RF_L \cdot EX_L = RF_L \cdot L_0 \tag{6-3}$$

其中，RF_L为负债的风险因子，EX_L为负债的风险暴露。

根据监管要求，保险公司需要满足的最低资本 MC 需求为

$$MC = \sqrt{MC_A{}^2 + 2 \cdot \beta \cdot MC_A \cdot MC_L + MC_L{}^2} \tag{6-4}$$

其中，β 为监管规定的最低资本相关系数。

偿二代体系是对保险公司偿付能力的监督，即保险公司实际资本 AC（Actual Capital）需要满足

$$AC = A_0 - L_0 \geqslant MC \tag{6-5}$$

以往资产配置模型大多考虑最大化资产收益，如果将负债端要求加入模型，同时考虑保险公司的破产风险，那么本书最终需要优化的是扣除负债的保险公司股东收益。在本模型当中，本书需要求解最大化目标为 $T=1$ 时刻保险公司股东收益 SHV（Shareholder Value）

$$\mathrm{SHV} = \exp(-r_f)E[\max(A_1 - L_1;0)] - K \tag{6-6}$$

为了进行数学计算，本书需要对资产和负债的价值走势进行假设。假设现实市场当中风险资产的价值满足如下随机过程

$$\mathrm{d}S_t = \mu_S S_t \mathrm{d}t + \sigma_S S_t \mathrm{d}W_{S,t} \tag{6-7}$$

其中，$W_{S,t}$为标准布朗运动。所以保险公司持有资产的价值满足如下随机过程

$$\mathrm{d}A_t = \mu_A A_t \mathrm{d}t + \sigma_A A_t \mathrm{d}W_{A,t} \tag{6-8}$$

其中，

$$\mu_A = (1-\alpha)\cdot r_f + \alpha\cdot\mu_S, \sigma_A = \alpha\cdot\sigma_S, W_{A,t} = W_{S,t}$$

同时，本书假设保险公司负债价值满足如下随机过程：

$$\mathrm{d}L_t = \mu_L L_t \mathrm{d}t + \sigma_L L_t \mathrm{d}W_{L,t} \tag{6-9}$$

其中，$W_{A,t}$和 $W_{L,t}$都为标准布朗运动。本书定义 $W_{A,t}$和 $W_{L,t}$的相关系数为ρ，即为本书中需要重点研究的保险资产端价值与负债端价值的相关性。

回到式（6-6），本书可以将 SHV 视为由 A_t和 L_t决定的衍生资产。根据风险中性定价理论，本书假设市场中不存在套利机会，那么就可以在风险中性测度中进行考量。由此，本书可以将 SHV 进行相应的数学变换

$$\begin{aligned}\mathrm{SHV} &= \exp(-r_f)\,E_Q[A_1 - L_1 + \max(L_1 - A_1;0)] - K \\ &= A_0 - L_0 + \exp(-r_f)\,E_Q[\max(L_1 - A_1;0)] - K \\ &= \Pi - L_0 + \exp(-r_f)\,E_Q[\max(L_1 - A_1;0)]\end{aligned} \tag{6-10}$$

其中，Q 代表风险中性测度。接着本书将式子中的后半部分定义为 DRV（Default Risk Value）：

$$\text{DRV} = \exp(-r_f) E[\max(L_1 - A_1; 0)] \tag{6-11}$$

可以看到，DRV 为保险公司违约情况下投保人损失的预期折现。将式（6－11）代入式（6－10），得到

$$\text{SHV} = \Pi - L_0 + \text{DRV} \tag{6-12}$$

同时，根据保费定价理论（Doherty 和 Garven，1986）得知

$$\Pi = L_0 + \tau - \lambda \cdot \text{DRV} \tag{6-13}$$

保费等于纯保险费（转换为准备金负债）和附加保费的和减去对保险公司违约风险的补偿。其中，τ 为附加保费，λ 为对违约风险的补偿比例，$\lambda=0$ 即市场定价时完全不考虑保险公司的违约风险，$\lambda=1$ 即市场完全考虑保险公司违约风险后的公平定价。

将式（6－13）代入式（6－12），可以得到

$$\text{SHV} = (1-\lambda) \cdot \text{DRV} + \tau \tag{6-14}$$

以下讨论将 λ 取值限定在 0 到 1 之间，此时如果要最大化股东收益 SHV，就要最大化违约损失折现 DRV，而根据 Margrabe 公式，由式（6－11）可以进一步得到

$$\text{DRV} = L_0 \cdot N(z) - A_0 \cdot N(z-\sigma) \tag{6-15}$$

其中，N 表示累积正态分布函数，$z = \ln(L_0/A_0)/\sigma + \sigma/2$，$\sigma = \sqrt{\sigma_A^2 + \sigma_L^2 - 2 \cdot \rho \cdot \sigma_A \cdot \sigma_L}$。

根据以上分析，本书需要求解的最优化模型可以表示为

$$\begin{aligned} \max\text{SHV} \rightarrow \max\text{DRV} &= L_0 \cdot N(z) - A_0 \cdot N(z-\sigma) \\ &= L_0 \cdot N(z) - (L_0 + AC) \cdot N(z-\sigma) \\ &s.t.\ AC \geqslant \sqrt{MC_A^2 + 2 \cdot \beta \cdot MC_A \cdot MC_L + MC_L^2} \end{aligned} \tag{6-16}$$

可以看到，在初始设定 L_0、σ_S、σ_L、RF_A、RF_L 和 β 等参数情况下，最大化目标 DRV 是初始实际资本 AC 与风险资产配置比例 α 的函数，而约束也是关于 AC 与 α 的不等式，故本书可以最终求解出最大化目标达到

时 AC 与 α 的具体取值。而求得 AC 与 α 之后，可以计算出真实世界中相应的保险公司破产风险，即$L_1 > A_1$的概率。

$$P(L_1 > A_1) = P(\ln L_1 > \ln A_1) = 1 - N\{[\ln(L_0/A_0) - (\mu_L - \mu_A)]/\sigma\} \quad (6-17)$$

6.3.4 模型推论

根据上述理论模型，本书可以分别探讨股东收益与风险资产配置比例、实际资本、资产负债价值相关性、监管参数等变量之间的相关关系。

6.3.4.1 股东收益 *SHV* 与风险资产配置比例 α 的关系

结论：提高风险资产配置比例并不一定能够带来股东收益的提高。

在$\alpha \cdot \sigma_S > \rho \cdot \sigma_L$的情况下，即 $\rho < 0$ 或者$\rho \cdot \sigma_L$足够小的情况下，SHV 与 α 正相关，即提高风险资产配置能够提高股东收益，反之在$\alpha \cdot \sigma_S < \rho \cdot \sigma_L$的情况下，SHV 与 α 负相关，即提高风险资产配置比例反而降低了股东收益。

证明：

SHV 与 DRV 正相关，故可直接考虑 *DRV*

$$\partial \mathrm{DRV}/\partial\sigma = L_0 \exp(-z^2/2)/\sqrt{2\pi} > 0 \quad (6-18)$$

$$\begin{aligned}\partial\sigma/\partial\alpha &= (1/2)\,\sigma^{-1}(2\alpha\,\sigma_S{}^2 - 2\rho\,\sigma_S\,\sigma_L) \\ &= \sigma^{-1}\,\sigma_S(\alpha\sigma_S - \rho\sigma_L)\end{aligned} \quad (6-19)$$

故可得到在 $\alpha \cdot \sigma_S > \rho \cdot \sigma_L$ 时，$\partial DRV/\partial\alpha > 0$，反之在 $\alpha \cdot \sigma_S < \rho \cdot \sigma_L$ 时，$\partial DRV/\partial\alpha < 0$。

6.3.4.2 股东收益 SHV 与实际资本 AC 的关系

结论：股东收益 SHV 与实际初始资本 AC 负相关，即初始实际资本越高，股东收益反而越低。

证明：

令 $x = L_0/A_0$，则 $\mathrm{DRV} = L_0 \cdot [N(z) - x^{-1} \cdot N(z-\sigma)]$，由此得到

$$\partial \mathrm{DRV}/\partial x = L_0[f(z)\,\partial z/\partial x + x^{-2}N(z-\sigma) - x^{-1}f(z-\sigma)\,\partial z/\partial x] \quad (6-20)$$

其中，f 函数代表标准正态分布的概率密度函数，而 $f(z) = x^{-1}f(z-\sigma)$，故可以得到

$$\partial DRV/\partial x = L_0 x^{-2} N(z-\sigma) > 0 \quad (6-21)$$

同时，本书将 A_0 用 AC 和 L_0 表示，可以得到

$$\partial x/\partial AC = -L_0 (L_0 + AC)^{-2} < 0 \quad (6-22)$$

故可得到 $\partial DRV/\partial AC < 0$。

6.3.4.3　股东收益 SHV 与资产负债价值相关性 ρ 的关系

结论：股东收益 SHV 与资产负债价值波动的相关性 ρ 负相关，即如果保险资产负债价值变动正相关，则相关性越高，股东收益越低，如果保险资产负债风险负相关，则相关性越高，股东收益越高。

证明：

$$\partial\sigma/\partial\rho = -\alpha\sigma_S\sigma_L/\sigma < 0 \quad (6-23)$$

同时结合推论（1）中式子，可得到 $\partial DRV/\partial\rho < 0$。

6.3.4.4　股东收益 SHV 与监管参数设置值的关系

结论：股东收益最优值 SHV 与监管设定的资产风险因子RF_A、负债风险因子RF_L、资产负债最低资本相关系数 β 都是负相关关系。监管要求更加严格（风险因子和相关系数提高）之后，股东收益减小。

证明：

先考虑RF_A，根据推论（2），SHV 与 AC 负相关，即当 α 一定时，AC 取值需要尽量小，此时式（6-16）中不等式约束变为等式。故本书需要考虑等式成立时 AC 与RF_A的关系，此时

$$AC = \sqrt{[RF_A\alpha(L_0 + AC)]^2 + 2\beta RF_A\alpha(L_0 + AC)RF_L L_0 + (RF_L L_0)^2} \quad (6-24)$$

当其他参数已知时，等式两边对RF_A求导，记 $dAC/d\,RF_A = n$，可得

$$\begin{aligned} n = \langle & RF_A\alpha(L_0 + AC)[\alpha(L_0 + AC) + RF_A\alpha n] \\ & + \beta\alpha(L_0 + AC)RF_L L_0 + \beta RF_A\alpha RF_L L_0 n\rangle/MC \end{aligned} \quad (6-25)$$

由定义可得 $\alpha < 1$，$RF_A < 1$，$\beta < 1$，由上式计算可得 $n > 0$。所以当RF_A增加时，与 α 相对应的 AC 增加，导致最终 SHV 下降。同理可推论β、

RF_L。

以上分析为了搭建框架，本书只考虑无风险资产和风险资产两类资产，如果要考虑多种资产的配置，本书可以得到新的模型。此时将式（6-8）中相关变量进行代替，即$\mu_A = \alpha' \cdot \mu$，$\sigma_A = \alpha' \cdot V \cdot \alpha$，此时$\alpha$为各类资产的配置向量，$\mu$为各类资产的收益均值向量，$V$为各类资产的收益方差矩阵。同时将式（6-2）中$MC_A$进行细化，即$MC_A = A_0 \cdot \alpha' \cdot RF$，其中$RF$为各类资产的风险因子向量。最终本书可以得到相应模型，对本书的结论没有实质性影响。

6.4 实证分析

6.4.1 研究方法

在本章前面部分，本书构建了一个综合考虑资本、资产、负债的最优化模型分析框架，并利用期权定价理论评估保险公司破产下的违约风险价值，接下来会利用中国实际市场数据进行模拟，首先确定各参数取值，然后使用数学软件求解原模型，最终得到监管系数变化对保险公司收益和风险的影响。

具体来看，本书需要分析财险公司和寿险公司各自的情况，监管政策对于财险和寿险的影响是有差别的，这主要是因为它们在负债端波动率的差别。本书首先分析给定初始条件下，财险公司在最大化 SHV 时的风险资产配置比例与公司初始实际资本间的关系。然后分析改变初始条件，将监管赋予的资产端风险因子系数变大，研究其对财险公司最大化 SHV 时风险资产配置比例的影响。接下来，本书着重研究监管参数变化（资产端风险因子、负债端风险因子、最低资本相关系数）对财险公司风险和收益的影响机制。最后，本书通过比较财险公司和寿险公司的不同得出最终结论。

6.4.2 研究假设与数据说明

根据中国实际情况，本书选取具体数值代入模型进行检验。本书选取指标的时间范围为2007年至2017年，所有指标是这十年的均值，具体选取标准如下。

6.4.2.1 监管系数选取

RF_A：资产端风险因子。根据保险公司偿付能力监管规则第7号，监管对每一类具体资产的风险因子都给了明确规定。

对于债权类资产

$$RF_0 = \begin{cases} D \times (-0.0019 \times D + 0.0214) & 0 < D \leqslant 5 \\ D \times (-0.0007 \times D + 0.0154) & 5 < D \leqslant 10 \\ D \times 0.0084 & D > 10 \end{cases}$$

本书选取8年久期，并综合交易对手违约风险和利差风险后，选取0.1。

对于权益类资产，沪深主板股对应的基础因子为0.31，普通股票基金对应基础因子为0.25，混合基金对应的风险因子为0.2，这里假设保险公司会将权益部分的资产均匀分配到上述几种资产，取其平均风险因子0.25为权益类资产的风险因子。

对于另类投资，本书采用穿透法来判断另类投资的风险因子，即保险公司根据金融产品最终对应的具体明确的基础资产来进行计算。根据监管文件，对资产管理产品中穿透后为另类资产的风险因子取值为0.4，故本书可以设定另类资产投资的风险因子为0.4。

综合以上数据，本书按照2017年保险公司各类资产的投资比例对RF_A进行加权平均，依据《中国保险年鉴》，在2017年保险公司总体投资中，存款类、固定收益类、权益类和其他类分别占13.13%、35.00%、12.80%、39.07%，故可得最终RF_A取值0.26。

RF_L：负债端风险因子。根据保险公司偿付能力监管规则第4、5号，监管对财险和寿险的负债端风险因子做了明确设定，针对财险公司，本书选取财产保险的主要类别车险和财产险负债端风险因子的平均值进行代替，最终取值为0.4。针对寿险公司，参照具体规定，本书使用死亡发生率风险不利情景因子进行考量，最终取值0.2。

β：最低资本相关系数。根据保险公司偿付能力监管规则第2号，本书综合考虑对应险种负债端最低资本要求与市场风险和信用风险最低资本要求的相关系数，最终财险取值0.25，寿险取值0.3。

6.4.2.2　市场参数选取

r_f：无风险利率。本书参考银行间7天质押式回购，最终取值0.025。

μ_S、σ_S：风险资产的收益率均值和标准差。对于债权类投资收益，本书选取中债综合指数进行计算，最终得到均值0.038，标准差0.043。对于权益类投资收益，考虑到保险资金的实际投资偏好，本书选取中证基金指数（混合基金）进行计算，最终得到均值0.170，标准差0.398。另类投资不存在公共平台交易，信息透明度较低，在计算其收益率时主要参考了信托产品（非证券投资类）收益率，数据来自Wind，最终均值0.075，标准差0.010。最后，本书同样依据投资比例进行加权，得到$\mu_S = 0.074$、$\sigma_S = 0.155$。

μ_L、σ_L：负债价值变动的均值和标准差。本书对负债价值变动进行具体解释，针对财险公司，负债价值变动取决于实际赔付率与预期赔付率的差额，依据保险精算学理论，μ_L取值为0，参照Yow和Sherris（2018）的研究，本书假定在国内σ_L为0.150。针对寿险公司，负债价值变动取决于向投保人承诺的预期收益率，即可视做寿险公司的资金成本，本书参照以下公式计算成立十年以上寿险公司的平均资金成本。

资金成本率＝承保实现损益/获得资金＝（投资收益－税前利润）/（上年末准备金＋保费收入）

最终得到$\mu_L = 0.034$、$\sigma_L = 0.011$。

ρ：保险资产负债风险相关性。对于财险公司，参考Fischer和Schlütter（2015），ρ取值为－0.25，此时ρ为负可以解释为资产收益率更高时，相对经济较为繁荣，财产保险赔付率相对较低（例如财产保险中的信用保险最终对应违约率较低）。对于寿险公司，根据本书计算得到的实际数值，可以算得ρ值为0.31，此时ρ为正，可以解释为资产收益率更高时，寿险投保人要求的预期收益率更高，寿险公司的资金成本率也更高。

6.4.2.3　其他参数选取

其他参数不影响本书模型的主要结论，为标准化和方便计算，本书选取 $L_0 = 1000, \tau = \lambda = 0$，故此时 SHV = DRV。

总结来看，本书使用样本内数据，对大类资产随机模型系统重新进行了参数估计，结果如表 6－1 所示。

表 6－1　　宏观影响模型参数估计结果

模型系数	符号	定义	参数取值
监管系数	RF_A	资产端风险因子	0.26
	RF_L	负债端风险因子	寿险 0.2；财险 0.4
	β	最低资本相关系数	寿险 0.3；财险 0.25
市场参数	r_f	无风险利率	0.025
	μ_S	风险资产的收益率均值	0.074
	σ_S	风险资产的收益率标准差	0.155
	μ_L	负债价值变动的均值	寿险 0.034；财险 0
	σ_L	负债价值变动的标准差	寿险 0.011；财险 0.015
	ρ	保险资产负债风险相关性	寿险 0.31；财险 －0.25
其他参数	L_0	保险公司初始负债	1000
	τ	附加保费	0
	λ	违约风险补偿比例	0

6.4.3　数值模拟分析——财险公司

根据理论模型，在监管参数、市场参数、其他参数都确定的情况下，最大化目标 SHV 是初始实际资本 AC 与风险资产配置比例 α 的函数。财险公司和寿险公司的区别在于负债价值和资产负债价值相关性不同，本书首先将财险公司的数据代入模型进行计算。

6.4.3.1　给定初始条件下，财险公司在最大化 SHV 时的风险资产配置比例与公司初始实际资本间的关系

图 6－1 中的实线为偿二代对 AC 与 α 关系的限制，即满足偿二代要求的取值需要在实线右方。可以看到，在偿二代约束下，α 与 AC 正相关，即在初始实际资本越多，股东利益最大化时，可投资风险资产比例越大。当 $\alpha=0$ 时，对应实线上 AC＝400，此时可计算得到 SHV＝0.765，本书可以继续画出限定 SHV＝0.765 时根据式（6－15）得到的 AC 与 α 关系曲线，即图中虚线。可以看见，虚线在实线右方，即虚线值在偿二代约束下都可以取到。接下来，令 $\alpha=1$，对应实线上 AC＝657，此时可计算得到 SHV＝2.028，同样本书可以画出限定 SHV＝2.028 时根据式（6－15）得到的 AC 与 α 关系曲线，即为图中双划线。可以看见，双划线在实线左方，即双划线值在偿二代约束下除了 $\alpha=1$ 的端点外都不能取到。最后本书可以画出 SHV＝1.561（对应 $\alpha=0.5$）时根据式（6－15）得到的 AC 与 α 关系曲线，即图中点划线。比较图中曲线，本书可以得到，在初始条件下，财险公司的最优化选择是将所有资产配置到风险资产上，这样可以得到收益 2.028。即在现有的监管条件下，财险公司在资产配置时总是追求风险最大化。

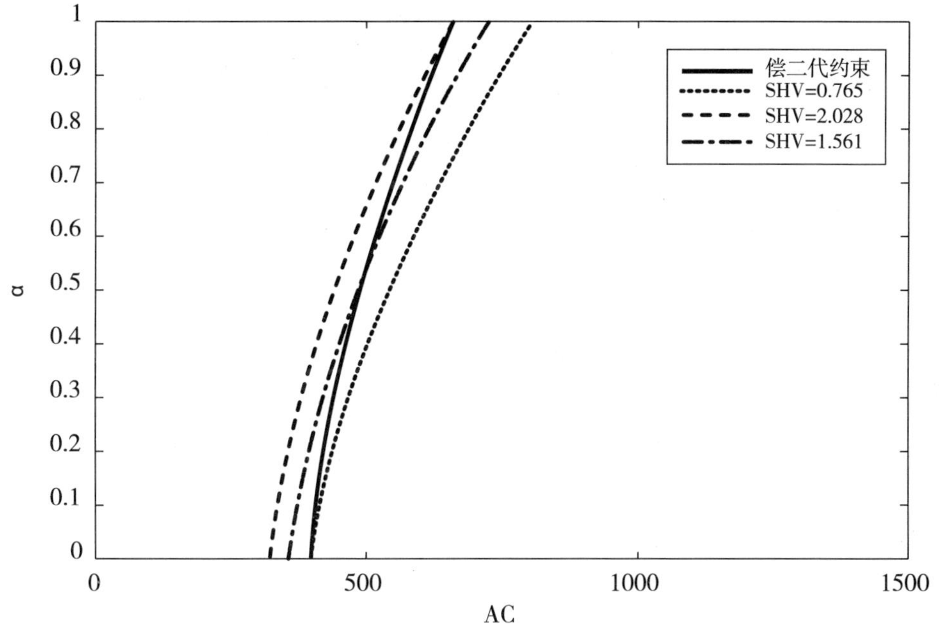

图 6－1　初始条件下财险公司实际资本 AC 与风险资产配置比例 α 关系

6.4.3.2　改变初始条件，将监管赋予的资产端风险因子系数RF_A由 0.26 提高为 0.45，研究其对财险公司最大化 SHV 时风险资产配置比例的影响

图 6－2 四条曲线的绘制方法与图 6－1 相同。对比图 6－1 和图 6－2 的实线可以发现，RF_A增大后，在给定 AC 时，对应的 α 降低，即监管对资产赋予的风险因子的实际意义。此时，令 $\alpha=0$，对应实线上 AC = 400，此时可计算得到 SHV = 0.765，与图 6－1 相同。但以此绘制的虚线此时在实线左方，即虚线值在偿二代约束下除了 $\alpha=0$ 的端点外都不能取到。令 $\alpha=1$，对应实线上 AC = 1125，此时可计算得到 SHV = 0.085，此时画出限定 SHV = 0.085，根据式（6－15）得到的 AC 与 α 关系曲线，即图中双划线，此时双划线在实线右方，即双划线值在偿二代约束下都可以取到，但此时得到的 SHV 却较小。比较图中曲线，可以得到，当RF_A = 0.45 时，财险公司的最优化选择是将所有资产配置到无风险资产上，这样可以得到收益 0.765。即当监管条件严格化后，财险公司在资产配置时会更加注意控制资产风险。

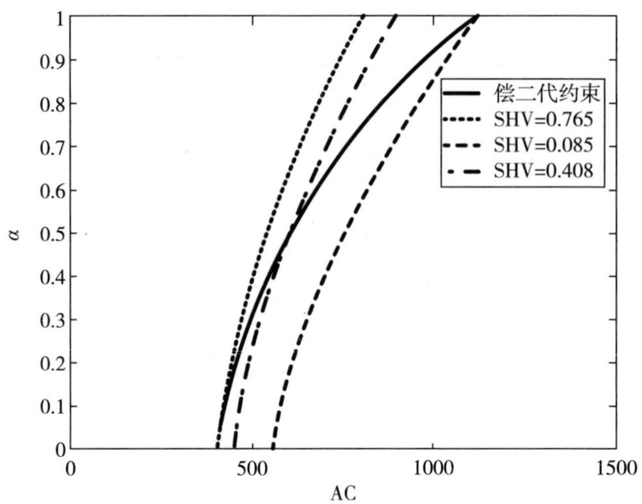

图 6－2　RF_A =0.45 时财险公司实际资本 AC 与风险资产配置比例 α 关系

6.4.3.3　研究监管参数RF_A对财险公司风险和收益的影响机制

本书改变RF_A取值，并通过最优化模型得到偿二代约束条件满足时风险资产配比和股东收益。由图 6－1、图 6－2 可以得到RF_A取值分别为 0.26、0.45 时，最优风险资产配置 α 比例分别为 1、0，由此得到的股东收益 SHV 分别为 2.028、0.765。那么RF_A取值在这之间时，各项取值会如何变化?

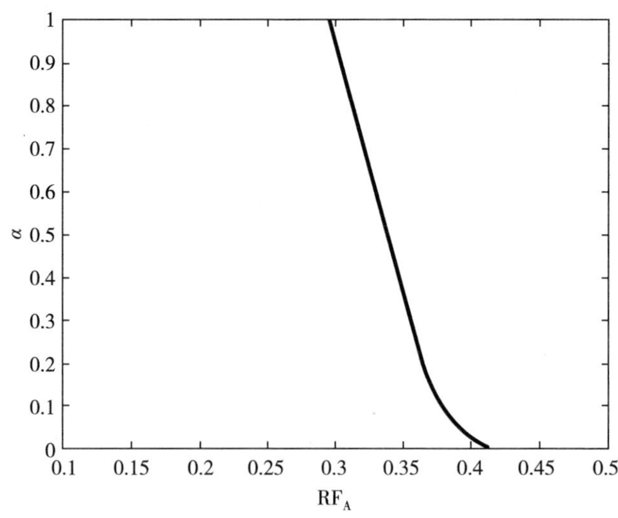

图 6－3　RF_A调整对最优化条件下财险公司风险资产配置比例 α 的影响

图6－3为RF_A调整与最终风险资产比例α的关系。可以看到，当RF_A升高时，α开始保持为1，随后逐步下降，最终收敛到0，即监管赋予风险资产的风险因子越大，在最优化条件下，风险资产配置越少。

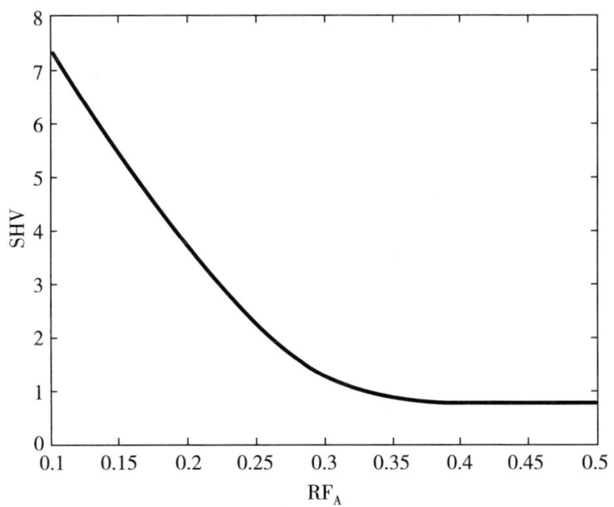

图6－4　RF_A调整对最优化条件下财险公司股东收益SHV的影响

图6－4为RF_A调整与最终股东收益SHV的关系。可以看到，当RF_A升高时，SHV逐渐下降，最终收敛到0.765，即监管赋予风险资产的风险因子越大，在最优化条件下，股东收益越少，这也印证了推论（4）。

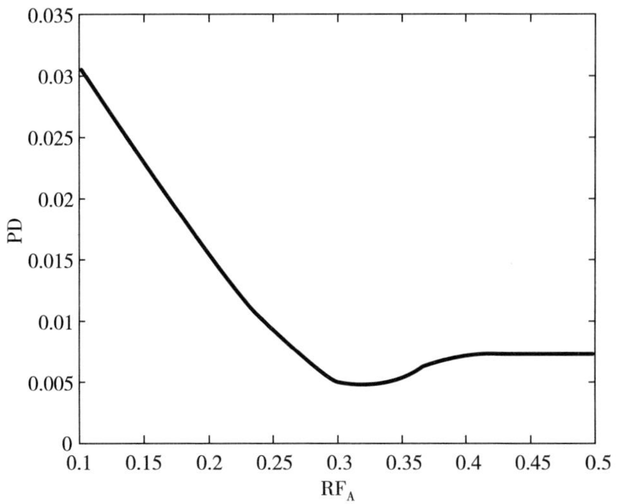

图6－5　RF_A调整对最优化条件下财险公司破产概率PD的影响

本书改变RF_A取值，根据式（6－17）计算最优化条件下财险公司相应的破产概率。图 6－5 为RF_A调整与最终破产概率 PD 的关系。可以看到，当RF_A升高时，PD 先下降，后抬升，最终逐步收敛到 0.006。由此可见，如果监管政策最终的目标是控制保险的公司的破产风险，那么RF_A并不是越大越好，而是有一个极小值。如果按照国际偿二代标准，将公司破产概率限定在 0.5%之下，那么RF_A的取值区间为 0.304 至 0.348。由此可见，如果一味提升资产端的风险因子RF_A，不仅会降低公司股东的收益，而且也不能达到控制风险的目的，所以监管在确定相关系数时需要根据实际情况进行具体分析。

6.4.3.4　研究监管参数RF_L对财险公司风险和收益的影响机制

以上讨论都是围绕监管系数中资产端风险因子RF_A的变化。接下来，本书讨论负债端风险因子RF_L。在前面的分析中，本书对RF_L的赋值为 0.4，RF_L的变化如何影响本书的模型，本书需要继续探讨。本书设定RF_A =0.26，并调整RF_L取值，在最优化条件下得到风险资产配比、最终收益与破产风险。

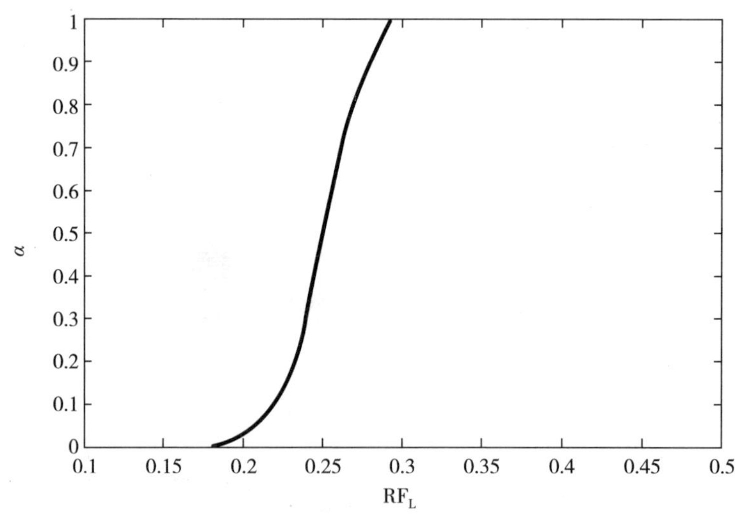

图 6－6　RF_L调整对最优化条件下财险公司风险资产配置比例 α 的影响

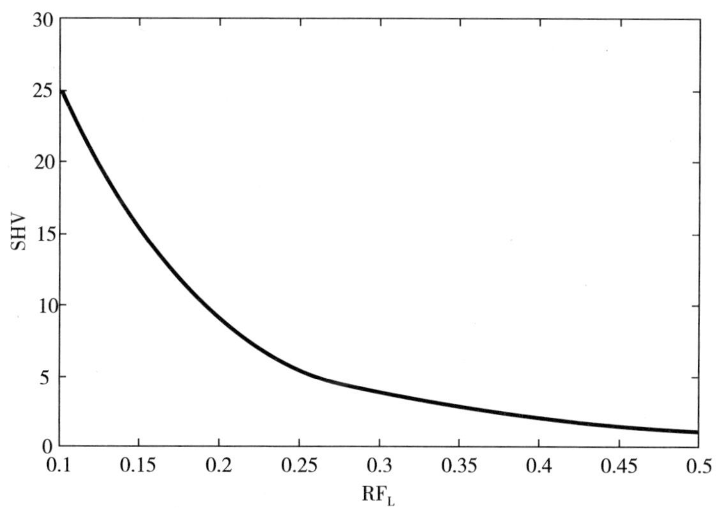

图 6-7　RF_L调整对最优化条件下财险公司股东收益 SHV 的影响

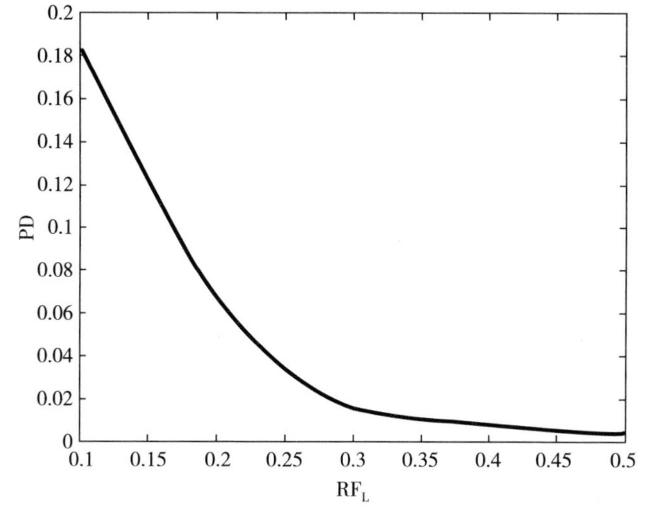

图 6-8　RF_L调整对最优化条件下财险公司破产概率 PD 的影响

由图 6-6 至图 6-8 可以看到，在RF_L升高时，最优化条件下风险资产配置比例 α 升高，对应的 SHV 和 PD 都减小。对比改变RF_A和RF_L参数的设置对财险公司风险和收益影响的讨论，本书可以看到，RF_A和RF_L的增加对 α 的影响是反方向的。如果RF_L足够高，财险公司会选择将资产全部配置为风险资产，这与RF_A足够高时，财险公司会选择将资产全部配置为无风险资产是相反的。

6.4.3.5　研究资产负债价值变动相关性 ρ 对财险公司风险和收益的影响机制

接下来，本书讨论现实中资产负债相关性对上述结果的影响。在前面的分析中，本书对 ρ 的赋值为 -0.25。如果相关系数改变，甚至从负相关变为正相关，那么前面的结论是否还能成立，是本书需要继续研究的问题。本书调整 ρ 的取值，令其分别为 -0.5、0、0.25，重复前面的步骤，与 $\rho=-0.25$ 时进行比较，得到图 6-9 至图 6-11。

从图 6-9 至图 6-11 可以看到，当 $\rho=-0.5$ 时，一定 RF_A 对应的 α、SHV 和 PD 都增大，即当资产负债负相关性增强时，保险公司会趋向于配置更多风险资产，导致股东收益上升，公司破产概率提升。当 $\rho=0$ 及 $\rho=0.25$ 时，α 都是在 1 和 0 之间突变，对应的 SHV 和 PD 都相对变小。

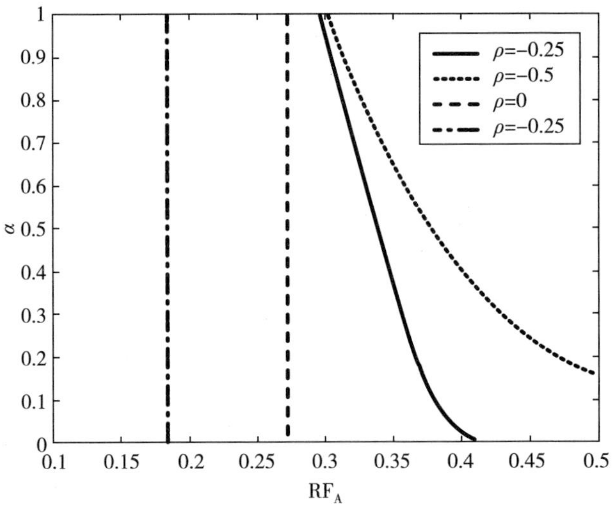

图 6-9　资产负债相关性对财险公司风险资产配置比例 α 的影响

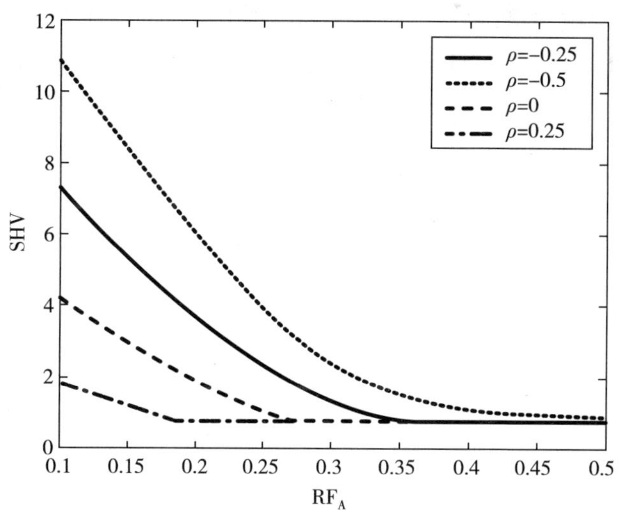

图6-10　资产负债相关性对财险公司股东收益SHV的影响

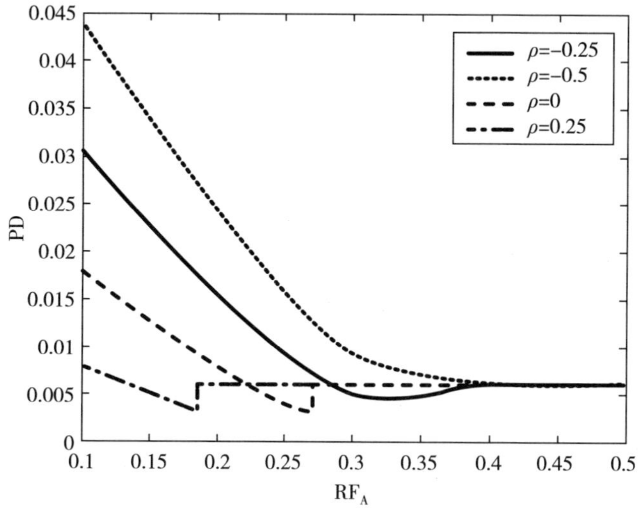

图6-11　资产负债相关性对财险公司破产概率PD的影响

6.4.3.6　研究各类风险最低资本相关系数β对财险公司风险和收益的影响机制

最后本书讨论监管系数中最低资本相关系数β变化的影响。调整β的取值，在最优化条件下得到风险资产配置、股东收益与破产风险的变化趋势，由图6-12至图6-14表示。可以看到，在β升高时，α由1越变为

0，而对应的 SHV 不断降低，与调整RF_A类似的，PD 也具有极小值，当β足够高时，PD 不会改变且始终高于极小值，即如果不考虑财险公司的最终收益，β的调整也不是越高越好。

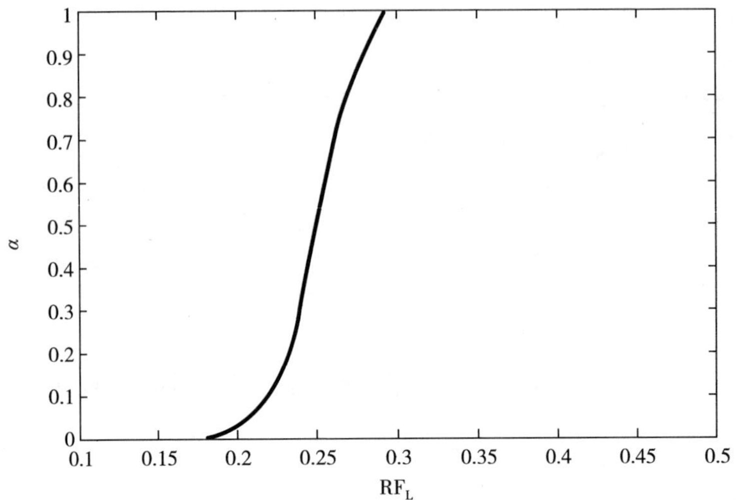

图 6－12　β 调整对最优化条件下财险公司风险资产配置比例 α 的影响

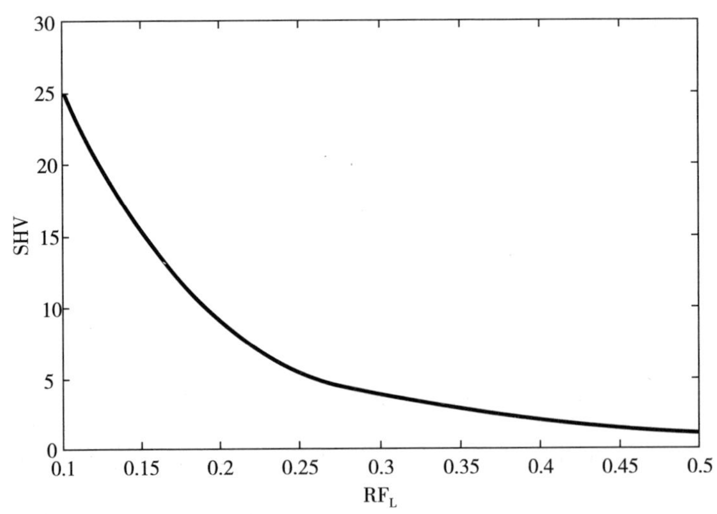

图 6－13　β 调整对最优化条件下财险公司股东收益 SHV 的影响

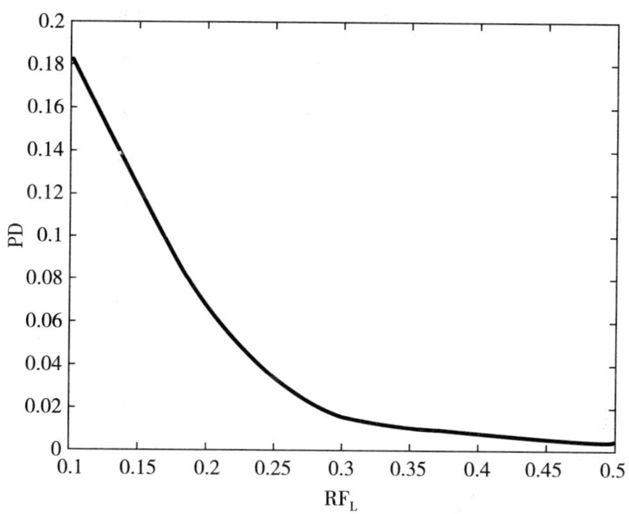

图 6－14 β 调整对最优化条件下财险公司破产概率 PD 的影响

综合以上讨论，本书可以看到，对于财险公司来说，监管系数的调整会对保险公司的风险选择以及由此带来的股东收益和破产风险都具有很大影响。监管系数的制定并不是越高越好，相应系数的增加一方面会降低股东收益，打击保险经营的积极性，另一方面也不能保证能够进一步降低破产风险。

6.4.4 数值模拟分析——寿险公司

接下来本书简要分析偿二代资本监管政策对寿险公司风险和收益的影响机制。在模型中，寿险与财险的明显区别是监管要求的不同和负债端价值变动标准差σ_L的不同，相对于财险来说，寿险的σ_L更小，即负债端收益率的波动更小，这与实际也是相对应的。

6.4.4.1 给定初始条件下，寿险公司在最大化 SHV 时的风险资产配置比例与公司初始实际资本间的关系

参照对于财险公司的分析讨论，本书可以首先得到初始条件下寿险公司实际资本 AC 与风险资产配置比例 α 关系，如图 6－15 所示。与财险公司相比，在 α 一定时，偿二代体系对寿险公司要求的初始资本更少。比较图中四条曲线，可以得到，在初始条件下，寿险公司的最优选择为将所有

资产配置为风险资产。

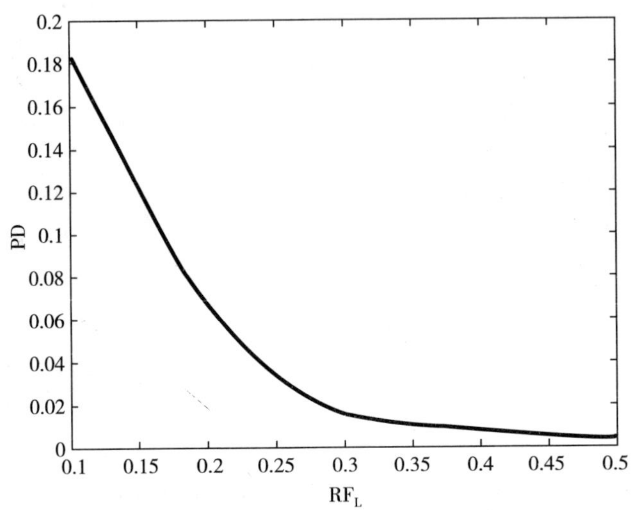

图 6－15　初始条件下寿险公司实际资本 AC 与风险资产配置比例 α 关系

6.4.4.2　研究监管参数RF_A对寿险公司风险和收益的影响机制

本书继续考虑监管系数改变对寿险公司的影响。首先分析RF_A，调整RF_A的取值，在最优化条件下得到寿险风险资产配置比例、股东收益与破产风险，由图 6－16 至图 6－18 表示。可以看到，与财险公司不同，RF_A对 α、SHV 和 PD 的影响都是单调的，随着RF_A的变大，α、SHV 和 PD 都减小，且此时 SHV 和 PD 都趋向于 0，即对于寿险公司来说，RF_A要求严格化之后，股东收益趋向于 0，破产概率也趋向于 0，这是因为寿险公司负债端风险较小，取极值时相当于只需要考虑资产端风险。

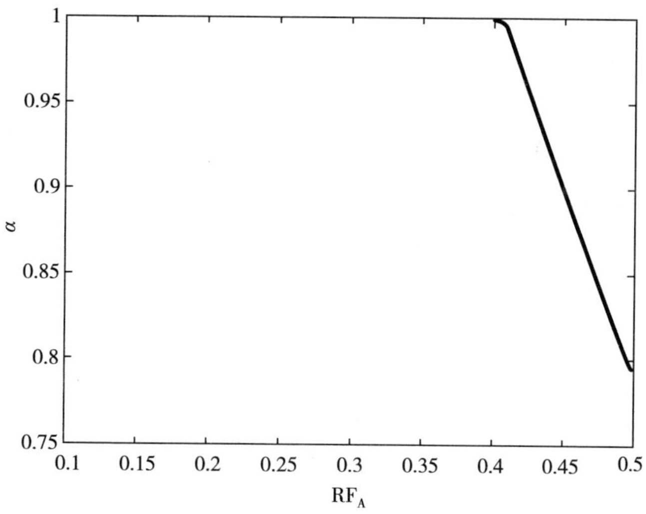

图 6-16　RF_A调整对最优化条件下寿险公司风险资产配置比例 α 的影响

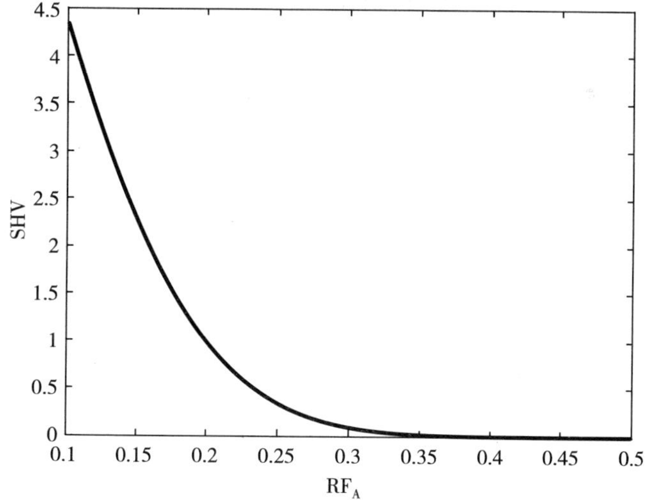

图 6-17　RF_A调整对最优化条件下寿险公司股东收益 SHV 的影响

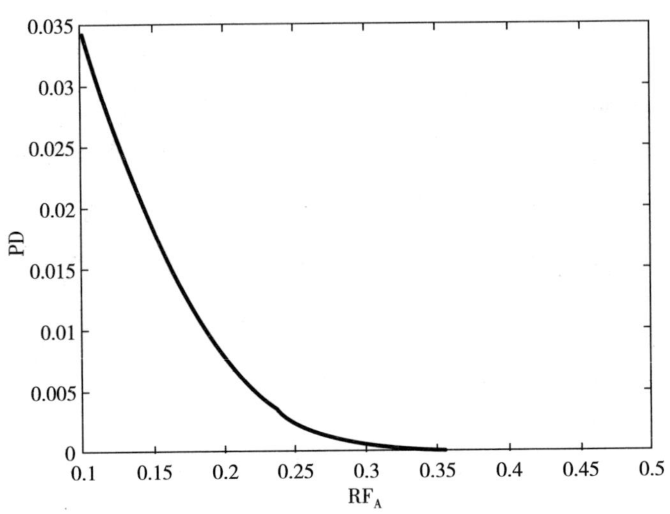

图 6－18　RF_A调整对最优化条件下寿险公司破产概率 PD 的影响

6.4.4.3　研究监管参数RF_L对寿险公司风险和收益的影响机制

以上讨论都是围绕监管系数中资产端风险因子RF_A的变化。接下来，本书讨论负债端风险因子RF_L。在前面的分析中，本书对寿险公司RF_L的赋值为 0.2，RF_L的变化如何影响本书的模型，本书需要继续探讨。本书设定$RF_A = 0.26$，并调整RF_L取值，在最优化条件下得到风险资产配比、最终收益与破产风险。

由图 6－19 至图 6－21 可以看到，在初始条件下，随着RF_L的增大，α由 1 跃变为 0.45，但并不会变为 0，同时 SHV 和 PD 也逐渐减小，并会发生相应突变。

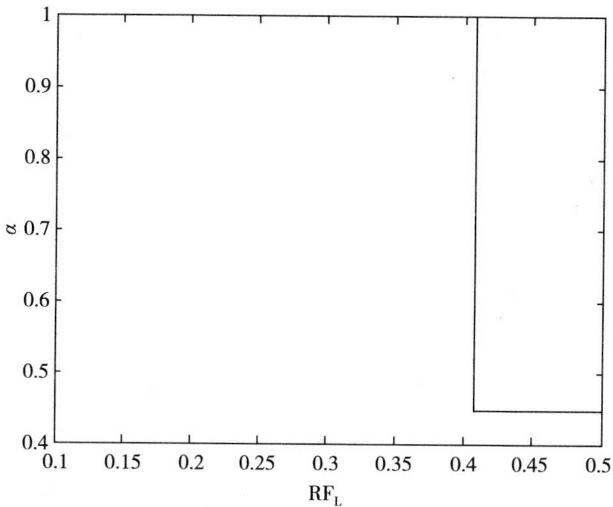

图 6－19　RF_L 调整对最优化条件下寿险公司风险资产配置比例 α 的影响

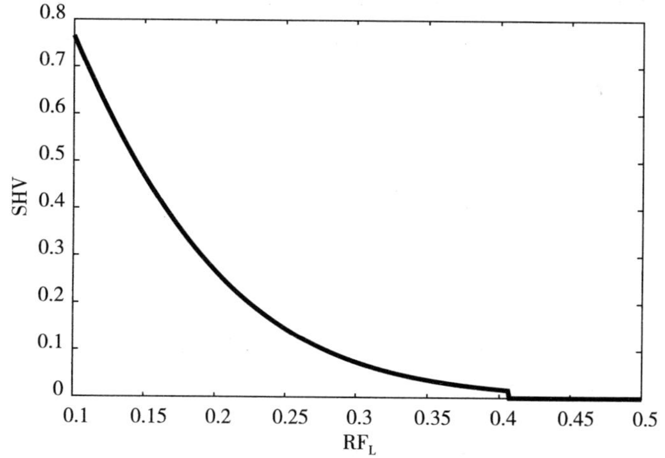

图 6－20　RF_L 调整对最优化条件下寿险公司股东收益 SHV 的影响

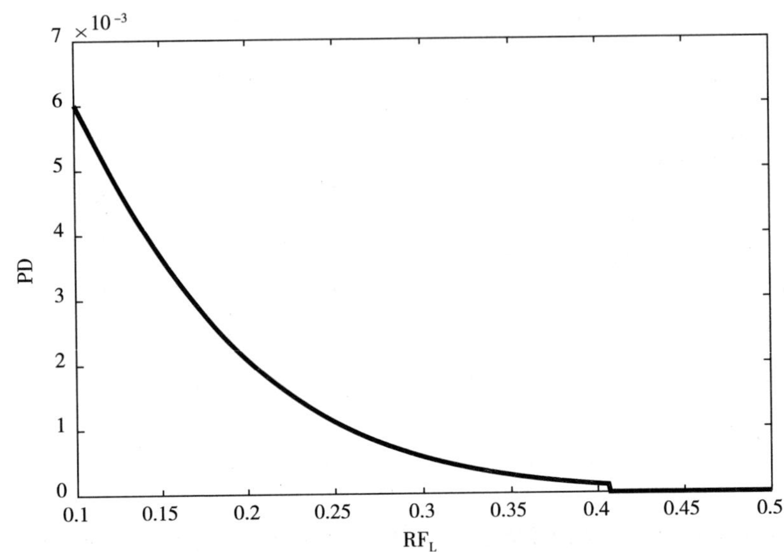

图 6－21　RF_L调整对最优化条件下寿险公司破产概率 PD 的影响

6. 4. 4. 4　研究各类风险最低资本相关系数 β 对寿险公司风险收益的影响机制

在初始设定下，综合考虑寿险风险与市场风险、信用风险最低资本的相关系数，对于寿险公司 β 的初始值设定为 0. 3。为研究参数值 β 的设定对寿险公司风险和收益的影响，本书调整对于 β 的设定，在最优化条件下得到风险资产配置比例、股东收益和破产风险变化趋势。

由图 6－22 至图 6－24 可以看出，不论 β 怎么变动，寿险公司始终会将资产投资于风险资产，而 β 的增大也相应降低了 SHV 和 PD。同时对比财险公司和寿险公司，在监管系数的设定相同时，寿险公司最终的破产概率较低。

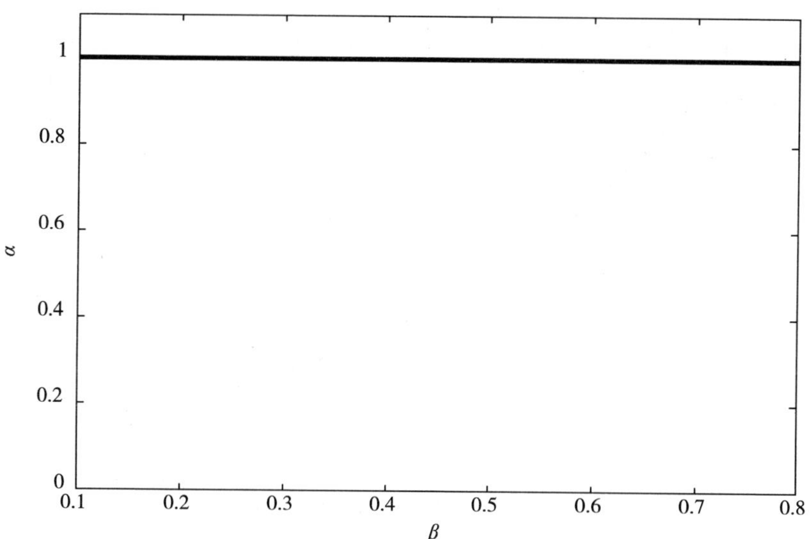

图 6-22 β 调整对最优化条件下寿险公司风险资产配置比例 α 的影响

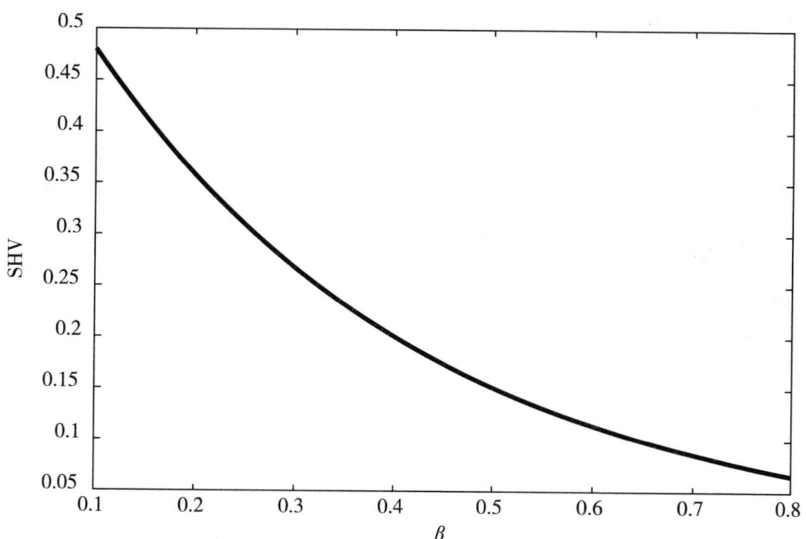

图 6-23 β 调整对最优化条件下寿险公司股东收益 SHV 的影响

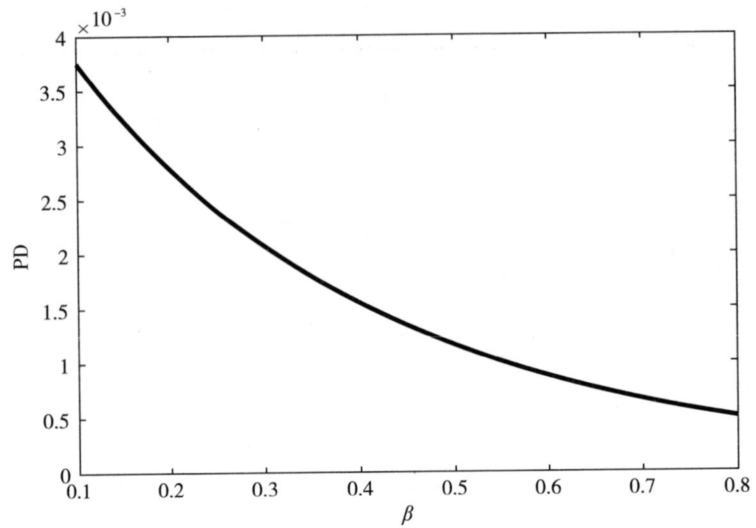

图 6-24 β 调整对最优化条件下寿险公司破产概率 PD 的影响

总的来看，本书探讨了偿二代监管政策影响对保险公司风险选择的影响，并得到了监管系数的选择标准。通过数值模拟，本书分析了财险公司和寿险公司各自的情况，为监管提供了合理的参考。

6.5 本章结论

总的来看，国内对于偿二代体系下保险公司资产配置的研究大多采用均值方差模型，没有考虑到保险公司的破产风险，同时也没有将保险公司的资产负债相关性纳入模型。本书认为，偿二代的影响不仅体现在对资产端风险的约束，更体现在资产配置时对资产负债匹配的关注。在加入资产负债相关性的情况下，保险公司进行资产配置时需要考虑的是最大化股东收益，而在允许破产的条件下，股东收益是具有下限的，即初始投入资本的负值，因此在这样的设定下，保险公司最优化资产配置必然和原来的均值方差模型有很大区别。本书的研究试图从最大化保险公司股东收益角度出发，探讨偿二代体系对保险公司最优化配置下最终收益和风险的影响机制。

本章通过设立模型，从宏观角度考察了偿二代资本监管体系对保险公司资产配置风险选择及由此带来的股东收益和破产概率的影响机制。通过数值模拟，本章具体分析了偿二代体系中相关监管系数对财险公司和寿险公司的约束作用。本章结果表明：对保险公司而言，在进行资产配置时要考虑资产负债相关性影响，不同的资产负债相关系数会直接影响保险公司的资产配置决策，并显著影响保险公司的股东收益和破产概率；对监管机构而言，监管政策对于财险和寿险公司风险和收益的影响是有差别的，这主要是因为二者负债端波动率差异较大。对于财险公司，在达到一定限度之后，某些监管系数的严格化（例如RF_A和β）不仅减少了股东收益，而且破产概率也在增加，但对于寿险公司来说，监管系数的增加会单调地降低股东收益和破产概率。因此，为进一步优化监管政策，偿二代监管参数的设定应区别对待财险公司和寿险公司。

本章主要创新点如下：

第一，本章创新性地提出了考虑保险公司破产风险和保险公司资产负债相关性的资产配置模型，并在此模型的基础上分别考虑了寿险公司和财险公司的实际资产配置对其股东收益和破产风险的影响，具有理论创新性贡献。具体来看，以往的研究大多采用 Markowitz 均值—方差模型，并单纯地将偿二代要求作为约束条件代入模型当中，从而得到新的有效前沿曲线，并没有考虑到负债端对资产配置的影响。但是，通过市场实践可以知道，保险资产负债存在联动效应，偿二代计量规则下保险公司的资产负债管理会对保险公司的偿付能力充足率产生深刻影响，所以本章在原有的模型中加入资产负债相关性的探讨。同时，本章认为，在考虑破产可能的情景下，原有的最大化资产收益目标也需要进行变动，本章需要探讨的是监管要求对保险公司资产配置以及由此带来的风险的影响，所以本章需要将最大化目标改变为有限责任下的保险公司股东收益。在新的模型框架下，本章能够更好地说明偿二代体系的具体影响，并能够更切合实务地探讨保险公司的实际资产配置策略。

第二，本章创新性地从监管的视角出发，提出偿二代监管系数变化对保险公司的多方面影响，为监管政策的实施和修订提供了理论证据。具体来看，本章通过模型研究了偿二代体系中控制保险公司破产风险，推导得到监管系数对于保险公司股东收益和破产风险的影响。本章的研究证明了某些监管系数的严格化可能起不到预期效果，同时监管系数的变化对于财险公司和寿险公司的影响也不尽相同。本章的研究从理论和实证角度解决了监管系数的选定问题，为监管层在实践中进一步推动偿二代体系建设提供了有益的借鉴。

第 7 章
结论及未来研究展望

7.1 主要研究内容和重点结论

本书围绕站在最大化股东收益的角度，统筹考虑偿二代资本约束、公司负债约束，对保险公司如何进行最优大类资产配置以及资产配置决策对保险公司未来风险和收益影响等问题进行了深入研究和探索。

本书研究了偿二代资本约束下保险公司最大化股东收益目标时静态最优资产配置决策问题。通过前置化资本约束后建立 BL 模型，本书得到了偿付能力资本约束下，最优资产配置决策必须建立在资产负债匹配管理的基础上的重要结论，并从数学上证明了最优资产配置被切分为匹配资产和盈余资产两部分。通过实证研究，本书给出了现实中更复杂的投资约束，保险公司具体进行最优资产配置的数值求解方法；同时，通过将偿二代约束下的最优资产配置与传统均值—方差下的最优资产配置进行对比分析，本书得到二者在风险维度上的严格映射关系，并得到考虑资本约束后的资产配置在单期静态下确实会带来股东价值损失的结论。

为进一步提高资产配置模型的有效性，深入研究资本约束下的资产配置问题，在综合考虑偿二代计量资本占用的风险因子类别和驱动大类资产收益的风险因子类别的基础上，本书建立了基于风险因子收益随机预测的层叠结构模型。通过建立样本外数据进行实证分析，本书发现，匹配偿二代风险划分的大类资产随机模型可以有效识别资产价格波动的方向和幅度，相对于静态模型可以显著提升配置效果，增加股东价值，并且动态下的最优资产配置在大类风险的分布上更为均衡，可以有效提高保险公司偿付能力的稳定性。同时，对比无资本约束下的资产配置，本书发现，资本约束下的最优资产配置在静态模型中存在投资效率损失，但该结论在随机模型下并不一定成立，取决于保险公司的风险偏好以及未来利率变动方向是否有利；同时，资本约束下的最优资产配置确实能够有效降低尾部风险损失，降低保险公司的破产概率，降低监管机构的接管成本。

最后，本书研究了偿二代资本约束监管体系对保险公司整体风险和收益的宏观影响机制，通过理论研究和数值模拟，本书发现，对保险公司而言，偿二代计量规则下保险公司的资产负债管理会对保险公司的偿付能力充足率产生深刻影响，保险公司在偿付能力约束下进行资产配置决策时需充分考虑资产负债价值的相关性，若资产负债价值负相关，则相关性越高，保险公司会趋向配置更多的风险资产，进而提高股东收益。对监管机构而言，监管的主要目的是控制保险公司的破产风险，在偿二代监管体系下，相关风险参数的设置并不是越严格越好，若超过一定临界值，不仅降低了保险公司股东收益，同时也会提高其破产风险，此外，某些监管参数作用于财险公司和寿险公司时差异较大，故政策优化时可考虑区别对待。

7.2 相关启示和政策建议

通过对保险公司在资本约束下进行最优投资决策及其动态影响的研究分析，本书得到的相关启示和政策建议如下：

一是通过对保险公司资本约束下单期最优资产配置决策进行动态分析，本书发现，影响资产配置决策有效性的一个重要风险来源就是资产、负债利率曲线的反向变动，而造成反向变动的主要原因是当市场利率发生转向时，资产端和负债端利率风险评估基准曲线不同。根据偿二代监管规定，资产端利率风险根据国债即时利率曲线进行评估，而负债端利率风险根据国债过去 750 天移动平均利率曲线进行评估，存在一定的时滞性。因此，建议监管当局可评估统一资产端和负债端的利率风险评估基准的可行性，以更客观地反映保险公司真实面临的利率风险敞口。

二是通过对比分析有资本约束和无资本约束下保险公司最优投资决策，本书发现，对于保险公司而言，前置化资本约束进行投资决策，短期内可能会牺牲一定的股东收益，但通过提高资产收益率预测能力，合理设定风险偏好，长期内可能会提高股东收益，稳定偿付能力充足率。因此，建议保险公司在进行中长期战略资产配置规划时应考虑资本约束，合理确定风险偏好和偿付能力目标。

通过分析偿二代监管政策对保险公司资产配置决策的宏观影响机制，本书得到的相关启示和政策建议如下：

本书发现，偿二代资本约束对于财险公司和寿险公司的风险和收益的影响是有差异的。对于财险公司，资产端风险因子、负债端风险因子、资产负债风险间的相关系数等监管参数的设置并不是越高越好，更加严格的监管要求不仅会造成保险公司股东收益的下降，而且并不一定能够降低保险公司的破产概率；对于寿险公司，监管参数的高低和保险公司破产概率是反向的，因此，建议监管当局后续可考虑重检优化风险因子等参数的设置，平衡处理好控制保险公司破产风险和提升保险公司长期盈利能力二者间的关系，另外可考虑差别化设置财险公司和寿险公司最低资本计量相关参数。

7.3 主要创新

本书的主要创新点表现在以下方面：

一是研究思路的创新。偿二代是针对保险公司整体经营风险的资本管理规则，资产配置与负债共同影响偿付能力充足率状况，因此，本书相比以往文献最大的创新，就是首次站在保险公司整体角度，以保险公司股东收益最大化为目标，将负债端纳入模型统筹考虑资产负债管理后前置化资本约束，从构建静态资产配置模型到构建随机资产配置模型，分别探讨大类资产配置的最优化问题。同时，基于随机预测及蒙特卡洛模拟，对单期资产配置行为对保险公司未来股东价值实现和偿付能力稳定性等进行了细致的研究和归因分析，填补了国内关于偿二代实施对于保险公司实际破产风险的控制以及长期盈利能力的影响等方面研究的空白。

二是研究方法的创新。以风险为导向的偿二代监管框架下，风险直接体现在资本要求上，提高资本回报率与保险公司股东收益最大化是等价的，因此，为量化分析投资资产收益和风险对资本的边际影响，本书创新性地建立了一套资本风险预算体系，定义了各类风险的边际最低资本、各类资产的边际风险和资本回报率等重要指标。基于风险预算体系，针对保险公司现实投资决策面临的更为复杂的约束条件，本书原创性地构建了三阶段数值求解算法，将一个全局上的非线性隐式问题分解成一系列局部上的线性显示问题，有效填补了国内文献以及保险公司实践中难以前置资本约束得到资产配置具体数值解的空白。同时，为量化分析考虑资本约束下的投资效率损失问题，或者说保险公司是否以牺牲长期收益换取短期偿付能力稳定问题，本书从广义的资产配置理论出发，创新性地在数理上证明了偿二代资本约束下最优资产配置的实质，并在资本约束下的资产配置和收益波动率约束下的均值方差资产配置间建立等价风险映射关系，并发现了由于偿二代的非线性风险度量导致的资产配置的奇点问题。

三是理论模型构建的创新。第一，构建了与偿二代风险测度相匹配的大类资产组合随机模型框架。偿二代是从资产和负债实际承担的底层风险维度来确定最低资本计量规则的，而资本约束下的资产配置又是以最低资本来衡量资产风险的，因此风险因子是本质上连接投资资产和偿二代资本要求的枢纽，为从根本上实现资产风险和收益衡量方式的统一，本书借鉴因子预测法，将投资资产收益的预测转化为对于 return - drivers 的风险因子回报率的预测，创造性地构建了与偿二代风险测度相匹配的大类资产随机模型框架。在随机模型构建中，主要创新有两点，首先结合偿二代风险分类和保险资金大类资产配置范围，原创性地将现金、利率债、信用债、股票和非标五大类资产组合收益分解为无风险利率因子、期限利差因子、股票价格因子、股票分红因子、信用利差因子和流动性溢价因子 6 个底层风险因子；其次，借鉴 Wilkie 模型的构建思路，将各类因子叠加构建大类资产组合随机模型，通过考虑风险因子随机项之间的相关性，改善了层叠模型单向影响的问题。第二，构建了一个综合考虑资本、资产、负债随机变动的理论分析框架。综合保费定价理论、期权定价理论、资产配置理论，从股东收益最大化的视角，同时考虑破产风险和资产负债风险，建立研究最优资产配置问题的理论模型。同时，结合中国实际经营数据和监管设置进行数值模拟，区分寿险公司和财险公司，研究了偿二代资本监管体系对投资风险资产配置及由此带来的股东收益和破产概率的影响机制，填补了国内对于政策影响机制和参数设置压力测试研究的空白，并提出了有效的政策建议。

7.4 研究局限性与未来研究展望

第一，在偿二代框架下，分红险和万能险存在损失吸收的问题，并在现金流层面存在资产负债的联动。由于分红险和万能险的复杂性和非标准性，本书只考虑保险公司的传统业务，分红险和万能险未纳入研究范畴。后续可以在建立精算负债模型的基础上，构造资产与负债的联动关系，对相关问题进行拓展研究。

第二，在偿二代的框架下，鼓励保险公司通过多元化资产投资，获取更大的分散效应，有效提高偿付能力充足率。由于境外资产并不是目前保险公司投资的主流标的，同时境外资产品种繁多，建模较复杂，本书在相关实证研究部分仅考虑了保险公司投资境内资产的情况。后续研究中可进一步丰富大类资产类别，对中国保险资金在全球范围内进行资产配置的相关问题进行拓展研究。

第三，本书在进行偿二代的相关计算时未考虑负债中的风险边际部分，对保险公司的再投资以及保险新业务只做了简单假设，与保险公司的实际操作和运营尚存在一定的偏差。后续可在目前研究的基础上，对相关部分进行细化处理，使文章结果更加完整地反映行业实践状况。

第四，偿二代度量的是保险公司的整体风险，除了投资相关的风险，还包括保险相关的风险。本书在利用随机模型构造情景发生器时仅考虑了资产端的经济情景，对于保险风险相关的情景未予考虑，后续可在目前的研究基础上，加入保险风险相关的情景发生器，同时考虑保险风险与投资风险的相关性，从保险公司总体风险的层面对相关问题进行更加深入的研究。

参考文献

[1] 安起光，土厚杰．引入无风险证券的均值——VaR 投资组合模型研究［J］．中国管理科学，2006（2）：12－15.

[2] 卞小娇，李方方．基于动态多期投资模型的寿险公司最优投资决策［J］．保险研究，2014（5）：76－86.

[3] 曾令波．我国共同基金对动态资产配置策略的应用初探［J］．当代财经，2003（6）：41－44.

[4] 曾素芬．基于 VaR 模型的保险投资风险度量与绩效评价［J］．江西财经大学学报，2009（S）：34－38.

[5] 陈辉，陈建成．我国保险资金组合的模拟和金融风险测量研究［J］．统计研究，2008（11）：64－71.

[6] 陈婷，赵杨，熊军．中国养老基金战略资产配置实证分析［J］．宏观经济研究，2011（10）：47－50.

[7] 陈文辉．中国偿付能力监管改革的理论和实践［M］．北京：中国经济出版社，2015.

[8] 陈旭晖．寿险公司资产配置问题研究［D］．北京：对外经济贸

易大学，2007.

［9］陈志国．保险公司证券投资基金状况分析［J］．保险研究，2011（12）：3－5.

［10］崔斌．保险资金投资组合的管理模式［J］．保险研究，2004（8）：31－34.

［11］戴成峰．论财产保险公司的资产负债管理与资金运用［J］．保险研究，2007（7）：77－80.

［12］邓莉．盈余优化模型在我国寿险公司投资资产配置中的应用［D］．长沙：湖南大学，2008.

［13］杜泉莹，徐美萍．基于 ARMA-GARCH-t 和 Black-Litterman 模型的资产投资组合研究［J］．广西师范大学学报（自然科学版），2018，36（4）：67－75.

［14］段国圣，李斯，高志强．保险资产负债匹配管理的比较、实践与创新［M］．北京：中国社会科学出版社，2012.

［15］段国圣．资本约束下的保险公司最优资产配置：模型及路径［J］．财贸经济，2012（8）：72－79.

［16］郭文族，李心丹．CVaR 先知下的最优保险策略选择［J］．系统管理学报，2009（10）：583－587.

［17］郭文族．保险公司的最优投资策略选择［J］．数理统计与管理，2010（1）：43－48.

［18］胡宏兵，郭金龙．我国保险资金运用问题研究——基于资产负债匹配管理的视角［J］．宏观经济研究，2009（11）：51－58.

［19］胡照青．我国保险资金多元化运用进入新时代［J］．上海投资，2006（7）：11－13.

［20］黄薇．中国保险机构资金运用效率研究：基于资源型两阶段 DEA 模型［J］．经济研究，2009，44（8）：37－49.

［21］黄英君．我国保险资金运用的风险理论研究——基于 VaR 模型的实证分析［J］．云南财经大学学报，2010，26（3）：94－102.

［22］解强，李秀芳．基于多目标规划的寿险公司资产负债管理

[J]. 当代经济科学，2009，31（3）：78－83＋126－127.

［23］景珮. 基于多目标规划的保险公司随机资产负债管理［D］. 天津：南开大学，2014.

［24］李慧娟. 偿二代下我国保险公司偿付能力研究［J］. 时代金融，2018（27）：253＋266.

［25］李江鹏，党晓晶，刘忻梅. 基于均值—方差模型的保险资金投资组合研究［J］. 科学创新导报，2010（4）：133.

［26］李明亮，倪玉娟，谢海林. 海内外保险资金资产配置的结构变迁分析［J］. 证券市场导报，2013（6）：56－62.

［27］李琦. 资产配置在我国基金投资中的应用研究［D］. 大连：东北财经大学，2007.

［28］李心愉，付丽莎. 基于 Black-Litterman 模型的保险资金动态资产配置模型研究［J］. 保险研究，2013（3）：24－38.

［29］李心愉，沈冲. 保险投资中的政策因子及其作用机制［J］. 改革，2010（7）：85－91.

［30］李秀芳，景珮. 基于多目标规划的寿险公司随机资产负债管理研究［J］. 经济管理，2014，36（3）：108－117.

［31］刘超. Black-Litterman 投资组合模型的进一步推导分析［J］. 经济数学，2014，31（1）：1－7.

［32］刘喜华. 保险资金运用与寿险公司的资产负债管理［J］. 上海保险，2004（4）：27－30.

［33］陆爱勤. 保险投资组合策略研究［J］. 上海金融，2007（10）：79－82.

［34］罗琰，杨招军. 基于随机微分博弈的保险公司最优决策模型［J］. 保险研究，2010（8）：48－52.

［35］毛小纶，李从珠. 养老保险基金投资的目标规划模型［J］. 数理统计与管理，2004（6）：20－31.

［36］孟勇. Markowitz 模型与 Black-Litterman 模型比较研究——投资人情绪对资产组合的影响［J］. 统计与信息论坛，2013，28（8）：

31－37.

［37］欧蓉．基于随机规划模型的我国外汇储备资产配置问题研究［D］．长沙：湖南大学，2009.

［38］秦振球，俞自由．保险公司投资比例问题研究［J］．财经研究，2003（2）：41－47.

［39］秦振球，俞自由．从资产负债管理看我国寿险产品开发和资金运用［J］．上海保险，2002（12）：26－28.

［40］任飞，李金林．资产配置理论与模型综述［J］．生产力研究，2007（7）：140－142.

［41］荣喜民，李楠．保险基金的最优投资研究［J］．数量经济技术经济研究，2004（10）：62－67.

［42］荣喜民，卢美萍，李践．考虑承保风险的保险基金投资研究［J］．系统工程学报，2004（2）：198－201.

［43］荣喜民，宋瑞才．有关保险基金投资的研究［J］．数理统计与管理，2004（4）：49－52.

［44］沈黎柯．债券投资组合最优化实证研究［D］．北京：清华大学，2010.

［45］隋学深，奚冬梅．保险公司偿付能力和保险资产风险联动监管机制研究［J］．上海金融，2013（1）：63－67＋118.

［46］孙祁祥，周奕．保险投资风险理论研究［J］．金融与保险，2004（2）：37－39.

［47］谭华清，赵学军，黄一黎．资产配置模型的选择：回报、风险抑或二者兼具［J］．统计研究，2018，35（7）：62－76.

［48］田玲，王正文，许潆方．基于经济资本的我国保险公司投资风险限额配置研究［J］．保险研究，2011（11）：31－38.

［49］王大鹏，赵正堂．中国保险业资产配置与风险整合——基于虚实配比、Copula-CVaR 模型和 Monte Carlo 算法的实证研究［J］．产经评论，2016，7（2）：71－82.

［50］王海琳．Black-Litterman 模型在中国养老金入市投资中的应用

[J]. 时代金融，2013 (27)：119－120.

[51] 王颢，潘文捷. 保险资产最优配置：理论模型、数值模拟及政策含义 [J]. 保险研究，2016 (12)：37－58.

[52] 王灵芝. 偿二代体系下保险资产配置策略及效率评估 [J]. 保险研究，2016 (10)：89－101.

[53] 王灵芝. 偿二代体系下寿险业的资产负债管理：路径与优化 [A]. 2016 中国保险与风险管理国际年会论文集，2016：13.

[54] 王素素. 基于均值—方差模型的多阶段投资动态规划模型 [J]. 时代金融，2017 (24)：212.

[55] 王绪瑾. 关于我国保险投资的再思考 [J]. 经济学动态，1999 (7)：37－39.

[56] 王绪瑾. 论后起工业国和地区保险投资的演进及其启迪 [J]. 南京经济学院学报，1999 (3)：39－43.

[57] 魏巧琴. 保险投资学 [M]. 上海：上海财经大学出版社，2008：7－11.

[58] 温琪，陈敏，梁斌. 基于 Black-Litterman 框架的资产配置策略研究 [J]. 数理统计与管理，2011，30 (4)：741－751.

[59] 吴世农，陈斌. 风险度量方法与金融资产配置模型的理论和实证研究 [J]. 经济研究，1999 (9)：30－38.

[60] 邢天才. 下偏风险框架下动态资产配置策略的绩效分析：来自中国基金的证据 [J]. 东北财经大学学报，2008 (6)：3－8.

[61] 徐景峰，朱浩然. 我国寿险公司资产配置研究 [J]. 保险研究，2013 (1)：41－48.

[62] 徐庆娟，杨彬彬. 基于 GARCH 模型的 Black-Litterman 投资组合研究 [J]. 广西师范学院学报（自然科学版），2018，35 (1)：31－40.

[63] 许琳. 我国保险投资存在的问题及对策 [J]. 金融科学，2000 (4)：50－53.

[64] 颜伟明. 基于 RAROC 的保险资金多期动态资产配置研究

［D］. 厦门：厦门大学，2008.

［65］ 杨帆，韩卫国，甘露. 保险资金运用国际比较研究［J］. 保险研究，2002（6）：11－14.

［66］ 杨维，金熙悦. 保险资金在资本市场投资逻辑及面临风险分析［J］. 保险职业学院学报，2017，31（3）：9－13.

［67］ 叶燕程，高随祥. 缴费确定型企业年金最优投资策略研究［J］. 中国科学院研究生院学报，2007（2）：149－153.

［68］ 臧金娟，黄一黎，赵学军. 大类资产配置中各类资产最优代表选择的研究［J］. 金融理论与实践，2017（9）：11－18.

［69］ 张龙. 基于卡尔曼滤波估计的两因子 Vasicek 模型实证分析［D］. 天津：南开大学，2014.

［70］ 张小涛. 基于损失厌恶的长期资产配置研究［D］. 天津：天津大学，2005.

［71］ 张学勇，张琳. 大类资产配置理论研究评述［J］. 经济学动态，2017（2）：137－147.

［72］ 赵文昊，李强，曹晋文等. 保险公司资产负债管理技术及指标研究［J］. 保险研究，2010（10）：77－85.

［73］ 甄晓微. 偿付能力与保险投资关系浅析［J］. 时代金融，2013（11）.

［74］ 周革平. 现代资产组合理论的产生与发展综述［C］. 金融与经济，2004（8）：10－12.

［75］ 周奕欣. 我国保险资金基于 Black-Litterman 模型的投资结构优化问题研究［D］. 上海：上海师范大学，2018.

［76］ 朱日峰. 偿二代下财险公司资产负债管理研究［J］. 技术经济与管理研究，2017（3）：64－70.

［77］ Alexander B，Hato S，Florian S. Portfolio optimization under solvency II：implicit constraints Imposed by the market risk standard formula［J］. Journal of Risk and Insurance，2017，84（1）.

［78］ Amenc N，Martellini L，Foulquier P，Sender S. The impact of IF-

RS and Solvency II on asset-liability management and asset management in insurance companies. EDHEC [R]. Risk and Asset Management Research Centre, 2006, November.

[79] Andersen T G, Lund J. Estimating continuous-time stochastic volatility models of the short-term interest rate [J]. Journal of Econometrics, 1997, 77 (2): 343 -377.

[80] Andre F. Perold, William F. Dynamic strategies for asset allocation [J]. Financial Analyst Journal, 1995, Jan - Feb.

[81] Arne Sandström. Solvency II: Calibration for skewness [J]. Scandinavian Actuarial Journal, 2007 (2): 126 -134.

[82] Arnott R D, Bernstein P L. What risk premium is "normal"? [J]. Financial Analysts Journal, 2002, 58 (2): 64 -85.

[83] B&H Technical Note 2000/024. 2F Vasicek as a Special Caseof Hull & White.

[84] Babbel David F, Arthur B Hogan. Incentive conflicts and portfolio choice in the insurance industry [J]. Journal of Risk and Insurance, 1992, 4: 645 -654.

[85] Babbs, Howard S. The term structure of interest rates: stochastic processes and contingent claims [D]. Imperial College London (University of London), 1990.

[86] Ball C A, Torous W N. Unit roots and the estimation of interest rate dynamics [J]. Journal of Empirical Finance, 1996, 3 (2).

[87] Baranoff E G, Sager T W. Do life insurers' asset allocation strategies influence performance within the enterprise risk framework? [J]. Geneva Papers on Risk & Insurance Issues & Practice, 2009, 34 (2): 242 -259.

[88] Bauer D, Zanjani G H. Capital Allocation and Its Discontents [J]. Handbook of Insurance. 2013.

[89] Beat G. Briner, Gregory Connor. How much structure is best? A comparison of market model, factor model and unstructured equity covariance

matrices [J]. The Journal of Risk, 2008, 10 (4).

[90] Bec F, Gollier C. Term structure and cyclicity of Value-at-Risk: consequences for the solvency capital requirement [C]. Cesifo Working Paper, 2009 (3).

[91] Bergstrom A R. Chapter 20 Continuous time stochastic models and issues of aggregation over time [C]. Handbook of Econometrics, 1984, 2 (84): 1145 - 1212.

[92] Biger N, Kahane Y. Risk Considerations in Insurance Ratemaking. Foundations of Insurance Economics [M]. Springer Netherlands, 1992.

[93] Black Fischer, Robert Litterman. Asset allocation: combining investor views with market equilibrium. Goldman, Sachs & Co [J]. Fixed Income Research, 1990, September.

[94] Braun A, Schmeiser H, Schreiber F. Solvency II's market risk standard formula: How credible is the proclaimed ruin probability? [J]. Journal of Insurance Issues, 2015, 38 (1), 1 - 30.

[95] Brennan M J, Schwartz E S, Lagnado R. Strategic asset allocation [J]. Journal of Economic Dynamics & Control, 1997, 21 (8 - 9): 1377 - 1403.

[96] Brennan M J, Schwartz E S. A continuous time approach to the pricing of bonds [J]. Journal of Banking & Finance, 1979, 3 (2): 133 - 155.

[97] Brinson G P, Beebower G L. Determinants of portfolio performance [J]. Financial Analysts Journal, 1986, 42 (4): 39 - 44.

[98] Brown S J, Dybvig P H. The Empirical Implications of the Cox, Ingersoll, Ross Theory of the Term Structure of Interest Rates [J]. The Journal of Finance, 1986, 41 (3): 14.

[99] Butsic R P. Solvency measurement for property-liability risk-based capital applications [J]. Journal of Risk & Insurance, 1994, 61 (4): 656 - 690.

[100] Campbell J Y, Lo A W, Mackinlay A C. The econometrics of fi-

nancial markets [J]. The Econometrics of Financial Markets. 1997.

[101] Campbell J Y, Viceira L M. The term structure of the risk-return tradeoff [J]. Financial Analysts, 2005, Journal 61 (January - February): 33 -44.

[102] Carino D R, Ziemba M W T. Concepts, technical issues, and uses of the Russell-Yasuda Kasai financial planning Model [J]. Operations Research, 1998, 46 (4): 450 -462.

[103] Chiu M C, Wong H Y. Mean-variance asset-liability management: Cointegrated assets and insurance liability [J]. European Journal of Operational Research, 2012, 223: 785 -793.

[104] Consiglio A, Saunders D, Zenios S A. Asset and liability management for insurance products with minimum guarantees: The UK case [J]. Journal of Banking & Finance, 2006, 30: 645 -667.

[105] Cont R. Model uncertainty and its impact on the pricing of derivative instruments [J]. Mathematical Finance, 2006, 16 (3): 519 -547.

[106] Cox J C, Ingersoll J E, Ross S A. A Theory of the Term Structure of Interest Rates [J]. Econometrica, 1985, 53 (2): 385 -407.

[107] Culbertson J M. The term structure of interest rates [J]. Quarterly Journal of Economics, 1957, 71 (4): 485 -517.

[108] Cummins J D, Nye D J. The stochastic characteristics of property-liability insurance company underwriting profits [J]. Journal of Risk & Insurance, 1980, 47 (1): 61 -77.

[109] Cummins J D. Risk-based premiums for insurance guaranty funds [J]. Journal of Finance, 1988, 43: 823 -839.

[110] Daníelsson, Jón, Jorgensen B N, Samorodnitsky G, et al. Fat tails, VaR and subadditivity [J]. Journal of Econometrics, 2013, 172 (2): 283 -291.

[111] Duffie D, Kan R. A yield-factor model of interest rates [J]. Mathematical Finance, 2010, 6 (4): 379 -406.

[112] Duffie D, Singleton K J. Modeling term structures of defaultable bonds [J]. Review of Financial Studies, 1999, 12 (4): 687 – 720.

[113] Elton E J, Gruber M J, Padberg M W. Simple Criteria for Oopti-mal Portfolioselection [J]. The Journal of Finance, 1976, 31 (5): 17.

[114] Fama E F, French K R. Common risk factors in the returns on stocks and bonds [J]. Journal of Financial Economics, 1993, 33 (1): 3 – 56.

[115] Filipovic D, Zabczyk J. Markovian term structure models in dis-crete time. Ann. Applied Prob. 2002, 12/2: 710 – 729.

[116] Fischer K, Schlütter, Sebastian. Optimal Investment Strategies for Insurance Companies when Capital Requirements are Imposed by a Standard For-mula [J]. The Geneva Risk and Insurance Review, 2015, 40 (1): 15 – 40.

[117] Fisher Ivring. Appreciation and Interest [M]. AEA Pubilications 3 (11), August 1896, 331 – 442.

[118] Frahm G, C. Wiechers. On the diversification of portfolios of risky assets [C]. Working paper, University of Cologne, 2011.

[119] Frost A J. Implications of modern portfolio theory for lift assurance companies [J]. Journal of Insurant of Actuaries, 1983, 26: 47 – 68.

[120] Gitman L J. Principles of Corporate Finance [J]. Legal Studies, 2010, 29 (1): 159 – 162.

[121] Haugen R A, Kroncke C O. A Portfolio Approach to Optimizing the Structure of Capital Claims and Assets of a Stock Insurance Company [J]. Journal of Risk & Insurance, 1970, 37 (1): 41 – 48.

[122] He G, Litterman R. The intuition behind Black-Litterman model portfolios [M]. Social Science Electronic Publishing, 2002.

[123] Heston S L. A Closed-Form Solution for Options with Stochastic Volatility with Applications to Bond and Currency Options [M]. Review of Fi-nancial Studies, 1993, 6.

[124] Hicks JR. Value and capital 2nd edition [M]. Oxford University Press, 1946.

[125] Ho T, Stoll H R. Optimal dealer pricing under transactions and return uncertainty [J]. Journal of Financial Economics, 2000, 9 (1): 47 - 73.

[126] Hong-Chih Huang, Yung-Tsung Lee. Optimal asset allocation for a general portfolio of life insurance policies [J]. Insurance Mathematics and Economics, 2009, 46 (2).

[127] Höring D. Will Solvency II Market Risk Requirements Bite? The Impact of Solvency II on Insurers' Asset Allocation [J]. Geneva Papers on Risk & Insurance Issues & Practice, 2013, 38 (2): 250 - 273.

[128] Hull J, White A. One-Factor Interest-Rate Models and the Valuation of Interest-Rate Derivative Securities [J]. Journal of Financial & Quantitative Analysis, 1993, 28 (2): 235 - 254.

[129] Hull J, White A. Pricing Interest-Rate-Derivative Securities [J]. Review of Financial Studies, 1990, 3 (4): 573 - 592.

[130] Hull J. Numerical Procedures for Implementing Term Structure Models II: Two-Factor Models [J]. Journal of Derivatives, Winter 1994.

[131] James Hamilton. Time Series Analysis [M]. Princeton University Press, 1994.

[132] Jarrow R A, Turnbull S M. Pricing derivatives on financial securities subject to credit risk. Journal of Finance, 1995, 50 (1): 53 - 85.

[133] Jones E, S Mason, E Rosenfeld. Contingent Claims Analysis of Corporate Capital Structures: An Empirical Investigation [J]. Journal of Finance, 1984, 39 (3): 625 - 627.

[134] Kahane Y, Nye D. A portfolio approach to the property-liability insurance industry [J]. The Journal of Risk and Insurance, 1975, 42 (4): 579 - 598.

[135] Kahane Y. Portfolio approach to the property liability insurance in-

dustry [J]. Journal of Risk and Insurance, 1975, 42: 579 - 598.

[136] Katharina Fischer, Sebastian Schlütter. Optimal investment strategies for insurance companies when capital requirements are imposed by a standard formula [J]. The Geneva Risk and Insurance Review, 2015, 40 (1).

[137] Kevin Dowd D B. After VaR: The Theory, Estimation, and Insurance Applications of Quantile-Based Risk Measures [J]. Journal of Risk & Insurance, 2006, 73 (2): 193 - 229.

[138] Kim C J, Nelson C R. State-space models with regime switching: Classical and Gibbs-Sampling Approaches with Applications [M]. The MIT Press, 1999.

[139] King P. Modern Actuarial Theory and Practice. By P. M. Booth, R. G. Chadburn, D. R. Cooper, S. Haberman and D. E. James (Chapman & Hall, 1999) [J]. British Actuarial Journal, 2000, 6 (1): 247 - 248.

[140] Kroll Y, Markowitz L H M. Mean-Variance Versus Direct Utility Maximization [J]. The Journal of Finance, 1984, 39 (1): 47 - 61.

[141] Krous C G. Portfolio balancing corporate assets and liabilities with special application to insurance management [J]. The Journal of Financial and Quantitative Analysis, 1970, 5: 77 - 105.

[142] Lamber E W, Hofflander A E. Impact of new multiple line underwriting on investment portfolio of property-liability insurers [J]. Journal of Risk and Insurance, 1966, 33: 209 - 223.

[143] Langetieg T C. A Multivariate Model of the Term Structure [J]. The Journal of Finance, 1980, 35 (1): 27.

[144] Lee S B. Term Structure Movements and Pricing Interest Rate Contingent Claims [J]. Journal of Finance, 1986, 41 (5): 1011 - 1029.

[145] Lee W. Risk-based asset allocation: A new answer to an old question [J]. Journal of Portfolio Management, 2011, 37: 11 - 28.

[146] Leippold M, Trojani F, Vanini P. A geometric approach to multiperiod mean variance optimization of assets and liabilities [J]. Journal of Eco-

nomic Dynamics & Control, 2004, 28 (6): 1079 – 1113.

[147] Levy H, Markowitz H M. Approximating Expected Utility by a Function of Mean and Variance [J]. American Economic Review, 1979, 69 (69): 308 – 317.

[148] Li D, Ng W L. Optimal dynamic portfolio selection: multiperiod Mean-Variance formulation [J]. Mathematical Finance, 2010, 10 (3): 387 – 406.

[149] Litterman R, T Iben. Corporate bond valuation and the term structure of credit spreads [J]. Journal of Portfolio Management, 1991 (17): 52 – 64.

[150] Longstaff F A, Schwartz E S. Interest rate volatility and the term structure: A Two-Factor General Equilibrium Model [J]. Journal of Finance, 1992, 47 (4): 1259 – 1282.

[151] Lutz F A. The structure of interest rates [J]. Quarterly Journal of Economics, 1940, 55 (1): 36 – 63.

[152] Markowitz. Portfolio selection [J]. The Journal of Finance, 1952, 7 (1).

[153] Martin Eling, Hato Schmeiser, Joan T. Schmit. The solvency II process: overview and critical analysis [J]. Risk Management and Insurance Review, 2007, 10 (1).

[154] Menzietti M, Pirra M. Risk Factor Contributions and Capital Allocation in Life Insurance in the Solvency II Framework [R]. Insurance Regulation in the European Union. 2017.

[155] Merton R C. Option Prices When Underlying Stock Returns Are Discontinuous [J]. Journal of Financial Economics, 1976, 3 (1 – 2): 125 – 144.

[156] Merton R C. Lifetime Portfolio Selection under Uncertainty: The Continuous-Time Case [J]. Review of Economics & Statistics, 1969, 51 (3): 247 – 257.

[157] Merton R. C. On the pricing of corporate debt: The risk structure of

interest rates [J]. The Journal of Finance, 1974, 29 (2): 449 - 470.

[158] Michaud R. Efficient asset management: a practical guide to stock portfolio optimization and asset allocation [J]. Oup Catalogue, 2008, 14 (3): 901 -904.

[159] Nadine Gatzert, Michael Martin. Quantifying credit and market risk under Solvency II: Standard approach versus internal model [J]. Insurance Mathematics and Economics, 2012, 51 (3).

[160] Niedrig T. Optimal Asset Allocation for Interconnected Life Insurers in the Low Interest Rate Environment Under Solvency Regulation [J]. SSRN Electronic Journal, 2014, 38 (1): 31 -71.

[161] Nkeki C I, Nwozo C R. Optimal investment under inflation protection and optimal portfolios with stochastic cash flows strategy [J]. Iaeng International Journal of Applied Mathematics, 2013, 43 (2): 54 -63.

[162] Nowman S H B B. Kalman Filtering of Generalized Vasicek Term Structure Models [J]. The Journal of Financial and Quantitative Analysis, 1999, 34 (1): 115 -130.

[163] Read M J A, Jr. Capital Allocation for Insurance Companies [J]. The Journal of Risk and Insurance, 2001, 68 (4): 545 -580.

[164] Roy A D. Safety first and the holding of assets [J]. Econometric, 1952, 6.

[165] Rudschuck N, Basse T, Kapeller A, Windels T. Solvency II and the investment policy of life insures: Some homework to do for the sales and marketing departments [J]. Interdisciplinary Studies Journal, 2010, 1 (1): 57.

[166] Tasche D. Expected Shortfall and Beyond [J]. Statistical Data Analysis Based on the L 1-Norm and Related Methods. 2002.

[167] Van Bragt D, Kort D J. Liability-driven investing for life insurers [J]. The Geneva Papers on Risk and Insurance Issues and Practice, 2011, 36 (1): 30 -49.

[168] Van Bragt D, Steehouwer H, Waalwijk B. Market-consistent ALM for life insurer steps toward solvency II [J]. The Geneva Papers on Risk and Insurance Issues and Practice, 2010, 35 (1): 92 – 108.

[169] Vasicek O A. Limiting Loan Loss Probability Distribution. Finance [J]. Economics and Mathematics, 1991.

[170] Vasicek O. An equilibrium characterization of the term structure [J]. Journal of Financial & Quantitative Analysis, 1977, 12 (4): 627.

[171] Wilkie A D. A stochastic investment model for actuarial use [J]. Transactions of the Faculty of Actuaries, 1984, 39: 63.

[172] Wilkie A D. More on a stochastic asset model for actuarial use [J]. British Actuarial Journal, 1995, 1 (5): 777 – 964.

[173] Wilkie A D. Report of the maturity guarantees working party [J]. Journal of the Institute of Actuaries, 1980, 435, 107 (2): 103 – 212.

[174] William F Sharpe. Asset allocation: Management style and performance measurement [J]. Journal of Portfolio Management, winter 1992: 7 – 19.

[175] Yao H, Lai Y, Hao Z. Uncertain exit time multi-period mean-variance portfolio selection with endogenous liabilities and Markov jumps [J]. Automatica, 2013, 49 (11): 3258 – 3269.

[176] Ziegel E R, Box G E P, Jenkins G M, et al. Time Series Analysis, Forecasting, and Control [J]. Journal of Time, 1976, 31 (4): 238 – 242.